11,-

D1664922

Kurt Wilhelm
Mumtaz

Kurt Wilhelm

MUMTAZ
ein Mädchen aus Indien

WLV
W. Ludwig Verlag

ISBN 3-7787-2061-9
© 1984 W. Ludwig Verlag Pfaffenhofen
Satz und Druck: Ilmgaudruckerei Pfaffenhofen
Printed in Germany
Nachdruck, auch auszugsweise, nur mit Genehmigung des Verlages
Titelfoto: Jean-Marie Bottequin, München

Drei Dialoge
anstelle eines Vorwortes

„Indien?"

„Ja. – Wie stellen Sie sich Indien vor?"

„Entsetzlich. Die Leute verhungern zu Tausenden auf der Straße, sie haben kein Obdach. Überschwemmungen, Dürre – kaum Landwirtschaft. Heilige Kühe laufen herum, und sie dürfen sie nicht melken, die Leute verhungern lieber. – Und dann dieses Poona, diese Gurus, die dämliche Weiße verrückt machen mit ihrem Nirwana und dem Yoga und den sexuellen Exzessen. Ein schreckliches Land. Alles voll Seuchen und Ungeziefer. – Das Schlimmste aber müssen diese Millionenslums sein – ich habe da Bilder gesehen – grauenvoll!"

„Und die Lebensweise? Die Religion? Die Kultur?"

„Na ja, Baumwollhemden und Saris. Hübsche Tempel haben sie auch, glaub ich, – alles ein bißchen überladen und kitschig. Sie verbrennen heute noch die Witwen, heimlich, nicht? – Nein danke – finsterste Steinzeit. Ohne mich."

„Was für Autos, glauben Sie, fahren auf Indiens Straßen?"

„Autos? Wieso? Fahren da überhaupt Autos? – Wahrscheinlich alte verbeulte, deutsche oder amerikanische – weiß nicht – –"

* * *

„Fliegen?"

„Lassen Sie mich bloß in Ruhe. Ich steig in die Dinger nicht ein. Die sind mir zu gefährlich."

„Die Fliegerei hat die wenigsten Unfälle zu verzeichnen, wenn man die Entfernungen zugrunde legt, die Passagierkilometer und – –"

„Wenn so ein Ding runterfällt, überlebt keiner – im Auto hat man wenigstens noch eine Chance –"

„Wissen Sie, daß in so einem Flieger alle Systeme doppelt und dreifach vorhanden sind, zur Sicherheit? Wenn eines ausfällt, gibt es Ersatz. Für alles."

„Das interessiert mich nicht. Ich finde Fliegen schrecklich."

„Ein uralter Menschheitstraum. Interessiert Sie nicht, wie da hinter den Kulissen alles so ganz 20. Jahrhundert ist, modern, traditionslos neu, durchdacht und –"

„Ich steig in kein Flugzeug. Da können Sie mir erzählen, was Sie wollen."

„In jeder Minute des Tages und der Nacht startet eines, irgendwo in der Welt, und bringt Menschen zueinander. In ein paar Stunden über Meere und Kontinente – die früher niemand hätte erreichen können, ohne sein Leben zu Hause für Monate oder Jahre zu unterbrechen. Ausflüge zu fremden Völkern. In sieben Stunden von Frankfurt nach Delhi, in eine andere Welt. Glauben Sie nicht, daß das Vorurteile mildern und Verständnis wecken kann? Für das friedlichere Zusammenleben der Menschheit auf dem kleinen blauen Planeten, dem Raumschiff mit der Lufthülle und den vielen Ozeanen?"

„Möglich. Es ist sicher gut, wenn Leute einander kennenlernen. Aber deswegen in ein Flugzeug steigen, nee, vielen Dank –"

* * *

„Die große Liebe?"

„Ja. Wieso?"

„Gibt es sie?"

„Sicher! Was für eine Frage, ph –! Liebe hält überhaupt die Welt zusammen. Ohne Liebe gäb's uns alle nicht, und sie ist überhaupt das Schönste, was einem Menschen passieren kann. Es heißt ja: Glaube, Liebe, Hoffnung, diese drei, aber wahrlich, wahrlich, ich sage Euch, die Liebe ist das Größte – oder so ähnlich. Ich bin nicht religiös, aber das kenn' ich aus der Schule."

„Dauert sie?"

„Wer?"

„Die große Liebe?"

„Ich will Ihnen was sagen – im Grunde schon. Sie wird ein bißchen ruhiger mit der Zeit, aber dauern tut sie, wie ich das sehe. Bestimmt. Wenn einen die große Liebe mal gepackt hat, dann hält das auch. Da bin ich ganz sicher. Vielleicht erlebt sie nicht jeder, aber dauern tut sie."

„Sie haben über die Liebe nachgedacht?"

„Klar doch. – Nein, eigentlich nicht. Aber das ist einem angeboren, daß man das weiß. Ich sehe auch gerne Liebesfilme. Die ganze Kunst wäre ja nichts ohne die Liebe. – Ich rede nicht vom Sex! Das ist schmutzig! Nein, ich meine die großen Gefühle, wissen Sie, die so ganz, wie soll ich sagen, aus reinem Herzen kommen. Haben Sie die ‚Sissy'-Filme gesehen, damals – –?"

* * *

ERSTER TEIL

1

Es ging blitzschnell.

Eine graue Wand stieg lautlos dröhnend vor seinen Augen auf. Rote Funken zuckten in ihr. Dann schien alles vom Widerschein eines Feuers erfaßt zu werden, der die Wahrnehmung zudeckte und ihn taumeln ließ. Züngelnd entzündete Feuer die graue Wand. Sie wurde rot wie sein Blut.

Was wirklich um ihn geschah, konnte er nicht mehr hören. Nicht das Rattern der Triebwerkschaufeln im Winde, das Knattern der Stromaggregate. Die Geräusche verhallten und versanken.

Er wollte schreien, aber nur ein mattes Gurgeln drang aus seiner Kehle. Der Boden begann zu schwanken, ein ungeheueres Gewicht hängte sich an ihn und riß ihn in einen Strudel. Dann stürzte er.

Es war schrecklich anzusehen. Ein junger Mann, gesund und guter Dinge. Plötzlich knicken seine Glieder ein wie die einer Marionette, deren Fäden man fallen läßt.

Die Kollegen sahen ihn stürzen. Sie liefen herbei. Sie hockten neben ihm und sahen einander ratlos an. Blut lief über seine Stirn. Was war geschehen? Es war doch nichts geschehen, was den armen Florian – –.

– oder doch?

* * *

Alles war Routine gewesen, wenige Stunden zuvor, in der Nacht zum 8. Dezember 1980, als die Boeing 747 D-ABYJ „Hessen" zur Zwischenlandung in Neu-Delhi ansetzte. Flug LH 661, Hongkong – Bangkok – Frankfurt, wurde normalerweise von einer DC-10 geflogen. Der vielen Passagiere um die Weihnachtszeit wegen hatte man den größten Jumbo eingesetzt. Von Hongkong nach Frankfurt war er 14 Stunden in der Luft. Auf den Zwischenstationen gab es jedesmal eine Stunde Bodenzeit zum Tanken, Fracht be- und entladen, zum Passagierwechsel, zum Wechsel der Besatzung, dem Crewchange.

❊ ❊ ❊

Im Anflug, 7800 Fuß über Grund, sah Flugingenieur Meier, der im Cockpit hinter den beiden Piloten seinen Sitz hatte, eine Anzeige auf der großen Schautafel vor seinem Platz auf Null gehen. Die Hydraulikpumpe 2 hatte schon seit 20 Minuten Schwankungen gezeigt. Nun war sie ausgefallen. Meier schaltete, kontrollierte und sagte dann zu Flugkapitän Bongers, der links vor ihm saß: „Engine-driven-pump two hat keinen Druck mehr."
Bongers blickte kurz um. Störungen dieser Art waren nicht beunruhigend. Das Reservesystem würde sich automatisch einschalten und die Arbeit übernehmen.
„Und –?" fragte er zurück.
„Die air-driven-pump hat übernommen. Alles o. k."
„Was kann es sein?" fragte Bongers. Meier zuckte die Achseln und meinte gelassen: „Wahrscheinlich ist die Pumpe im Eimer. Hat gespant und gefressen."

❊ ❊ ❊

Der Copilot setzte den Sinkflug fort. Er steuerte im Augenblick die Maschine. Er hatte jeden zweiten Streckenabschnitt zu fliegen. Das war sein tägliches Training unter den Augen des Meisters, des Allgewaltigen auf dem linken Sitz. Der übernahm währenddessen den Funkverkehr mit den Bodenstationen und die Schreibarbeiten, das Flugprotokoll.
Bongers überlegte: „Können da nicht Späne in die Hydraulikleitungen gekommen sein? Sollten wir das in Delhi reparieren lassen?"

Flugingenieur Meier griff sich das technische Handbuch aus seinem Flugkoffer und schlug unter „Hydraulik" nach. Dort standen, schön geordnet, alle möglichen und unmöglichen Fehler verzeichnet und daneben stand, wie man sich zu verhalten hatte.

„Wir können mit der ADP weiterfliegen und erst zu Hause reparieren. Liegt in Ihrem Ermessen."

Bongers überlegte.

* * *

Der Riesenvogel war inzwischen auf 1800 Fuß gesunken. Der Copilot legte ihn in eine sanfte 18°-Rechtskurve und befahl dem Kapitän:

„Gear down".

Bongers griff zu dem großen Fahrwerkhebel und schob ihn nach unten. Die 18 Räder fuhren aus, das Fluggeräusch wurde lauter, die Geschwindigkeit sank. Im Dunkel der Kabine schliefen die meisten der 460 Passagiere. Sie kamen aus Tokio, Manila oder gar aus Australien, hatten gegessen, einen Film gesehen und suchten nun auf den engen Sitzen nach einer Schlafposition. Die meisten würden den Aufenthalt im Märchenland Indien mit offenem Munde bei Morpheus verdämmern. Was bedeutete ihnen Indien. Ein Flugplatz war wie der andere –

* * *

Die Landebefeuerung der Bahn tauchte auf. Das weiße Lichtband in der Mitte, seitlich die Lampen, die rot leuchteten, wenn der Anflugwinkel nicht stimmte und grün wurden, wenn das Flugzeug exakt auf dem Leitstrahl des Gleitpfades einschwebte. Vor der Bahn das große helle Landekreuz, hinter dem der Co die Maschine sanft aufsetzen mußte. Bei dieser Windstille kein Problem.

Der Co, ein voll ausgebildeter Pilot, würde bald selbst Kapitän werden. Zunächst auf dem kleinsten Gerät der Flotte, der

Boeing 737, dem City-Jet, dem Schweinchen. Die Rangordnung der Dienstjahre, die Seniorität entschied, wann es soweit war. Dann war auch er Herr über alles, was sich an Bord begab, durfte den vierten goldenen Streifen an der Uniform tragen, war einer der Elite von 723 Kapitänen der Gesellschaft.

* * *

Florian Hopf ahnte zu dieser Stunde nicht, was ihm bevorstand. Daß Tod und Liebe, wie in einem Märchen, seiner harrten.

Liebe? War sie ihm schon begegnet? Diese Leere der Seele, in die ein neues, ungekanntes Gefühl einströmen kann? Wird sie nicht stets durch eine zufällige Begegnung entzündet, die auf ein Bereitsein trifft? Hatte Gisela, die blonde, tüchtige Lehrerin den mitunter zaghaften, allem Logisch-Technischen zugewandten jungen Mann jemals verzaubert?

Florian Hopf hielt Gefühle nicht für wichtig. Er entschied nie nach Empfindungen oder Reflexen, sondern überlegte stets gründlich und lange. Er genoß es, sein Hirn zu gebrauchen. Das gefiel ihm auch mitunter an seiner Gisela, daß sie nicht, wie die meisten Mädchen, sprunghaft und intuitiv reagierte. Daß auch sie sich, wenn etwas zu entscheiden war, ein Stück Papier nahm und auf die linke Seite alle Pro's und auf die rechte alle Contra's schrieb.

* * *

Bongers überlegte noch, wie er entscheiden solle, während er mit dem Fluglotsen im Tower sprach: „Lufthansa six-six-one clear to land –". Hier gab es keine modernen Landehilfen. Lediglich Windrichtung und -geschwindigkeit wurden laufend angesagt, damit nicht ein plötzlicher Querwind unter den Tragflächen das Flugzeug während der Landephase kippen konnte. Es gab nur eine einzige Bahn, schmal und holprig. Man mußte aufpassen.

11

Für die triebwerkabhängige Hydraulikpumpe hat die luftgetriebene die Arbeit übernommen. Wir könnten auch mit drei Triebwerken nach Frankfurt fliegen, überlegte Bongers. Kein Mensch würde etwas merken. Der Carrier ist auch mit zweien oder einem flugfähig. Aber – „safety first" –

„Haben wir hier Mechaniker von uns stationiert?"

„Es gibt sogar einen Wartungspool von 5 Airlines."

„Gut – dann reparieren wir."

Der Gott an Bord hatte gesprochen. Wenige Sekunden später setzte der Co die 333 Tonnen mit einer Geschwindigkeit von 280 km/h so sanft auf die Landebahn, daß keiner der Schlafenden in der Kabine erwachte.

„Reverse", sagte er. Bongers riß die Hebel. Die Triebwerke drehten hoch und schickten ihre heißen Strahlen bremsend nach vorne. Der Co trat die Fußbremse, die 747 rollte aus. Gefahr für den Riesenvogel hatte zu keinem Zeitpunkt bestanden.

Nun aber nahmen die Ereignisse, unabänderlich ineinandergreifend, ihren Lauf.

2

Zu dieser nächtlichen Stunde saß Florian Hopf mit seinen neuen Kollegen in einem typisch indischen Eßlokal, im Freien, vor indischem Bier. Die Luft war um drei Uhr früh frisch, würzig und schwer, fremd und seltsam süßlich. Alles rundum schien süßlich, bonbonfarben und billig. Auch die Armut. Er war erst gestern angekommen, war zum erstenmal in Indien. Er mochte es vom ersten Augenblick an nicht leiden.

* * *

Vor drei Tagen war er noch beim Schifahren gewesen, zu Hause, in Garmisch, hatte in seinem Bubenzimmer im ersten Stock der väterlichen Tankstelle an der Rießerseestraße geschlafen. In diesen letzten zwei freien Tagen vor seinem Auslandseinsatz für ganze drei Monate atmete er die Kälte, genoß den Schnee und dachte ungern an die Zeit, die vor ihm lag.

Gisela hatte alles versucht, ihn in Frankfurt zu halten. „Geh hin und sag, du fühlst dich nicht gesund genug. Was mußt ausgerechnet du in dieses Scheißland. Sollen sie einen anderen schicken. Mach du deine Arbeit in der Werft in Deutschland. Da paßt du besser hin." Als er nichts unternahm, war sie wütend geworden und fuhr zur Strafe nicht mit ihm nach Garmisch.

* * *

Florian war's gewohnt, alle paar Monate in ein anderes Land geschickt zu werden. Er gehörte zu jener Gruppe Techniker, die Urlaubsvertretung zu machen hatte. Ging ein im Ausland fest stationierter Kollege in seinen dreimonatigen Heimaturlaub oder auf Schulung, mußte einer der 280 Floris einspringen. So hatte er schon Monate in New York verbracht, in Stockholm und Athen. Dort aber war's europäisch, ein wenig ähnlich wie zu Hause.

Um Indien hatte er sogar auf seinen privaten Urlaubsreisen stets einen Bogen gemacht. Er wußte, wie sehr ihn der Anblick von Elend bedrückte, daß ihn vor solchen Bildern eine hilflose Wut packte. Mit Trinkgeld, mit Bakschisch eines Touristen war da nichts zu machen, war keine Hilfe zu leisten, keine Not zu lindern. Das war ein Tropfen auf einen heißen Felsen.

Nun saß er hier. Voll Mißtrauen und ärgerlich, weil man ihn nicht nach Hongkong geschickt hatte, wie gewünscht, wozu die Airliner „requested" sagen.

* * *

Die Kollegen wollten ihm ein bißchen was vom neuen Land zeigen, hatten ihn durch die Stadt gefahren, wo Flori alles entsetzlich fand, und ihn dann in dieses Lokal geschleppt.

13

Neben ihm saß Bernd Müller, der Mann, den Flori drei Monate lang vertreten mußte. Mit von der Partie waren Ugo Cortese von der „Alitalia" und Leif Larsson, ein Schwede von der SAS, der stets etwas erstaunt in die Welt blickte und über den Dingen zu schweben schien. Der Kollege von der „Swissair" war in Urlaub, und Francois Lefevre von der belgischen „Sabena" hatte in dieser Nacht Dienst auf dem Flughafen.

„Wir haben meistens Nachtdienst. Fast alle Dampfer kommen nachts oder am frühen Morgen hier durch – tut mir leid", hatte Bernd Müller ihm gleich in den ersten zehn Minuten erklärt.

„Entzückende Aussichten."

„Man gewöhnt sich. Viel ist nicht los. Meistens nur die Routinekontrollen. Reparaturen sind selten –"

Flori verzog das Gesicht. Richtige Arbeit war ihm lieber als gammeln, oder wie man es nennen wollte.

* * *

Die indische Kapelle auf dem kleinen Podium unter der primitiven bunten Neonbeleuchtung spielte unermüdlich einheimische Zirpmusik oder amerikanische Nummern. Fremd auch sie.

Tänzer traten auf. Mädchen in bonbonfarbenen Gewändern, grell geschminkt, mit silbernem Schmuck beladen, mit klirrenden Fußketten, die zu jedem Schritt schepperten.

Florian sah Tänze recht gerne. Er tanzte, wie ihm seine Partnerinnen schmeichelten, „flott", wie man das nannte. Seine kulturbeflissene Gisela schleppte ihn in Frankfurt immer wieder ins Ballett. Sie hatte ihm manche Feinheit gezeigt, er konnte die Qualität eines Tänzers erkennen.

Das hier war eine andere Art Tanz, bei der Beweglichkeit und Gestik sich himmelweit vom europäischen Ballett unterschieden. Ugo Cortese sagte ihm, daß durch die Handhaltung, die Posen, die Bewegungen ganze Geschichten erzählt würden. Daß zusammengelegte Hände einen Wald andeuten, Fußhal-

14

tungen Freude oder eine überstreckte Hand Freundschaft symbolisieren könne.

Flori konnte nichts davon erkennen. Die einzelnen Posen, die „Mudras", wechselten mit solcher Geschwindigkeit, daß es ihm rätselhaft blieb, wie jemand dieser optischen Stenografie folgen konnte.

Scheußlich, dachte er, dieses Augenrollen, Stampfen, Zappeln, Fuchteln, die runden Gesichter mit den stumpfen Nasen. Und doch ging von dem artistischen Wirbel des Tanzes eine Faszination aus, eine verhüllte Sinnlichkeit, eine gemessene Ungezügeltheit, die ihn gleichzeitig abstieß und anzog. Er konnte den Blick nicht von diesen graziösen, abgezirkelten Bewegungen wenden. Von den Armen, die, wie vom Körper unabhängige Wesen, sich wanden wie zuschlagende Schlangen – –

* * *

Am Nebentisch saß inmitten einer großen indischen Familie ein Mädchen, das ihm gefiel. Sie aßen dort ein Mahl mit vielen Gängen, ohne Besteck, gewandt mit den Fingern. Das Mädchen saß ihm gegenüber. Flori versuchte ihre Aufmerksamkeit zu erregen. Zu Hause brauchte er mit seinem offenen, vergnügten Gesicht und den blauen Augen nie lange, um bemerkt zu werden. Hier schien das nicht zu wirken. Sie nahm keine Notiz. Sie lachte und war vergnügt mit den Ihren. Die Blicke des Exoten aus Europa ignorierte sie.

„Wie ist das eigentlich", fragte Flori seinen Kollegen Ugo, „geht da eigentlich was bei Mädchen in Indien?"

Ugo grinste. „Ich nix weiß, – wir alle geheiratet – keine Erfahrung."

Flori grinste zurück: „Ich bin nur verlobt. Und so eine indische Bekanntschaft, ehe ich zum Ehekrüppel werde, könnte vielleicht interessant sein, hm?" Er lächelte noch einmal zu dem feingliedrigen, schlanken Geschöpf hinüber und kam sich recht plump und ungeschlacht vor neben diesen

15

sanften Menschen mit der zartbraunen Haut. Wie sind eigentlich indische Mädchen, dachte er. Man weiß nichts über sie. Sind sie so umgänglich, folgsam, unterwürfig und lieb wie die Thai-Girls, die Millionen Touristen für zu Hause verdorben hatten, weil sie ihnen zeigten, daß es ohne Emanzipation sich wesentlich angenehmer lebt? Weil sie in ihrer Unterwürfigkeit bestrickender waren als die auf Gescheitheit und Selbstbewußtsein getrimmten Luxusgeschöpfe zu Hause? Gab es aber in Indien nicht jenes alles erstickende Kastenwesen mit den „Unberührbaren"? Durfte man gewisse junge Damen überhaupt zur Kenntnis nehmen? War er, umgekehrt, vielleicht für Inderinnen ein „Unberührbarer"?

* * *

Bernd Müller war während der Tanzvorführung zum Telefon gerufen worden. Nun kam er mit langem Gesicht zurück. „Die 661 hat einen technical. Lefevre braucht uns beide, damit's rascher geht. Da können Sie auch gleich sehen, wo die Ersatzteile und Geräte lagern."
Sie fuhren zum Flughafen, den Flori wenige Stunden später sterbend verlassen sollte.

3

Als ihn um halb drei Uhr morgens der Anruf aus dem Schlaf riß, fluchte der Lufthansa-Stationsleiter Horst Graupner vernehmlich. Der ständige Nachtdienst machte ihn allmählich mürbe. Er hatte zwar indische Stellvertreter, aber wenn es brenzlich wurde, war deren lethargisches Temperament dem Tohuwabohu oft nicht gewachsen. Nach einer anstrengenden Woche hatte er sich entschlossen, einmal wieder auszuschlafen und war zu Hause geblieben.
Seine Frau, eine Brasilianerin, die er in Rio kennengelernt hatte, gähnte: „Wieder was passiert?"

„Die 661 bleibt hier stehen. Ich muß 400 schimpfende Passagiere irgendwie weiterbringen oder unterbringen."

„Du Armer. Ist nicht WHO-Kongreß der Entwicklungsländer derzeit, und alle Hotels sind voll bis unters Dach?"

„Eben. Wie mache ich den Paxen das klar? Zum Glück ist es Dezember und nicht so heiß. Da sind sie etwas friedlicher und toben nicht wie die Verrückten, wie im Sommer. – Was muß dieser Bongers auch diese blöde Pumpe ausgerechnet hier reparieren lassen. Na, schlaf du wenigstens weiter."

„Reg' dich nicht unnütz auf."

„Du redest dich leicht. Dieses Fluchen, Schimpfen und Drängen. – Jeder muß sofort weiter, hat zu tun, hat Anschlußflüge. Unsere Warteräume sind zu klein, die Köche und Kellner schlafen –"

„Armer Liebling", sagte Dolores Graupner und legte sich in die Kissen zurück. „Paß auf, sie werden schon einsehen – – "

„Passagiere sehen nichts ein. Jeder glaubt, der Dampfer gehört ihm allein und alles hat zu gehorchen!"

„Vor allem, wenn er auf Geschäftskosten reist, nicht?" sagte Dolores, lächelte und entschlummerte sanft, während ihr Mann durch die stillen nächtlichen Straßen zum Flugplatz fuhr.

* * *

Dort fielen sie über ihn her.

Graupner versuchte es mit einer kleinen Ansprache: „Meine Herrschaften, wir bedauern, bitte haben Sie Verständnis. Der Fernostverkehr platzt zu dieser Jahreszeit aus den Nähten. Auch die anderen Gesellschaften sind ausgebucht. Wir tun unser möglichstes. Der Aufenthalt dient Ihrer eigenen Sicherheit und dauert nur ein paar Stunden –"

„Paar Stunden? Unmöglich!"

„Was ist mit der Warteliste?"

„Unerhört – typisch – kümmert sich denn hier keiner?"

„Ich muß in zwölf Stunden im Büro in Frankfurt sein. Eure Firma wird mir sonst den Schaden ersetzen. Ich mache Ihnen

Ärger – ich bin mit einem Vorstandsmitglied von Eurem Laden befreundet, da warten Sie mal ab –!" donnerte ein Textilkaufmann im rheinischen Tonfall.

Ein vergnügter alter Herr, der daneben stand, sagte leise zu seiner Frau: „Hörst du ihn? 8000 Kilometer von zu Hause, in einer anderen Welt – und er ‚muß' in 12 Stunden –."

Die Frau nickte: „Es gibt eben Leute, die begreifen gar nichts".

* * *

Nein, sie begriffen nichts, die Paxe. Rundum war Exotik. Sikh-Männer mit bunten Turbanen und gepflegten Bärten, Frauen in grellfarbigen Saris, den roten Punkt auf der Stirne, schlafende fremde Kinder, martialische, schweigsame Soldaten mit glimmenden Augen, in englisch geschnittenen Uniformen mit indischen Turbanen. Die Reisenden aber suchten verstört und aufgeregt zu fliehen. Ihr europäischer Terminkalender war ins Wanken geraten. Sie schimpften, seufzten, bettelten, resignierten, heulten, drohten. Kaum einer sah sich um.

Die Geduldigen trotteten ins viel zu kleine Restaurant. Dort wurde Licht gemacht, sie ließen sich nieder. Graupner kümmerte sich um Köche und Kellner, die Tee- und Kaffeemaschinen mußten in Gang kommen. Die Geduldigen hatten eine beruhigende Stärkung verdient.

Auch für die Rabiaten wurde gesorgt. Die Konkurrenz half. In diesen Nachtstunden kamen zahlreiche Flüge durch. „Alitalia" nahm Graupner elf Passagiere ab, BEA fünf, SAS gar vierzehn. Die ärgsten Krakehler waren vom Platz. Sie flogen voll Genugtuung, auch wenn sie, anderer Routen halber, möglicherweise später ans Ziel gelangen würden als die Geduldigen.

* * *

Graupners nächste Sorge war: Kapitän Bongers und seine Besatzung würden die zulässige Dienstzeit überschreiten,

18

wenn sie nach der Reparatur die „Hessen" weiterflögen. Dreizehn Stunden sind das gewerkschaftlich international festgesetzte Maximum.

Also – eine neue Crew, Kapitän, Copilot, Flugingenieur und vierzehn Leute Kabinenpersonal. Woher nehmen? Eine Besatzung in Ruhezeit aus dem Hotel holen? Das ging nicht so einfach. Umlaufpläne, Dienstzeiten, alles kam durcheinander. Da mußte zuerst bei der Verkehrszentrale der Lufthansa in Frankfurt rückgefragt werden, ob man diese ausgeruhte Besatzung vorzeitig auf die Reise schicken dürfte, denn wer wird den Dienst der Vorgezogenen übernehmen? Und was geschieht mit Bongers's Crew?

„Dieser Bongers mit seinem ‚safety first', fluchte Graupner, machte sich ans Telefonieren und setzte die Texte für die Fernschreiben auf. Vor ihm lagen die Planungen. Ihm graute.

※ ※ ※

In einem klapprigen Taxi fuhren Florian Hopf und Bernd Müller durchs nachtdunkle Delhi. Die breiten, baumgesäumten Straßen waren auch um diese Zeit nicht leer. Autos, Lastwagen, Motordreiräder fuhren. Gestalten wanderten, allein oder in Gruppen, die Wegränder entlang. Da und dort brannte neben der Straße im spärlichen Grün ein Feuer, dort lagen schlafend, in graue, braune, lehmfarbene Tücher gehüllt, Leute in kleinen Zelten oder, einfach so, in einem Winkel.

„Die Ärmsten der Armen. Obdachlose", deutete Flori.

„Nicht unbedingt", erwiderte Müller. „Viele von ihnen sind Nomaden. Die hatten noch nie einen festen Wohnsitz. Sie ziehen im Land umher wie ihre Ahnen seit Jahrhunderten und leben einfach in den Tag hinein – wie's kommt, so kommt's. Natürlich sind auch Obdachlose dabei."

„Gibt's hierzulande keine Fürsorge?"

„Doch. Gibt's alles – Fürsorge, Gesetze und Soziales. Aber es greift nicht – in unserem Sinn. Du kannst dieses Land nicht durchorganisieren. Das ist ein Faß ohne Boden. Da hauen unsere europäischen Ordnungsvorstellungen nicht hin. Du wirst schon noch sehen."

Flori sah schlafende Gestalten, sah andere ums Feuer hocken und irgend etwas kochen – nachts. Es ging ihm nahe.

„Sie verhungern am Straßenrand, sagt man."

Müller verzog das Gesicht. „Ich bin hier vier Jahre stationiert, ich habe noch keinen Fall von Verhungern erlebt. Es wird immer nur erzählt. Früher, im vorigen Jahrhundert, da war's tatsächlich so. Und diese Vorstellungen spuken heute noch in Deutschland durch die Köpfe. Und die Zeitungen. Natürlich gibt's Hungerzeiten, nach Naturkatastrophen, nach Dürre oder Hochwasser, wie in allen übervölkerten Ländern der Dritten Welt. Aber das soziale Netz und die Auslandshilfe kriegen das meist rasch in den Griff."

Florian wollte das nicht glauben. „Ich habe doch selber einen Fernsehfilm gesehen über Kalkutta –"

„Ja – Kalkutta ist ein Millionenslum, verwahrlost und hoffnungslos, wie die meisten Millionenstädte in Asien oder Südamerika. Oder Afrika. Und der wahre Wahnsinn ist, daß in diese Hölle der Armut immer mehr Leute strömen, aus dem ganzen Land, wie die Motten ins Licht. Jeder sagt ihnen, daß man dort nicht leben kann, aber sie sind wie behext. Und dort werden sie dann kriminell – oder sie gehen vor die Hunde."

Flori blieb skeptisch. „Bei uns daheim sagt man aber –"

„Bei uns daheim sagt man viel. Das weiß zum Beispiel keiner, daß Indien die sechstgrößte Industrienation der Welt ist. Daß es hier fast nur indische Autos auf den Straßen gibt."

„Ich hab's auch nicht gewußt", sagte Flori und sah die indische Klapperkiste an, in der sie fuhren.

„Die bauen überhaupt alles selbst. Radios, Kühlschränke, Möbel, Taschenrechner, Herde, Maschinen –"

Flori sah indische Lastwagen und die kleinen Personenwagen „Ambassador" vorbeifahren. „Alles bißchen klobig und schlicht – und nicht gerade elegant –"

„Aber es funktioniert!" sagte Müller. „Es macht sie unabhängig vom Ausland und gibt den Vielzuvielen Arbeit. Sie haben zu wenig Devisen, der Export läuft nicht so recht. Schön, Seide, Baumwolle, sowas geht –. Aber mach dir keine Sorgen um die Inder. Die gibt's länger als die Deutschen, und sie sind per saldo besser über die Runden gekommen als wir –."

Florian dachte einen Augenblick nach. „Das weiß man alles gar nicht so genau in Deutschland", sagte er dann.

„In Deutschland weiß man vieles nicht, was sich in der Welt tut."

„Unsere Zeitungen tun aber so, als wüßten sie alles."

„Das ist es ja, warum man sich dann immer so wundert, wenn man ins Ausland kommt. Die Zeitungen schreiben eben am liebsten über Elend und Not und Ausbeutung, wie sie's nennen –"

„Komisch – was ihnen daran so gefällt?"

„Schlechte Nachrichten sind eben gute Nachrichten, – und gute Nachrichten sind keine Nachrichten. Alter Zeitungsspruch. Nein, Florian, lassen Sie sich nichts erzählen. Sehen Sie sich selber um. Aber nicht mit europäischen Maßstäben messen. Unser Lebensstil, unsere Art zu wohnen, unsere Ansprüche – das alles gilt hier nichts. Unser Luxus bedeutet ihnen nichts, sie brauchen und wollen ihn nicht."

„Träumen sie nicht mal davon?"

„Nein, sie träumen nicht davon. Ihnen sind andere Dinge wesentlich."

„Welche?"

Müller schwieg einen Augenblick, ehe er antwortete: „Ich weiß es auch nicht genau, aber es hat etwas mit dem zu tun, was wir Zwischenmenschlichkeit nennen, mit Brutwärme, Vertrauen und Gemeinsamkeit. Sicher auch etwas mit Religion. Sogar sehr viel mit Religion."

Das Taxi bog durchs Tor des nächtlichen Flughafens. Es war 3 Uhr 41 früh.

* * *

Eine neue Hydraulikpumpe war vorrätig. So etwas ist für einen Wartungspool von fünf Gesellschaften ein kleiner Fisch. Ein defektes Triebwerk hätte mehr Aufwand bedeutet, wäre aber auch kein großes Problem gewesen. Man konnte so ein tonnenschweres Riesending jederzeit von irgendwo auf der Welt abrufen und unter eine Linienmaschine schrauben. Der transportierende Jumbo flog dann eben mit fünf, statt mit vier Triebwerken. Am Bestimmungsort wird es abgenommen und ist schon nach Stunden ausgetauscht.

Müller, Lefevre und Flori holten Werkzeug und Ersatzteile und fuhren im Jeep hinaus aufs Vorfeld, wo der Jumbo wie ein bleierner Riese vor dem Morgenhimmel stand, dessen fahle rote Färbung den Sonnenaufgang ankündigte.

Sie parkten den Jeep dort, wo die Betonplatten des Vorfeldes in die Grasnarbe übergehen. Flori sprang hinaus.

✻ ✻ ✻

Da spürte er einen stechenden kleinen Schmerz im Fußgelenk. Hatte er sich beim Sprung übertreten? Er schlenkerte das Bein.

„Was ist denn?" fragte Müller, als er den Kollegen humpeln und hüpfen sah.

„Nichts. Fuß verknaxt – ich weiß nicht. Irgendwas, ist ja egal."

Sie gingen an die Arbeit.

Die Sonne stieg herauf. Morgennebel fiel über den Platz, jener unangenehme Nebel, dem die Fliegerei nur mit elektronischen Landesystemen Herr werden kann, der plötzlich kommt und immer viel zu lange bleibt, der Umleitungen, Warteschleifen und Verspätungen erzwingen kann.

4

Kapitän Bongers und seine Besatzung fuhren ins Hotel „Oberoi-Intercont". Dort fühlte man sich zu Hause, dort hatten die Fluggesellschaften Dauerzimmer gemietet, dort absolvierten die Besatzungen ihre gesetzlichen Ruhezeiten, bis man sie kurz nach Mitternacht eines neuen Tages zum Weiterflug holte. Einer gab dem anderen den Türknauf in die Hand.

٭ ٭ ٭

„Gehen Sie auch einkaufen, morgen früh? Am Jan Path oder Connaught Place?" fragte der Co den Kapitän.

„Für wen", antwortete Bongers und schüttelte den Kopf.

Für seine Frau doch, dachte der Copilot. Alle Airliner kaufen immerzu Kleinigkeiten für die Verwandten und Bekannten, überall auf der Welt wo sie Station machen.

„Ich bin frisch geschieden", sagte Bongers.

„Ach so – pardon", murmelte der Copilot und überlegte, ob er kondolieren solle oder gratulieren durfte. Er kannte Frau Bongers. Eine kapriziöse, anspruchsvolle Dame, hübsch und gut gewachsen, eine ehemalige Stewardeß, die mit einem pikanten ungarischen Akzent unaufhörlich redete und selten einen Satz mit einem anderen Wort begann als mit „Ich".

Er sagte also lieber nichts weiter als: „Es ist schwierig in unserem Job. Welche Frau mag das schon, wenn der Ehemann dauernd unterwegs ist. Vierzehn Tage fort und dann acht Tage zu Hause, aber eben dauernd. Da steht man im Wege und stört den normalen Tageslauf. Zu Festen und Feiertagen ist man sowieso nicht da. Das nehmen die Frauen übel. Als ob wir etwas für unsere Dienstpläne können und dafür, daß gerade an Feiertagen Hochbetrieb ist."

Bongers nickte und dachte an seine große elegante Dachterrassenwohnung in Frankfurt, in der er nun allein hauste. Seit Monaten allein. Er hatte sich zwar vorgenommen, jetzt „High-life" mit Freundinnen zu machen, aber daraus wurde nichts. Er war zu selten da. Bekanntschaften zerbröckelten schon nach wenigen Wochen. Es zog ihn nichts nach Hause. Früher hatte er für seine Frau in Delhi oft hübsche Sachen gefunden. Thankas, jene zusammenrollbaren Malereien, die tibetanische Gläubige als eine Art Altar mit sich tragen und zur Meditation an die Wand hängen. Das Leben Buddhas ist drauf gemalt, große Höllteufel und Dämonen und tausend Andächtige mit kahlen Köpfen, die alle gleich aussehen. Oder der Erd- und Himmelskreis, wie ihn sich die Buddhisten vorstellen. Eine fremdartige Kunst, die einen nachdenklich stimmt, wenn man die Bilder zu enträtseln sucht.

* * *

Bongers hatte, wohl als Ausgleich zu seinem exakten, technischen Beruf, einen Hang für Kunst, Exotik und Mysteriöses. Er gehörte zur alten Garde der Fliegerei. Als blutjungen Mann hatte ihn die Deutsche Wehrmacht zum Nachtjäger ausgebildet. Er mußte keine sonderlichen Heldentaten vollbringen – wenn man den Abschuß von zwei englischen Bombern und einen Absturz in brennender Maschine nichts Besonderes nennen mag, aber die Fliegerei hatte ihn mit Haut und Haaren gepackt. Schweben, weg sein von der Erde, sich erheben über die kleine enge Landschaft, in der sich die Leute stritten, quälten und die Schädel einschlugen, war ihm stets eine Befreiung. In 30 000 Fuß war ihm leicht, so als dürfe er sich, von oben blickend, verzeihend gütige Gedanken machen.
Nach dem Kriege hätte er gern studiert. Geschichte und Kunstgeschichte faszinierten ihn. Aber es fehlte am Nötigsten und am Geld. So hatte er sich als Bauarbeiter, Barmixer in einem amerikanischen Armeeclub und, nach der Währungsreform, als Fahrlehrer durchgeschlagen.

* * *

Dann plötzlich durften Deutsche wieder fliegen. Die neue Lufthansa wurde gegründet und bekam gebrauchte Maschinen aus den USA. Die Germans hatten lauter junge, begeisterte Piloten, was ihnen den Namen „Baby-line" eintrug. Bongers flog Kurzstrecken auf der zweimotorigen DC-3, dem treuen Tier mit den großen Fenstern. Dann kam die „Super-

Connie". Viermotorig über den Atlantik mit einer Zwischenlandung in Gander, dem Kältearsch der Welt, einem Platz,
über den es bald in Fliegerkreisen lustige Döntjes gab, weil
dort immer etwas Komisches passierte.

Und nun?

Bongers hatte alle Düsenmaschinen geflogen, zuerst die 707,
dann die 727, und nun war mit der 747-230 B die oberste
Sprosse der Karriereleiter erreicht. Beliebt ob seiner Gelassenheit und Zuverlässigkeit, fühlte er sich im Grunde manchmal
elend. Demnächst würde er in Pension gehen müssen, ungeachtet seines blendenden Gesundheitszustandes. Der wurde
alle sechs Monate geprüft. Davon hing die Erneuerung der
Fluglizenz ab. Er schnitt stets gut ab, wie bei allen Prüfungen
seines Lebens. In seinem Privatleben war das anders.

※ ※ ※

Er fuhr mit seiner Crew im Lift in den 12. Stock. Die blonde
Stewardeß, von der er nur wußte, daß sie Michaela hieß, stand
dicht neben ihm. Er sah ihre schimmernden blauen Augen. Sie
war schon öfter mit ihm geflogen. In Hongkong hatte er
sich einmal mit ihr eine Stunde lang angeregt unterhalten.

Sie stammte aus einem Dorf in Hessen, hatte begonnen
Architektur zu studieren, dann aber war irgendein Mannsbild
gekommen und irgendein Kummer. Aus Trotz und um zu
beweisen, daß sie selbständig genug sei, die Enge der heimatlichen Suppentellerwelt jederzeit zu verlassen, hatte sie auf ein
Inserat hin an die Lufthansa geschrieben. Das war nun schon
wieder drei Jahre her. Die Zeit verging im Fluge. Michaela
hatte Zimmer 1214, neben dem seinen.

Als Bongers nach dem Duschen allein in dem kühlen, mit
schweren Möbeln eingerichteten Zimmer stand, hatte er Lust,
sie anzurufen und zu fragen, ob sie mit ihm frühstücken ginge,
unten, auf der Terrasse neben dem großen Pool, wo die vielen
Vögel kamen und Krumen pickten, wenn man allein in der
Morgenkühle frühstückte.

25

Aber er rief nicht an. Er stand am Fenster, sah die Sonne über der Stadt hochsteigen, sah hinüber zum Delhi-Gate, dem indischen Triumphbogen, sah links davon die Regierungspaläste und die Silhouette der Stadt ohne Hochhäuser. Vor ihm ein großer Park mit wundervollen alten Bäumen, der Zoo. Darüber kreisten im Morgenlicht die Raubvögel, die Adler, Geier, Bussarde und all die anderen, deren Namen er nicht kannte.

Eine Stadt, dachte er, über der Millionen Vögel schweben, in der Tiere allenthalben nahe den Menschen leben, eine Stadt mit würziger Luft und unverbautem Leben –

Delhi.

Älter als alle europäischen Städte. Älter als Rom oder Athen.

5

Florian Hopf stand auf dem ölverschmierten Montagepodest unter der linken Tragfläche des Jumbo, beim Triebwerk 2. Die Verkleidungen, die cowlings, waren geöffnet, die Leitungen, Verschraubungen, Gehäuse und die defekte EDP lagen frei. Es war einfach gewesen, festzustellen, was sie angerichtet hatte. Ein kleiner Stöpsel, eine Ölablaßschraube wurde herausgedreht. Auf ihrem Ende hingen Eisenspäne. Die Schraube war magnetisiert und zog die Späne an. Also hatte die Pumpe gespant und die Leitungen verengt. Die weiteren Prozeduren waren Routine. Öl ablassen, Filter tauschen, Leitungen durchspülen.

* * *

Flori bückte sich, nahm einen neuen Filter, der wie ein Maiskolben aussah, riß die Plastikhülle auf und machte sich daran, ihn einzusetzen. Da wurde ihm schwindlig. Der dumpfe Schmerz in seinem Bein schwoll an.

* * *

Vorhin, als er ein wenig hinkend auf die Leiter stieg, hatte ihn Francois Lefevre gefragt: „Hey – Deine Bein, was iste –?"
„Nichts", hatte Flori geantwortet. „Nur so ein komisches taubes Gefühl."
„Was iste taub"? fragte der Belgier.
Flori rief zu Müller hinunter, der eben die kleine Pumpe zum Durchspülen der Leitungen, die aussah wie eine altmodische Strickmaschine, anschloß: „Was heißt denn ‚taub' auf französisch?"
„Keine Ahnung – Ohr kaputt oder so."
„Geh zu, nicht dieses ‚taub'. Na, ist ja egal", hatte Flori gesagt und sein Bein geschüttelt. „Alles o.k." Dann hatte er freundlich lächelnd seine Arbeit fortgesetzt.
Gleich darauf begann dieses Sausen in seinen Ohren, diese Benommenheit. Das Bild vor seinen Augen drehte sich. Das Rot der aufgehenden Sonne schien ihm blutiger als an anderen Tagen.

✶ ✶ ✶

Dann ging alles blitzschnell. Eine graue Wand stieg lautlos dröhnend vor seinen Augen auf, rote Funken blitzten in ihr, das Sausen der Motoren auf dem Vorfeld entschwand, das Rattern der Triebwerkschaufeln im Winde schwoll zum Inferno. Ein roter Blitz zerschmetterte sein Hirn.
Bernd Müller sah, wie Flori mit beiden Armen in die leere Luft griff, wie er auf gespreizten Beinen schwankte, seine Knie einknickten, wie er vornüberfiel, über die Podestkante rutschte und zwei Meter tief auf den Beton der Piste stürzte.
„Flori!!"

✶ ✶ ✶

Lefevre hörte den Schrei und kroch aus dem Fahrwerkschacht. „Was iste passiert?" brüllte er im Hinzulaufen über den Lärm der Generatoren hinweg.
„Ich weiß nicht", keuchte Müller, der neben dem Ohnmächtigen kniete. Sein Kopf pendelte schwer und willenlos. Sie

drehten Flori auf den Rücken. Lefevre fand den Puls. Er schlug wild und unregelmäßig.

„Hat gesagt, vorhin, ihne etwas gestochen", sagte er beklommen.

Müller mußte plötzlich an seine Afrikazeit denken. Damals, in Lagos, als der schwarze Transportarbeiter umfiel und halb tot war, nach einem Schlangenbiß!

Ein paar indische Arbeiter traten zaghaft heran. Müller schrie ihnen entgegen: „Hey – tell me – are there snakes?"

Der eine Inder nickte. Ja, es gab Schlangen hier, gelegentlich wärmten sie sich auf dem Vorfeld in der Sonne, lärmunempfindlich und unaggressiv. War Flori auf eine getreten, die hochschnellte und ihn biß?

Lefevre blieb skeptisch: „Une serpe? – Non, isch nisch kann glauben –"

Müller schrie ihn an: „Wenn er doch sagt, daß es hier welche gibt! Ich kenn das aus Afrika. Man merkt es nicht, es ist nur ein kleiner Stich. Dann fühlt man sich mau, und wenn das Gift durch die Blutbahn ist, haut es einen um! Bestimmt!" Er zog Floris Hosenbein hoch und würgte den Strumpf hinunter. Am Knöchel schillerte es blau-rosa und glasig. Dunkle Striche zogen sich in die Adern.

„Da", sagte Müller, riß Flori hoch und trug ihn mit Lefevre so rasch es ging zum Jeep. Die Inder halfen.

„Ich wußte es! Ein junger Bursche wie der kippt doch nicht nach einer Stunde Arbeit oder wegen dem Klima um. Nun aber nix wie ab ins Krankenhaus!"

✳ ✳ ✳

Wertvolle Zeit ging verloren. Es war schwer, eine Ambulanz zu bekommen. Endlose Telefonate und Palaver waren nötig. Alles schien zu kriechen.

Und da lag Flori, im Sanitätsraum auf dem Feldbett, schlaff, mit offenem Munde. Zwischendurch schien er zu erwachen. Er wand sich, als müsse er sich mit zerquälten Bewegungen gegen ein unsichtbares Monstrum wehren. Müller rief seinen Namen: „Flori!" Er antwortete nicht.

✻ ✻ ✻

Endlich kam ein Krankenwagen und fuhr ihn ins „Holy-Family-Hospital", einen kahlen, modernen Zweckbau am Stadtrand. Dort gab es eine neu eingerichtete Intensivstation mit modernen Apparaten. Infusionen wurden angehängt, ein Serum injiziert, ein Bildschirm zeigte die Kurven seiner Herztätigkeit.

Der diensthabende Arzt, Dr. Chandra, ein sanfter, kluger Inder, schüttelte den Kopf. „Keine Chance", murmelte er. „Es ist zu spät. Eine Stunde früher hätte das Serum vielleicht noch gewirkt."

Graupner und Bernd Müller, die den Kranken begleitet hatten, gingen zur Tür. „Die Hoffnung nicht aufgeben", sagte Graupner leise. „Diese indischen Ärzte sind prima, die kriegen mit einfachen Mitteln oft mehr hin als die europäischen mit all ihrer Technik."

„Das darf's doch nicht geben, heutzutage, daß einer an so einem blöden Schlangenbiß – –."

Sie blickten noch einmal auf Flori zurück. Er lag totenblaß da und regte sich kaum.

„Hat er eigentlich Angehörige?" fragte Graupner.

„Er ist verlobt, soviel ich weiß."

„Vielleicht kann sie herkommen?"

6

Der Anruf erreichte Gisela Pelletier in der Schule. Im ersten Augenblick war sie stumpf vor Überraschung, dann schlug der Schmerz in sie. Wund und nicht begreifend hörte sie, was ihr die teilnahmsvolle Stimme aus der Frankfurter Lufthansa-Zentrale mitteilte: Sie könne, wenn ihr Paß in Ordnung sei, mit der nächsten Maschine, um 17.15 Uhr, nach Delhi fliegen. Über die Kosten werde man sich verständigen. Sie solle sich keine Sorgen machen.

Der Gedanke, in fünf Stunden abreisen zu müssen, machte Gisela ratlos.

„Mein Schuldienst – ich weiß nicht – so mitten in der Woche – –." Sie könne es sich überlegen, eine Stunde vorher am Flughafen würde genügen. Dann war das Gespräch zu Ende.

Gisela stand ratlos da. Ihr Schuldirektor, der während des Telefonats am Schreibtisch Formulare ausgefüllt hatte, wußte nicht, wie er dem plötzlichen Tränenausbruch begegnen sollte.

„Ich kann doch nicht so ohne weiteres weg", schluchzte Gisela.

Er antwortete leise, ohne aufzusehen: „Das müssen Sie selber beurteilen. Von mir aus ist nichts im Wege. Aber Sie können vermutlich dort nur am Krankenbett sitzen –"

Gisela nickte „jaja" und ging zur Türe. „Ich begreif's einfach nicht. Wir wollten heiraten, wenn er zurückkommt, in drei Monaten –"

„Aber –! Sicher kommt der zurück. Er ist doch jung und kräftig – nicht?" sagte der Direktor.

Gisela versuchte die Tränen zu unterdrücken, während sie aus dem Direktoriat zwischen lärmenden Kindern, die sich in den Gängen balgten, zum Klassenzimmer ging. Weinen, dachte sie, das hilft ihm nichts und mir nichts. Es erleichtert auch nicht. Ich bin doch vernünftig. Was soll diese Heulerei? Aber die Tränen waren stärker.

* * *

Eine wilde Sehnsucht nach der Geborgenheit bei ihrem gutmütigen, anständigen Geliebten peinigte sie. Mechanisch begann sie den Unterricht. Die unruhigen, lauernden Kinder bemerkten ihre Tränen und daß sie in Gedanken anderswo war. Gisela fühlte sich ausgeliefert und schwach.

Ich fliege hin, dachte sie, in ein paar Stunden bin ich unterwegs. Dann kam wieder die Angst. Sie stellte sich Flori vor, in einem primitiven Klinikbett, entstellt und sterbend. Mein – mein Flori! Hätte ich ihn doch nie fortgelassen.

Der Streit, zwei Tage vor der Abreise, fiel ihr wieder ein. „Mit deiner Intelligenz, deiner Sensibilität und deinen vielen Interessen paßt du da nicht in diesen Bastlerberuf! Du könntest was Besseres sein, mit deinen Schulzeugnissen!"

Flori hatte nur gegrinst. Das brachte sie in Rage, und sie fauchte: „Grins nicht so blöd! Schau' dir doch deine Kollegen an. Nette Kerle, vielleicht, aber wer von denen interessiert sich für die schönen Dinge des Lebens? He? Für Kunst, Literatur, Musik – für fremde Völker, ferne Länder? Sag? Die denken doch alle nur an Fußball, Bier und Weiber! Du bist mehr – kapier das doch endlich!"

Mein Flori ist so viel mehr, dachte sie und erschrak bei dem Gedanken, sagen zu müssen: er war so viel mehr –!

* * *

Weil sie unaufmerksam war, gab es plötzlich eine unterdrückte Prügelei in der vierten Bankreihe. Der Anstifter, ein brutaler Knabe mit schiefem Gesicht, zerriß etwas, was seinem Banknachbarn gehörte. Der setzte sich mit einem spitzen Bleistift zur Wehr.

Gisela ging wie eine Furie dazwischen und schlug blindlings auf die Burschen ein. Sie wußte, daß dies einen Elternprotest zur Folge haben konnte. Möglicherweise würde man sie sogar bestrafen. Es war ihr egal. Sie konnte nicht anders.

„Werdet Ihr euch anständig benehmen!" brüllte sie. Ihre Stimme hatte einen Klang, den sie selbst noch nie gehört hatte. Die Schüler verstummten. Spürten diese kleinen Tiere die Kraft ihrer Verzweiflung?

Wut und Angst waren in ihr. Sonst nichts.

Sie hieß die Klasse die Schreibhefte herausnehmen und gab ihr eine Arbeit. Starr und lauernd saß sie vor den Kindern, die mit tief gebeugten Köpfen seufzend gehorchten. Gisela fand ihre Fassung. Sie wurde wieder kühl, streng und zielbewußt. Die Tränen versiegten.

Auf dem Nachhauseweg, beim Gedanken an ihre Eltern, denen sie berichten mußte, was geschehen war, brachen sie erneut hervor.

Noch drei Stunden bis zur Abreise?

Der Gedanke ließ ihre Verzweiflung wachsen. Was außerhalb ihrer gewohnten Ordnung lag, was sie nicht selbst plante, widerstrebte ihr. Und nun gar eine Reise in ein fremdes Land voller Hunger und Elend – –

7

Irgendwann erwachte Florian aus seinen wirren Visionen vom Fliegen und Stürzen. Er hatte wieder den Moment geträumt, in dem er, zuhause in Garmisch, auf das Dach der Holzlege geklettert war. Wie alt war er damals? Drei Jahre? Vier Jahre? Unten stand sein Vater, streckte die Arme aus und rief: „Komm, du Lausbub, spring – trau dich. Du kannst fliegen – ich fang dich auf!"

Er war gesprungen, voll Mut und Vertrauen, schwebte einen Augenblick lang und landete in den großen warmen Händen des Vaters, sicher und behutsam.

Diesen Augenblick träumte er immer wieder. Manchmal ging der Sprung weiter und brachte die Empfindungen von damals zurück, als er zum erstenmale zweitausend Meter über der Welt an einem Fallschirm hing, Windsausen um sich, Dröhnen in den Ohren. Als er dieses unbändige Freiheitsgefühl empfand –!

Manchmal träumte er auch, wie der Arzt „fluguntauglich" gesagt hatte. „Sie sind farbenblind. Damit können Sie leider nicht Pilot werden. Der Nächste, bitte –."

32

Wie er damals ob dieses Gebrechens geweint hatte, in Giselas Armen. Pilot, Kapitän werden war sein Traum gewesen, seit jenem Sprung von der Holzlege. Stärker, als dies sonst bei Bubenwünschen zu sein pflegt.

Nun hieß es sich abfinden und dem Traum nahe bleiben. Wenn es nicht das Cockpit sein durfte – es gab anderes bei der Fliegerei. So ein Spezialmechaniker, ein Ingenieur muß alles beherrschen, was an Technik im Luftriesen gehäuft ist. Muß alles verstehen, muß zulangen. War das nicht nahe genug?

* * *

Er kam zu sich. Die blutroten Schleier wichen einem fahlen kalten Morgenlicht. Ein grüner Vorhang, die weiße Zimmerdecke, Apparate im Blickfeld. Das Piepen eines Computers. Flori wußte nicht, daß dieses stetige – pip – pip – pip – seinen Herzzustand signalisierte.

Mir war schlecht, fiel ihm ein. Hab ich den Vorlauffiltereinsatz fallen lassen? Er bewegte die Hände. Nein, in meinen Händen ist nichts. Ich habe ihn fallen lassen. Zu dumm.

* * *

Ein Gesicht erschien vor seinem Blick. Zwei dunkle Augen sahen ihn forschend an.

„Hallo."

„Wer sind Sie?" Flori wunderte sich, daß seine Stimme so leise und rauh klang.

„I am Mumtaz", sagte das Wesen.

Ich bin tot, dachte Flori. Das ist eine Vision. Ich kann nur diese Augen erkennen. Was hat sie gesagt? Mumtaz? Was bedeutet das? Es war ihm unmöglich, Gedanken aneinanderzureihen. Er konnte lediglich wahrnehmen.

Mumtaz?

Seine Augen fielen wieder zu, die dunkelroten Schleier tauchten wieder auf, aber in ihrer Mitte blieben, hinter seinen geschlossenen Lidern, die sanften Augen seiner Vision. Sie schienen auf ihn zu warten, ihm beistehen, ihn trösten und ihn geleiten zu wollen, auf einen sanften Weg. Ein Licht, das von den Augen ausging, wurde heller und fordernder. Blutige Schleier wallten und flossen, doch das Licht blieb. Es wurde stärker und drängender.

* * *

Gisela, wo bist du?! Er fühlte, als sei sie bei ihm, ihren warmen zarten Körper, die Rundung ihrer Glieder, den sanften Schmelz ihrer schimmernden Haut. Ihm war, als dränge sie sich fordernd, brennend und sänftigend an ihn, so, wie in der letzten Nacht, ehe er fort mußte, nach Indien.

Dann war plötzlich ihr Gesicht um die beiden stetigen Augen. Fremde, dunkle Augen in Giselas Gesicht, umrahmt von ihrer weißen Haut, ihrem goldenen Haar. Flori wollte sich dagegen zur Wehr setzen, wollte sich loswinden, wollte fort. Doch die Augen blieben unverrückbar nahe, so sehr er sich auch wand, und sahen ihn an.

Dann kamen die Schläge zurück. Er hatte sie in der letzten, ihm unbekannten Zeitspanne immer wieder erleiden, ertragen und überleben müssen. Erst waren es ferne, grollende, harte, kurz hackende Eruptionen, dann kamen sie näher und wuchsen. War das sein Herz? Die Zuckungen seines gemarterten Herzens, das nicht aufgeben wollte?

Eine Gewalt begann wie ein riesiger Hammer auf die Schale seines Seins einzuschlagen. Flori wollte sich ducken und fliehen, doch der Ansturm folgte ihm. Schlug der Tod auf ihn ein?

Da waren brennende Wände, feurige Stürme, in deren Mitte noch immer, unverwandelt, das Licht der sehrenden Augen stand. Nach einem letzten gewaltigen Schlag barsten die Wände in Flammen und Lärm.

Nichts war mehr da als ein Licht, ein weißer Schein, der aus den sanften Augen zu dringen schien, so, wie Sonnenlicht in eine Höhle in der Erde fallen mochte.

Stille war um ihn die nicht rauschte, nicht floß. Eine vollendete Stille, wie er sie nie vorher erlebt hatte. Sie machte alles weich und zärtlich und ließ alles zerfließen. Nur das Licht war da, nichts sonst. Sogar die beiden Augen, aus denen es gekommen, waren fort.

Das Licht wurde stärker und heller. Etwas rief ihn, keine Stimme, kein Klang, kein Wort, und sagte, er solle sich erheben und folgen. Solle kommen und anderswo sein – –

Es war der Augenblick, in dem Florian Hopfs Herz aufhörte zu schlagen. Das Signal auf dem Monitor erlosch, das pip verstummte. Eine grüne gerade Linie lief über den Bildschirm an der Stelle, wo vor Sekunden noch zuckende Kurven ein flackerndes Pochen angezeigt hatten.

Florian Hopf war tot.

8

Am Tage nach dem Unfall schickte die Zentrale einen anderen Urlaubsvertreter für Bernd Müller. Frau Müller, die im neunten Monat war, atmete auf. Ihr Kind konnte in Deutschland zur Welt kommen.

Der Neue, Karlheinz Schröter, ein gemütlicher Mann mit großer Erfahrung, kurvte schon viele Jahre durch die Welt. Er kam direkt aus Anchorage, an der Nordspitze der USA, wo Maschinen der Polrouten zwischenlanden. Er war gern dort gewesen. Man konnte in klaren Seen fischen, Jagdausflüge machen, wohnte in behaglichen Bungalows. Jeder Tag brachte neue Gäste, Besatzungen, die dort ihre Ruhezeit absolvierten. Statt nach Frankfurt heimzufliegen, war Schröter nach Delhi umdirigiert worden. Er war gern irgendwo in der Welt. Deutschland war ihm zu turbulent und zu eng, die Leute zu böse, zu egoistisch, zu gehässig. In Deutschland Auto zu fahren, dauernd geschnitten, angeblinkt, angehupt und beschimpft zu werden, mißfiel dem Mann von der Waterkant.

Ich kenne den armen Flori vom Lehrgang. Prima Bursche. Scheußlich, daß ihn so was erwischen muß. Ein paar von uns haben sich ja schon Tropenkrankheiten eingehandelt, aber ein Schlangenbiß ist was Neues. Wie geht's ihm denn? Kommt er durch?"

„Kaum", sagte Müller, der den Neuen den Kollegen vorstellte. In letzter Minute. Frau Müller wartete schon ungeduldig im Jeep, der sie an Bord bringen sollte.

„Arme Gisela", sagte Schröter. „Nettes Mädchen. Muß schrecklich sein für sie."

* * *

Am Nachmittag fuhren Lefevre und Ugo Cortese ins Krankenhaus. Vielleicht würde ein Besuch den Lebenswillen des armen Burschen anfachen. Sie stiegen in den zweiten Stock und gingen suchend durch die Korridore.

„Warst du schon mal als Patient in einem indischen Krankenhaus?"

„Nein – sei so gut –!"

„Sieht verdammt anders aus als bei uns, wie?"

Die Türen zu den großen Krankensälen standen offen. Die Patienten lagen in Zivilkleidern auf bloßen Matratzen oder liefen herum. An zahlreichen Betten hockte zahlreicher Verwandtenbesuch. Alles war einfach. Zu einfach.

„Sieht eher wie ein Asyl aus, so lässig und privat. Ob man hier auch um fünf Uhr früh geweckt wird, zum Messen und Putzen? Bei uns gehts da doch zu wie in einer Kaserne –"

„Glaub ich nicht. Die machen das hier ganz easy, hab ich den Eindruck." –

Die Intensivstation war nach westlichem Vorbild eingerichtet, mit weiß überzogenen Betten und Patienten in Krankenkleidung. Ugo und Francois wollten sich eben nach jemanden umsehen, der Auskunft geben könne, als eine indische Schwester an ihnen vorbeistürzte und ins Ärztezimmer auf der anderen Seite des Korridors lief. Gleich darauf kam sie mit

36

einem Arzt zurück. Francois fragte die Vorbeilaufenden:
„Pardon – zu Herrn Florian Hopf?"
„Der ist eben gestorben", rief der Arzt und verschwand in der
Station.

✳ ✳ ✳

Erschrocken und ratlos standen die beiden Freunde inmitten
des geschäftigen Treibens. Das Gefühl, daß wenige Meter von
ihnen entfernt der fröhliche junge Bursche, mit dem sie gestern
so lustig beisammen waren, leblos läge, war lähmend. Sie
blickten einander an. Was sollte man sagen. Was war nun zu
tun?
„Seine Verlobte –"
„Ist vielleicht schon unterwegs".
„Wir müssen die Station verständigen. Die sollen sofort ein
Telex nach Frankfurt –"
Sie liefen die Treppen hinunter.

✳ ✳ ✳

Gisela hatte sich nicht entschließen können alles liegen und
stehen zu lassen. Ihre Mutter, eine rundliche Frau aus Sachsen
mit hübschem, elegischem Gesicht, hatte ihr abgeraten.
„Du kannst doch nischt helfen. Ja, wenn die Krise vorbei wäre,
dann würde er dich brauchen. Aber so? Und in der Schule
nehmen sie dir's gewiß übel, wenn du aus privaten Gründen
einfach davonrennst und deine Klasse im Stich läßt. Das kann
man nicht machen, wo kämen wir denn da hin. Uns bleibt im
Moment nischt, als hoffen und beten, daß die übertrieben
haben. Ich bitte dich – an einem Schlangenbiß muß doch
heutzutage niemand mehr sterben, wo kämen wir denn da
hin?"
Weinend rief Gisela eine Freundin an, deren Stiefbruder an
einem Tropeninstitut tätig war und erkundigte sich. Die
Freundin sagte Beruhigendes. Es gibt da, sagte sie, ein all-
round-Serum von Butantan, aus Südamerika, das hat jedes

mittelmäßig eingerichtete Spital zur Hand. Noch dazu in tropischen Ländern.

So war Gisela geblieben, um ihren Dienst zu tun.

Man saß eben beim gemeinsamen samstäglichen Mittagessen, man war sogar fröhlich und lachte über eine drollige Geschichte, die in Giselas Parallelklasse passiert war und bei der sich ein Lehrerkollege weidlich blamierte. Da klingelte das Telefon.

Flori war vor zwei Stunden gestorben.

* * *

Dem starren Schweigen des Entsetzens folgten die Tränen, die Lamentationen, die Fassungslosigkeit.

„Vor vier Tagen war er noch quietschfidel bei uns", heulte die Mutter. „Das is doch nicht möglich –"

Und Gisela sagte: „Das müssen aber auch Krankenhäuser sein, da unten. Bestimmt hat sich kein Mensch um ihn gekümmert!"

* * *

Vater Pelletier ging eine Stunde lang spazieren, wütend und deprimiert. Er hatte den künftigen Schwiegersohn sehr geschätzt, wenn er auch Floris Gutmütigkeit als gefährlich für eine Ehe mit Gisela empfand. Die, meinte er, bräuchte eine starke Hand und einen entschlossenen Willen.

Seine Trauer war ehrlich und tief. Er beschloß, den Abend nicht zu Hause, neben geschluchzten Anklagen zu verbringen. Er würde zum Kegelabend gehen. Dort war auch Flori des öfteren mit von der Partie gewesen, dort konnte man unter Freunden ungestört seiner gedenken und einen Schluck auf sein Andenken trinken.

9

Die Krankenschwester Mumtaz, das Wesen, dessen Blick sich Florian vor seinem Sterben ins Unterbewußte brannte, hatte zwei Nachtdienste am Bett des blonden Patienten verbracht. Er bedurfte dauernder Überwachung. Eine umfangreiche Rezeptur an Infusionen, Injektionen und Atmungshilfen war angeordnet. Die Indikationen wechselten, je nachdem wie sich der kämpfende Organismus verhielt. Während zweier Nächte hatte sie seine Reaktionen beobachtet, die Instrumente abgelesen und geholfen.

Am dritten Tage, ihr Dienst war eigentlich mittags schon zu Ende, blieb sie über die Zeit, weil sie sah, daß der Kranke in die Krise glitt. Atmung und Puls, keuchendes Ringen um Luft und flache Herzschläge signalisierten das tödliche Kammerflimmern. Dr. Chandra, der Internist, hatte ihr genaue Anweisungen gegeben, obwohl er meinte, der Organismus sei den Lähmungen durch das Gift nicht länger gewachsen. Daß der junge Mann so lange dagegen ankämpfte, war fast ein Wunder. Mumtaz' Kolleginnen kümmerten sich um die übrigen fünf Patienten auf der Station. Sie blieb neben dem Sterbenden, sah das Zittern durch seinen Körper gehen, erlebte Augenblicke in denen er bei Bewußtsein schien und in seiner ihr fremden Sprache Worte keuchte, um dann in einen neuen, tieferen Abgrund der Bewußtlosigkeit zu stürzen. Als er sie in einem kurzen Augenblick der Ruhe ansah, glaubte sie in seinen Augen ein Erkennen zu lesen. Sie lächelte ihm Mut zu und nannte ihren Namen.

⁎ ⁎ ⁎

Das Kammerflimmern trat ein. Der Patient starb, während sie ihm die angeordnete Strophantininjektion in die Vene gab. Sie sah den grünen ruhenden Strich auf dem Monitor und rannte um Hilfe. Dr. Chandra kam sofort herüber. Nach einer kurzen Untersuchung schüttelte er den Kopf.

Mumtaz schrie: „Wir müssen's versuchen, Doktor!"
„Er ist tot, Schwester."
„Wir haben ein paar Minten Zeit zur Reanimation. Es ist alles bereit!" Sie begann mit ihren kleinen Händen den Brustkorb des Regungslosen zu bearbeiten. Der Arzt drängte sie beiseite und griff selber zu. Mumtaz schleppte das Atemgerät herbei, das Luft in die toten Lungen pressen sollte und drückte die Gummimaske auf den schlaffen Mund.
Endlose Minuten verstrichen. Der grüne Strich auf dem Bildschirm ruhte regungslos. Mumtaz reichte dem Arzt hastig den Stempel des elektrischen Schockgenerators, mit dem man versuchen konnte, den Herzmuskel wieder anzuwerfen. Der Stromschlag riß den Kopf des Toten zur Seite.

* * *

Mumtaz starrte auf den grünen Strich. Nichts. Die Herzmassage ging weiter. Vier Minuten waren seit dem Exitus verstrichen. Der Organismus würde nun beginnen, sich aufzulösen. Wenn in der sechsten Minute die Zersetzung des Gehirns begann, war alles vergebens.

* * *

Mumtaz zog Strophantin in die Injektionsspritze und setzte die lange Nadel auf. Dr. Chandra durchstach die Brust der Leiche und jagte die Flüssigkeit direkt in den Herzmuskel. Ein schwaches Zucken lief über den Bildschirm. War es ein Lebenszeichen oder nur eine Kontraktion nach der Injektion? Mumtaz sah den Arzt fragend an, während sie die Beatmung fortsetzte. Der griff zum Stempel und jagte Stromstöße im Rhythmus einer Herztätigkeit in den geschüttelten Leib des Toten.

* * *

Wenige Sekunden später zeigte der Bildschirm ein paar flache, fehlgeleitete Herzschläge an. Schweißüberströmt setzte Dr.

Chandra die Massage fort und Mumtaz preßte Luft in die Lungen, die sich anschickten wieder zu atmen.

Das pip – pip war zu hören. Unregelmäßig, in ungleichen Abständen, leise, lauter, – aber es war da.

Fast eine Stunde lang arbeiteten Dr. Chandra und Mumtaz, stumm, nur von gelegentlichen gemurmelten Anordnungen und Erwiderungen unterbrochen, bis der Puls sich zu stabilisieren schien. Dann waren beide am Ende ihrer Kräfte.

✻ ✻ ✻

Mumtaz sank auf den Hocker neben dem Bett und starrte in das schlaffe, blasse Gesicht des Patienten. War es geglückt? Kehrte er ins Leben zurück, oder war er nur mehr ein lebender Leichnam, den Geräte und ärztliche Kunst am Leben erhalten mußten, ein Organismus ohne Bewußtsein, weil Teile des Gehirns zerstört waren.

✻ ✻ ✻

Die diensttuenden Schwestern sagten „geh nach Hause, Mumtaz", doch sie blieb. Das Erlebnis, vielleicht den Tod überwunden zu haben, war so groß, daß sie keine Müdigkeit fühlte. Sie wollte dabei sein, wenn der Patient, vielleicht, die Augen aufschlug. Sie wollte ihn leben sehen. Das bedeutete ihr mehr als alles.

✻ ✻ ✻

In der folgenden Nacht waren Herz und Kreislauf nicht zu stabilisieren. Mumtaz entwickelte einen sechsten Sinn für die Natur des Sprachlosen. Mit Injektionen und Handgriffen überwand sie die Krisen. Kopfschüttelnd sah der diensthabende Arzt zu. „Das ist doch aussichtslos, Schwester", meinte er. „Geben Sie's auf und lassen Sie ihn in Ruhe sterben."

✻ ✻ ✻

Gegen 5 Uhr morgens kam der zweite Tod. Mumtaz schrie. Die Kolleginnen liefen zusammen. Mit Beamtung, erneuter Herzmassage, die die Rippen des Patienten zu brechen drohte und den erprobten Gegenmitteln des Dr. Chandra kämpfte sie, die Kolleginnen anweisend, abermals eine Stunde lang.

* * *

Die von allen indischen Schwestern gefürchtete Oberschwester, eine spitznasige Engländerin, erschien zum Morgendienst. Sie fand Mumtaz in hektischem, aufgelöstem Zustand und lobte ihre Tüchtigkeit. Dann befahl sie ihr, augenblicklich diesen freiwilligen Dienst zu beenden. „Sie sind so übermüdet, Sie würden nur Unsinn machen. Die neue Schicht kümmert sich um den Patienten. Gehen Sie nach Hause, sofort."

* * *

Mumtaz ging nicht nach Hause. Sie schlief zusammengekrümmt auf einer Bank in der Ecke des Umkleideraums für Schwestern. Sie erwachte nicht einmal als die Abendschicht lärmend und schwatzend erschien.

Nachts träumte sie den Tod ihres Patienten, fuhr hoch und lief ins zweite Stockwerk hinauf, in die Intensivstation, voll Angst, das Bett des blonden Deutschen leer oder gar schon neu belegt zu finden.

Aber Flori war noch da, bewußtlos, flach atmend zwar, aber ihr kam vor, als sei das fahle Gesicht ein wenig geröteter.

Der Bildschirm zeigte weiterhin kurze, jagende Perioden mit schwachen Systolen und Phasen des Stillstands. Dazwischen immer wieder eine halbe Minute, in der die Zeichen von einem gesunden Herzen zu kommen schienen. Mumtaz ließ sich neben den Bett nieder und half, wie in den vergangenen Nächten, mit ihrem sechsten Sinn, die Krisen zu überwinden. Zu einem neuen Herzstillstand kam es in dieser Nacht nicht.

* * *

Am nächsten Morgen jagte die Oberschwester sie, ganz Vorgesetzte, keifend davon. „Marsch mit Ihnen, nach Hause!"

Mumtaz schlich aus der Türe. Nach Hause?

Sie hauste bei Bekannten ihrer Familie in einer Kammer, die sie mit zwei Mädchen teilte. Die waren zwar den Tag über nicht da, sie arbeiteten, aber was sollte sie zu dieser Stunde in der lärmenden, überfüllten Wohnung?

Mumtaz war erst seit einem Jahr in Delhi. Sie stammte aus einem Dorfe, neun Gehstunden von der großen Hauptstadt entfernt. Bisher hatte sie wenig Gelegenheit gefunden, Freunde zu finden. Ein paar Kolleginnen, mit denen sie regelmäßig ins Kino ging um zu träumen, ein paar Abendessen im Kreise der großen Gastfamilie, ein paar Begegnungen mit Ärzten oder Pflegern aus der Klinik, zwei oder drei lose Zufallsbekanntschaften, das war ihre Freizeit.

Sie dachte an ihr Zuhause, in das sie nicht zurückkehren durfte, seit sie eine Schuld auf sich geladen, die es ihrer Familie unmöglich machte, sie länger bei sich zu behalten. Sie hatte in der Anonymität der Stadt untertauchen und ein anderes Leben beginnen müssen, so wenig sie das auch wollte.

✳ ✳ ✳

Ziellos ging sie die Straße entlang. Um sie lärmten und stanken die Autos, die schief hängenden, schwerfüßigen, überladenen Omnibusse und Lastwagen, die anmaßenden Dreiräder mit dem grellen Motorenknattern.

Dazwischen kroch die Vergangenheit: Pferd- und Eselkarren, beladen mit Lasten, obenauf hockten noch Menschen, Familien, Gruppen von Arbeitern. Dazwischen alte Männer, die Kamele am Halfterband führten, über deren Rücken fahlfarbige verschlissene Decken gebreitet waren. Mit kiefermahlendem Gleichmut tappten diese Fossile einer Urvergangenheit durch den Krach der Moderne, geduldig und gewöhnt.

✳ ✳ ✳

Mumtaz achtete nicht der Umgebung. Ihre Gedanken waren bei dem blassen Mann. Ihre Melancholie verstärkte sich. Ich werde ihn nicht lebend wiedersehen, dachte sie und hoffte, daß es nicht so sein würde.

Sie kam an Zigeunern vorbei, die an der Straße kampierten. Manche hatten eine provisorische Schmiede gebaut und werkelten unter einem wackligen Dach an einer improvisierten Esse aus Steinen, auf der Erde. Sie hämmerten Messer, Nägel, Hufeisen. Hinter den roh auf Stöcken errichteten Dächern die Karren dieser Nomaden. Frauen und viele Kinder. Schwarzbraune Gesichter unter strähnigen Haaren. Ein krasser Gegensatz zur feingliedrigen Anmut der Bauerntochter Mumtaz. Ob ich eine von denen um ein Orakel frage? dachte sie. Sein Horoskop könnte mir alles sagen. Aber ich weiß seinen Geburtstag nicht. Ich weiß überhaupt nichts von ihm.

※ ※ ※

Ein paar hundert Meter weiter ein öffentlicher Park. Lehmiger nackter Boden und dürftiges Gras, ein paar Relikte von alten Autos und Maschinen, in denen Kinder turnten und lärmten. Dazwischen einige große Bäume mit magerem Laub. Die Parkbänke waren sämtlich besetzt und umlagert. Mumtaz suchte sich unter einem Baum einen Platz, breitete ihren wollenen Umhang über das lehmige Gras, legte sich, und schlief auf der Stelle ein.

Im Traum kämpfte sie abermals um das Leben dieses Menschen, der nur drei Worte in seiner fremden Sprache zu ihr gesprochen hatte, dessen Rettung aber die erste wirkliche Tat in ihrem Leben war. Konnte die ausreichen ihre Schuld gut zu machen, oder wenigstens der Beginn der Aufrechnung sein vor den Göttern und den Ihren?

10

Als Flugkapitän Bongers im Hotelzimmer erwachte, wußte er zunächst nicht, wo er sich befand. Das passierte in letzter Zeit öfter als in früheren Jahren. Die Anstrengungen des Berufes, die Scheidung im Frühjahr hatten ihm wohl mehr zugesetzt, als er sich eingestehen wollte. Dazu kam eine Unruhe, ein Gefühl etwas zu versäumen, was für sein Leben entscheidend sein könne. Eine unbewußte Angst, irgendwo nicht zur Stelle zu sein, wenn sich etwas Wichtiges begab. Eine ähnliche Unruhe hatte Bongers den Krieg und die ersten Nachkriegsjahre begleitet. Nun war sie wieder da.

Er zog die dichten Vorhänge auf. Heller Sonnenschein. Der Blick hinunter auf die Hotelterrasse mit dem Pool. Einige Mitglieder seiner Crew lagen in der Sonne. Auch die blonde Michaela.

Ich habe von ihr geträumt, dachte Bongers. Wirres Zeug, einen Gang durch eine unbekannte Stadt, unwirtliche Straßen, auf der Suche nach irgendetwas. Da war sie ihm begegnet. Er hatte versucht, ihr zu folgen, in ein Haus, in dem es nach Malven duftete, in dem sie in einem dämmrigen Zimmer im goldenen Abendlicht seiner wartete.

Was weiter geschehen war, konnte er sich nicht erinnern. Es war kein sexueller Traum gewesen, höchstens ein erotischer, ein Zärtlichkeitstraum –

Bongers duschte und zog seinen Zivilanzug an. Er hatte Lust, mit den anderen in der Sonne zu liegen und mit dem Honigmädchen zu reden, wie damals in Hongkong, im Coffeeshop.

Während er in der Nähe des Pools frühstückte, lag Michaela im Liegestuhl in der Sonne, öffnete nicht die Augen und sah auch nicht herüber. Bei ihr waren fünf Leute der Crew. Sie hatten Bongers nachlässig, aber höflich gegrüßt. Ich kann nicht gut zu ihr gehen und sie fragen, ob sie mit mir in die Stadt fahren mag. Er wartete eine Weile, ob das Mädchen sein Sonnenbraten nicht unterbrechen würde. Sie aber lag stumm und war anscheinend eingeschlafen.

Schön – fahr ich allein. Er bestellte sich im Touristenbüro ein Taxi für eine Sightseeingtour.

Der Fahrer des kahlen „Ambassador" hielt ihm die Türe auf. Er trug Turban und Bart. Ein Sikh. Einer von jenen 2 % der Bevölkerung, jener religiösen Gruppe, die so aussehen, wie man im Kino typische Inder darstellt. Wie sagen manche? Die Sikh sind dumm, weil sie fleißig sind. Die besten Fahrer, Wächter und Soldaten. Stur, geduldig, zuverlässig. Sie sind nicht, wie die Hindi, fatalistisch darauf bedacht, in diesem Leben möglichst wenig zu tun, auf daß sie nach den Wiedergeburten es bequemer haben. Deshalb legen Hindus wenig Wert auf diesseitige Leistungen und die Sikh mühen sich.

* * *

Neu-Dehlis breite, von großen Bäumen gesäumte Alleen münden stets in einen Verkehrskreisel. Die Engländer haben das fünfte Delhi seiner Geschichte großzügig und praktisch angelegt.

Das Taxi fuhr vorbei an uralten Zeugnissen dieser Geschichte, an den Ruinen der Burg des König Feroz, wo jene große Säule aus den Trümmern ragt, jener Monolith, in den die buddhistischen Lebensregeln gemeisselt sind.

Buddhismus ödet mich an, dachte Bongers. Diese ergebene Sanftheit ist schrecklich und faszinierend zugleich. Buddha war ein indischer Prinz und die Inder huldigten ihm ein paar Jahrhunderte lang. Dann gewann der ältere Hinduismus wieder die Oberhand, mit seinen 33 333 Göttern und den über 100 000 Naturgeistern. Ein unüberschaubares Durcheinander, für einen evangelischen Christen. Wie schön einfach und ordentlich ist dagegen unser Glaube. Nein, diese Lehre von den Wiedergeburten und dem Nirvana ist nichts für mich. So viel Ergebenheit ins Schicksal muß einen ja gleichgültig, träge und verantwortungslos machen.

* * *

Sie fuhren die breite Straße am Flußufer entlang. Man konnte den Yamuna nicht sehen, dessen träge, lehmige Wasser den Hindu's heilig sind. Nicht ganz so heilig, wie die des Ganges, an dem Benares liegt, seit Jahrtausenden das Ziel der Pilgerwege. Vor allem die große vierte Kaste, die Shucha, die Armen, Arbeiter, Landlosen, Besitzlosen, wandern auf allen Straßen oft Monate und Jahre Benares zu, um im heiligen Ganges zu baden. Ein für einen Europäer unverstehbarer Aufwand, für das bißchen Religion. Welche Strapazen für die sogenannte Seele.

Ins Wasser des Yamuna streuen sie die Asche der Toten. Sie verbrennen sie an seinen Ufern. Fremd – fremd ist das alles.

* * *

„Sir – dort: das Raj Ghat. Gandhi!"

Bongers begriff nicht gleich. Was war mit Gandhi? Der Fahrer erklärte, an dieser Stelle sei Gandhi 1948 verbrannt worden. Ein fanatischer Hindu hatte ihn ermordet. Gandhi, der gewaltlos hungerstreikend gegen die Anwesenheit der Engländer stritt, der die Europäer aus dem Lande treiben wollte, der den Indern beibrachte, daß sie in jeder freien Minute und überall Seide spinnen und Stoffe weben könnten, um zu Geld zu kommen. Daß sie nicht ergeben betteln sollten, sondern sanft und stetig arbeiten dürften. Die Welt braucht unsere Seiden- und Baumwollstoffe, lehrte er. Ihr könnt auch fürs Nirwana meditieren, während eure Hände die Spindel bewegen!

Welch eine Mischung von Mystik und Materialismus. Ora und labora, in einem.

* * *

„Bitte halten Sie. Ich möchte den Ehrenhof sehen."

Der Sikh schien erfreut über Bongers Interesse an diesem Nationalheiligtum. Er sprach ein gut verstehbares Englisch. „Darf ich begleiten und erklären?" bat er.

47

Am Eingang legten die Besucher die Schuhe ab, wie vor einem Tempel. Ein ärmlicher schwarzer Inder bot Blumengirlanden an. Der Sikh nickte und Bongers kaufte für ein paar Rupien Blumen für Gandhi.

Der große Hof enttäuschte ihn. Kein Tempel und kein Dach, nur ein weites Geviert, mit Steinplatten belegt. In der Mitte ein großes niedriges Rechteck aus Marmor über der Verbrennungsstelle. Das war alles? Kein Mausoleum, wie es die Moguln hatten? Kein Memorial, wie jenes für Lincoln in Washington? Mehr war den Indern ihr großer Erwecker und Befreier nicht wert?

* * *

„Gandhi war Rechtsanwalt", erklärte der Sikh, „und Anwälte sind hier Könige. Sie verstehen alles, sie kennen die Gesetze. Wir kennen und verstehen sie nicht. Viele Inder können nicht lesen. Zwei Drittel sind Analphabeten. Sie wissen?"

Bongers nickte. Der Dienst führte ihn alle paar Monate hierher. Bei einem Ausflug war er an einem großen Gebäude vorbeigekommen, vor dem, in einem kahlen Park, ein paar Inder im Grase hockten und für eine lange Reihe Wartender Formulare ausfüllten. Die sogenannten „Schreiber", vor den Toren der großen Behörden, gut verdienende, angesehene Wissende, ohne die einfache Leute hilflos waren.

„Gibt's zu wenig Schulen? Fehlt es an Geld oder an Lehrern?" fragte er, recht europäisch denkend.

„Nicht unbedingt. Schulen und Lehrer sind da. Aber viele Familien meinen, lernen ist Zeitverschwendung. Besser das Leben gehen lassen wie es geht, die Kindheit genießen. Erst später verstehen sie dann – zu spät." Ein kleiner Seufzer. Ärgerten ihn diese Umstände? „Gandhi kannte alle Gesetze genau. Darum ist ihm der Trick mit dem Salz eingefallen."

„Ein Trick?"

„Ja! Salz war Monopol der Engländer, der Regierung. Kein Inder durfte Salz gewinnen. So war es teuer, die Regierung verdiente viel Geld daran und hatte die Untertanen in der Hand. Ohne Salz kann man nicht leben. Da begann Gandhi, Salz aus Meerwasser zu sieden. Die Regierung hat ihn sofort eingesperrt. Weil es ihm aber hunderttausende seiner Anhänger nachmachten, gab es bald nicht genug Gefängnisse. Da mußten die Engländer nachgeben. Das Salzmonopol war erledigt. Ohne Gewalt." Er strahlte nachträglich über diese List.

* * *

Gewaltloser Widerstand. Passive Renitenz. Damit hatte Gandhi die Engländer aus dem Lande intrigiert. Im Gefängnis trat er stets in Hungerstreik. Weil das damals noch nicht Mode war, nahm die Weltpresse Anteil an dem halbnackten Fakir. Der stete Tropfen höhlte den britischen Fels, 1950 wurde das Land unabhängig.

Ob das ein Gewinn war, dachte Bongers. Wenn man sich umsieht – was ist nun besser? Überall ist die britische Hand zu erkennen. Die Bauten, die Straßen, die Parks, das öffentliche Leben, der Linksverkehr, die staatliche Organisation. All das ist noch da, aber es verfällt. Moos und Reif legt sich auf alles, da und dort bröckelt es. Moder breitet sich über Häuser und Straßen. Nichts wird ausreichend gepflegt. Was bröckelt, verfällt weiter. Wo Bewuchs verkümmert, bleibt es kahl.

Die Befreiten nutzten, was die Unterdrücker geschaffen hatten und ließen den Zahn der Zeit daran nagen. Alles ist endlich, alles vergeht –? Soll es vergehen.

Ist diese Art, die Freiheit zu nutzen, ein Gewinn? Seine vielen Reisen hatten Bongers gelehrt, daß in aller Welt Bauten, Einrichtungen und Ordnungen verfielen, sobald die Europäer – verjagt oder freiwillig – abzogen. Die Wirtschaft stagnierte, die Armen wurden ärmer, der Hunger größer, die Wohlhabenden nicht reicher. Höchstens eine Handvoll Einheimische, die nun Engländer spielte und drakonisch oder heimtückisch regierte, wurde zu „Superreichen", wie man dies in sozialem

Neid zu nennen pflegte. Diese Ersatzelite raffte, und schaffte in die Schweiz, was transportierbar war, um der Beute eines Tages zu folgen, wenn das befreite Volk sich von ihnen befreite. Sie betrug sich mehr als Kolonialherrn, denn die eigentlichen vergangener Zeiten.

Seit 1950 war Indien unabhängig. Gut. Die Animosität gegen Fremde, der Drang zur Freiheit im Menschen ist eben stärker als alle pragmatischen Überlegungen. Auf die Idee, sich von den Europäern weiter in die Moderne führen zu lassen und sie zu nutzen, kommen die wenigsten Völker.

Die Ungarn hatten sich das in ihrer Geschichte gelegentlich so gerichtet, daß sie voll umschlingender Herzlichkeit sich von den Okkupierenden listig das Brauchbare borgten und im übrigen lebten, wie es ihnen richtig schien.

÷ ÷ ÷

Die Ungarn kamen Bongers in den Sinn, weil eine ungarische Reisegruppe auf nackten Füßen daherkam, als er unter beifälligem Nicken des Sikh seine Blumen auf Gandhis Marmorplatte legte. Ungarn hier? Sie waren wohl überall in der Welt anzutreffen, freundlich und unwiderstehlich charmant. „Wer einen Ungarn zum Freund hat, braucht keine Feinde mehr", lautete das Sprichwort.

Bongers Schwiegervater war Ungar. Als er die Ehe seiner Tochter auseinandergebracht hatte, vergoß er Tränen der Trauer über ihr Scheitern. Dann sorgte er dafür, daß sie eine Apanage bekam, die sie wie eine Fürstin leben ließ, nebst guten zwei Dritteln von Bongers Besitz. Anschließend weinte er erneut, als nach dem Scheidungstermin die Abschiedsstunde schlug. „Wenn du einmal einen Sorge hast, liebste Freind", hatte er gesagt, „ich bin immer da für dir. Ich dich liebe, du weißt, und ich gebe die letzte Hemde für der Hilfe. Andi-baci, djerek – seret-lek." Mit feuchten Augen überließ er Bongers noch die Begleichung der Restaurantrechnung.

Andreas Bongers dachte plötzlich voll wütender Wehmut an seine Exgattin, an ihre Eleganz, ihre Schnelligkeit und ihren Witz. Er verglich sie unwillkürlich mit der kleinen Inderin, die eben orangefarbene Blüten auf den Berg Blumen rund um Gandhis Verbrennungsstätte legte. Welch ein Unterschied zwischen diesen Orientalinnen und den strammen europäischen Girls. Hier zarte Zaghaftigkeit in allen Gesten – dort Selbstbewußtsein, zielstrebig und ebenbürtig. Seine geschiedene Marika war eine perfekte Mischung aus rheinischer Strebsamkeit und ungarischer Gerissenheit gewesen. Dem war er nicht gewachsen gewesen. Vorbei –!

☼ ☼ ☼

Während sie zum Taxi zurückgingen, erzählte der Sikh von einem anderen „Befreier" Indiens, von Subhas Chandra Bose. „Mitten im Weltkrieg ist er zu Hitler gereist. Er dachte, Deutschland ist Englands Feind und kann Hilfe von Indien brauchen. Aber Hitler war insgeheim ein Freund der Engländer, er mochte die Inder nicht. So hat er Bose verraten, hat ihn in ein deutsches U-Boot gesteckt und zum Kap der guten Hoffnung fahren lassen. Sinnig, wie? Dort mußte er in ein japanisches U-Boot umsteigen. Die Japaner haben Bose auch nicht geholfen. Sie haben ihn mit einem Flugzeug abstürzen lassen. Er war ein tragischer Held – auch er wollte Indien befreien."

Bongers vermied es, zu dieser Art Heldentum etwas zu sagen. Der Sikh war glücklich über seinen aufmerksamen Zuhörer.

„Jetzt zeige ich Ihnen ein Weltwunder – etwas, das gegen alle Naturgesetze ist. Kommen Sie!"

Er gab Gas. Das Taxi schlängelte sich durch den dichten Verkehr.

11

Stationsleiter Graupner rief im „Holy-Family-Hospital" an,
wegen der Überführung der Leiche Floris nach Deutschland
im Frachtraum einer der nächsten Maschinen. Das war der
übliche Weg des Leichentransports. Die Zinksärge wurden in
den Frachtpapieren als „HUM" ausgewiesen und von den
Fliegern „Hugo's" genannt. Da erfuhr Graupner von der
wundersamen Reanimation des Patienten Hopf.
„Was – der lebt? Das ist ja unglaublich!"
Dr. Chandra schränkte ein: „Rückschläge sind immer möglich, es besteht noch immer Lebensgefahr, aber wir hoffen – –"
Und Graupner dachte: Ich sag's ja, diese indischen Ärzte tun
Wunder, wo die unseren nur Tabletten und Injektionen
verordnen. Sicher sind sie näher an den wahren Geheimnissen
des Lebens.
Er verständigte Floris Kollegen und schickte ein Fernschreiben an die Zentrale nach Frankfurt: „Florian Hopf am Leben.
Gute Chancen für Gesundung. Bitte Angehörige verständigen."

✻ ✻ ✻

So stürmte Gisela am Abend dieses Tages, zwei Stufen auf
einmal nehmend, die Treppen zur elterlichen Wohnung hinauf
und rannte in die Küche:
„Mutti – er lebt – er wird gesund – sie haben angerufen, vom
Flughafen – es geht ihm recht gut – er kommt bald heim!"
Während sie ihre Mutter umarmte und im Kreise schwenkte,
lachten und weinten die beiden Frauen. „Er ist noch schwach
und muß einige Zeit im Krankenhaus bleiben. Sie haben
gesagt, die Einladung nach Delhi zu fliegen, gilt weiter."
„Haste Ja gesagt? Fliegste?"
Gisela machte eine Handbewegung. „Nicht mehr nötig,
Mami. Wenn sie ihn durchgebracht haben, können sie ihn die
paar Tage auch noch alleine pflegen, bis er transportfähig ist.

Was soll ich dort am Krankenbett sitzen? Ich mach ihm lieber hier zu Hause den Himmel, wenn er kommt.‹

∗ ∗ ∗

Als sie geduscht hatte und allein in ihrem Mädchenzimmer mit der Blumentapete stand, nackt und glühend, überfiel sie ein inniges Gefühl von Liebe und Dankbarkeit. Sie stellte den Silberrahmen mit der großen Fotografie Florians auf den Tisch, entzündete eine der zahlreichen Kerzen, die überall im Raum standen, zog die schweren Fenstervorhänge zu und kniete sich im Halbdämmer vor das Bild des Geliebten zur stummen Zwiesprache. Ihr Blick tastete jeden Zoll seines Gesichts ab.

Dummer Kerl, dachte sie, hast es hier so schön. Hast alles, was du brauchst – hast mich! Ihr Blick glitt hinüber zu ihrem Bett, auf dem sie sich vor zwei Jahren, als ihre Eltern verreist waren, nach tagelangem Wehren, Bissen und Quälereien der Zärtlichkeit geöffnet hatte, dachte an die Nächte, die Unbedingtheit der Liebe, die im anderen zu finden verlangt, was sie wünscht. Dachte an seine Gutmütigkeit und seine Kraft, die sie quälte und selig machte zugleich.

Dummer Kerl, flüsterte sie, du weißt doch, daß ich vergehe in deinen Armen, daß ich die Besinnung verliere, wenn du mich so ganz zu mir selbst jagst –

Sie erhob sich mit einem Ruck, als geniere sie sich ob ihrer Begierde und kleidete sich an. Ihr Blick fiel auf die Madonnenstatue auf der Kommode, die sie vor vielen Jahren, als Kind, von einer schaukelnden, ratternden Autobusreise aus Lourdes als Souvenir mitgebracht hatte. Ein heiligmäßiges Gefühl der Dankbarkeit überkam sie.

Sie stellte die Statue neben Floris Bild und die brennende Kerze. Als sei dies noch nicht genug, kniete sie nieder, faltete die Hände und sprach lautlos ein inniges Dankgebet, wie in Kindertagen, da sie sich gar für einen Riegel Marzipan oder eine neue Bluse bei der Gottesmutter bedankt hatte.

Das war keine Pose, keine aufflammende Sentimentalität. Gisela war fromm, auch wenn sie nur selten einen Gottesdienst besuchte. In ihrer entbehrungsreichen Jugend, als ihr Vater noch ein armer Mann war, hatte ihr das Beten über viele Kümmernisse hinweggeholfen. Betend empfand sie sich als Sternenkind, das ins Leben verbannt worden war, um sich zu bewähren, um Kinder zu gebären. Danach sehnte sie sich seit sie denken konnte. Kinder, mit denen sie weiß Gott in der Schule genug zu tun hatte, von denen sie nur zu gut wußte, daß sie nichts als kleine Erwachsene sind, ebenso gut oder böse, heimtückisch oder naiv, verschlagen oder grausam wie Große. Sie liebte die kleinen Wesen mit einer Art animalischem Trieb, alles besser zu machen als es ist. Alles auf ein höheres Niveau zu heben, als es die Natur gestellt hat.

So war für sie kein Zwiespalt in dieser Stunde in der Sehnsucht nach Floris männlicher Kraft und dem Gebet. Das waren für sie zwei Seiten derselben Münze. Demut und Streben, Glaube und Sinne verschmolzen in eines. Sie war wohl im Grunde ein erwachsen gewordenes Kind, das seine Launen und Neigungen hinter einer erdrückenden Betriebsamkeit vor der Mitwelt verbergen mußte. Was sie fühlte, war das einzige, was für sie galt.

So legte sie nun die Hände inbrünstig in den Schoß und vollendete mit wenigen Bewegungen, wohin sie ihre Erregung gebracht hatte. Dann sanken die jagenden Pulse, verlosch die heiligmäßige Stimmung des Dankes für dieses gerettete Leben, das ihr mehr bedeutete, als sie gemeinhin bemerken ließ. Sie löschte die Kerze und stellte alles wieder an seinen Platz. Um sie mußte stets alles ordentlich sein.

Sie genierte sich ein wenig ob dieser letzten halben Stunde und war daher den Abend über noch forscher, kühler und optimistischer als sonst.

* * *

54

Beim Abendessen genehmigte sich Giselas Vater eine zweite
Flasche Bier. Auf Drängen der Mutter holte er endlich Sekt aus
dem Keller. Das Fernsehen blieb an diesem Abend ausnahms-
weise ausgeschaltet. Man legte eine Schallplatte mit Händels
„Feuerwerksmusik" auf, genoß die Hochgestimmtheit und
prostete dankbar auf das Wohl des Geretteten.
Dann sagte Gisela: „So – und jetzt heirate ich ihn auf der Stelle.
Jetzt laß ich ihn nicht mehr in diese Wahnsinnswelt hinaus!"
Sie schrieb einen viele Seiten langen, überschäumenden Lie-
besbrief an ihren Verlobten. Vom Heiraten und Hierbleiben
stand nichts darin. Das würde sie ihm selbst sagen, Auge in
Auge. Am besten auf diesem Bett dort in der Ecke ihres
Jungmädchenzimmers, wenn er in ihren Armen war.

12

Ehe er ihm das Weltwunder zeigte, hatte der lächelnde Sikh mit
dem weinroten Turban und dem kunstvoll gekräuselten Bart
Bongers kreuz und quer durch die Stadt gefahren. Durch
Geschäftsstraßen mit elenden Wohnblocks, in denen sich
erleuchtete Luxusgeschäfte befanden, vorbei an öden Plätzen
und häßlichen Fabriken. Vieles war abstoßend und faszinierend zugleich.
Das Weltwunder befand sich am Rande der Stadt, in Tempel-
ruinen zu Füßen eines mächtigen Turms aus dem 13. Jahrhundert, 75 Meter hoch, ziegelgemauert und reich verziert. Ein
imponierendes Bauwerk. 15 Meter Durchmesser an der Basis.
Innen führten Treppen zur Aussichtsgalerie, auf der man über
die grüne Stadt weit ins Land schauen konnte.
Der Cicerone erzählte vom letzten Hindu-Fürsten im 12.
Jahrhundert, der sich hier vergebens gegen islamische Erobe-
rer wehrte. Der Tempel, in dessen Bezirk dieser Turm nun
stand, wurde zerstört. Sieger zerstören stets zunächst einmal
die Heiligtümer der Unterlegenen.

In die Ruinen baute der Sieger, Qutb-ud-Din Aibak, ein ehemaliger Sklave, den Turm seines Triumphes und begann zu herrschen. Das alte Spiel: der Sklave als Herr. Vom Rausch der eigenen Größe überwältigt, sagte er seinen islamisch-afghanischen Mit-Siegern den Dienst auf und gründete ein eigenes Sultanat. Regierte wie Harun-al-Raschid, mischte sich unters Volk, zog Steuern ein, daß den Untertanen die Augen übergingen, ahndete Vergehen mit drakonischer Strenge und wurde so zum gefürchteten Halbgott.

Als er starb, ging es augenblicklich wie es immer geht, wenn harte Herren weichen. Sein Sultanat zerfiel, Gras wuchs über alles, die Akkumulation der Macht löste sich auf. Nur der stolze Turm Qutb-a-Minar kündete noch von dem selbsternannten Halbgott.

Spätere wollten ihn übertrumpfen und legten nebenan 30 Meter Basis. Sie wollten einen doppelt so hohen Turm, einen wahrhaft babylonischen, 150 Meter hohen bauen und kamen über einen Stumpf nicht hinaus. Der stand noch da. Zwecklos, ruhmlos, namenlos überdauerte er die Zeiten.

* * *

„Wo ist nun das Weltwunder?", wollte Bongers wissen.

Es stand in den Ruinen einer Moschee, die der rebellische Sklave Qutb auf den Trümmern des Hindutempels, diese einbeziehend, errichtet hatte. Da waren nur die Reste weniger Außenmauern und Säulenhöfe ohne Dach, ohne Stockwerke. Die einstige Pracht der Triumphstätte war nur mehr zu ahnen. Die Nachwelt hatte auch dieses Heiligtum haßerfüllt zerstört. Sie muß stets das Erhabene, Besondere, Schöne in Trümmern und im Staub sehen. Die Lust am Zerschlagen kommt der Lust zu zeugen nahe. Und die Quadern kann man doch weiterverwenden, für eigene Bauwerke, nicht wahr?

* * *

Das Weltwunder ragte inmitten der Tempelreste auf und würde wohl kaum beachtet, wüßte man nicht, was da seit 1500 Jahren geschieht – besser gesagt, nicht geschieht.

Eine Säule aus Eisen, 3 Meter hoch, 30 cm im Durchmesser. Alles Eisen dieser Welt wird von der Zeit benagt, von Rost befallen und aufgelöst. Diese Säule aus der Guptazeit aber ist schwarz, metallen und ohne eine Spur von Rost. Sie steht seit 1500 Jahren da und rostet nicht.

Das Wunder war umlagert. Viele Besucher versuchten, mit dem Rücken angelehnt, es mit den Armen zu umfassen. Das solle Glück bringen, heißt es.

Ein 3 Meter hoher Widerspruch gegen alle Chemie. Eisen muß rosten. Auch die heutigen nichtrostenden Eisen und Stahle werden in 1500 Jahren oxydieren. Wie war das hier möglich? Der Sikh sah stolz und lächelnd Bongers Nachdenklichkeit. Sah, daß das augenscheinlich Unerklärbare in diesem geheimnisvollen Lande den Gast aus seiner abendländisch-logischen Ruhe brachte.

„Man weiß wirklich nicht, wieso?" fragte er.

Der Sikh schüttelte den Kopf.

✳ ✳ ✳

Ein kleiner Souvenirverkäufer verfolgte Bongers und ließ sich durch die abweisenden Worte des Sikh nicht beeindrucken. Er bot immer wieder mit scheuem Blick und ausgestrecktem Arm Kleinigkeiten an. Bongers wußte, daß zahlreiche Bettler und Händler einer Art Gewerkschaft angehörten, die ihren mitleiderregenden Einsatz lenkte und sie mit Omnibussen zu den Touristen karrte. Dem demütigen Charme des kleinen Inders konnte er nicht widerstehen und kaufte, ohne recht hinzusehen, eine kleine dunkle Bronzefigur, eine indische Gottheit darstellend. Der Sikh schwieg mißbilligend.

Am Hotel schlug er dem Herrn Kapitän – den Beruf hatte er herausgefragt – vor, ihn morgen wieder abzuholen. Es gäbe noch viel Interessantes zu sehen. Bongers versprach, ihm morgen mittag Bescheid zu geben und schritt in die Hotelhalle.

∗ ∗ ∗

Es war eine Heimkehr in die Zivilisation. Das Publikum war zwar so wenig vornehm oder exklusiv wie heutzutage in allen Luxushotels der Erde. Gruppen reisender Steuerkanzlisten, Gemüsehändler und Sekretärinnen anstelle der Lords und Snobs früherer Zeiten. Die große Halle mit den weichen Teppichen, tiefen Sesseln und der modernen Beleuchtung wirkte trotzdem kultiviert und heutig. Ein wohltuender Gegensatz zu der grauen, verschimmelten Welt der Armut draußen. Sauberkeit beruhigt und hebt die eigene Würde.
Bongers bummelte durch die Shopping-Arcade, in der man, wie in allen großen Hotels der Erde, in hell erleuchteten Einzelläden Dinge anbot, die man billiger in primitiven Läden in der Stadt erstehen konnte. Schmuck, Figuren, Stoffe, Souvenirs. In ihren Läden saßen, schläfrig wartend, Schneider, die binnen 24 Stunden Hemden, Kleider, Kostüme oder Anzüge anfertigen wollten. Bunte Zeichen von Kreditkartenfirmen klebten an allen Glastüren. Nichts war hier ein Problem, wenn man ein wenig Geld hatte, und alles war zu raschem Verbrauch bestimmt.
Bongers sah Landsleute. Fahle, etwas fette Burschen mit satten Augen und exaltiert geschminkte, hellhäutige Mädchen mit herausfordernden Blicken. Verwöhnt und unzufrieden nahmen sie Dinge zur Hand und legten sie blasiert wieder zurück. Sie hatten schon alles. Sie brauchten nichts mehr.

∗ ∗ ∗

An der Rezeption das übliche Gedränge.
Bongers kannte noch die Zeiten, in denen die Portiers gute Gäste mit Namen begrüßten und lächelnd den Zimmerschlüssel griffen, wenn man herantrat. Sie fragten nach dem Wohlergehen, redeten über Sehenswertes oder gar Persönliches.

Das war Vergangenheit. Heute gab es Gedränge, Warten, anonymes Zureichen des Schlüssels und auf die Frage nach Post ein Suchen und Kopfschütteln. Wer bekam noch Post. Man reiste und war unerreichbar. In dringenden Fällen wurde telefoniert.

※ ※ ※

In Bongers Fach lag eine Nachricht. Die Station teilte mit, daß er mit seiner Crew morgen abend die letzte Maschine der Air India „dead head" nach Bombay nehmen müsse, um dort am nächsten Morgen die 692, die aus Singapore kam, nach Frankfurt zu fliegen. Gut, also noch ein Ruhetag hier.

Am Lift traf er seinen Copiloten und zwei Stewardessen, Flugbegleiterinnen. Eine von ihnen war Michaela. Er hatte den Tag über nicht an sie gedacht. Nun war ihr Anblick belebend wie ein Glas Whisky. Mit Soda und Eis.

„Noch ein Tag in diesem langweiligen Nest", maulte der Co. „Ich finde Delhi schrecklich. Hongkong ist mir lieber. Da ist wenigstens was los."

„Sie finden's auch schrecklich?" wendete sich Bongers an Michaela.

„Nö –", sagte sie. „War prima am Pool. Wenn man bedenkt, daß zu Hause Schnee liegt, unheimlich gut. Wir waren eben einkaufen. Schräg gegenüber vom Hotel sind prima Geschäfte. Da – kucken Sie!" Sie zeigte stolz einen silbernen Ring. „Sagenhaft billig hier, immer noch. Is doch hübsch, nich?"

„Sehr hübsch", lächelte Bongers höflich. Ringe und Schmuck waren ihm so gleichgültig wie fast allen Männern. Daß die Kollegen nur den Pool, die Restaurants und ein paar Touristenläden sehen wollten, war ihm unbegreiflich.

Daß überhaupt die meisten Menschen sich überall nur so einzurichten suchten, wie sie's von zu Hause gewohnt waren? Bedeutete das Reisen nicht Abenteuer, Erfahrung, Bereicherung?

Vielleicht ist es wie mit der Musikalität. Die meisten Menschen sind so stockunmusikalisch, daß ihnen Schlager und Klischeeklänge genügen. Ebenso sind sie wohl nicht aufnahmefähig für fremde Welten. Sie können sich und ihr Gewohntes nicht hintanstellen. Sie müssen immerzu vergleichen. So, wie sie immer die gleichen Schlagerklänge ertragen und nichts sonst.

* * *

„Haben Sie von dem Unfall gehört?" fragte der Copilot. „Einen Mechaniker hat's erwischt. Schlangenbiß. Auf der Grasnarbe am Vorfeld, als er unsere Pumpe reparierte. Kommt wohl nicht durch. Ein, zwei Tage noch, sagt die Station. Armer Kerl. Ausgerechnet bei unserem technical muß sowas passieren. "

Bongers nickte und dachte: Ich habe auf der Reparatur bestanden. Ich bin unschuldig schuldig. Schrecklich, Auslöser für eine Katastrophe zu sein, ohne es zu ahnen. Für einen sinnlosen Tod, ein vermeidbares Geschick.

Michaela und der Co hatten einander bedeutungsvoll angesehen. Dann fragte sie: „Was haben Sie heute Abend vor?"

Bongers zögerte. „Ich war lange in der Stadt unterwegs und möchte auf Vorrat schlafen. Morgen, in Bombay, geht's ja doch wieder die Nacht durch. Wieso?"

Die Kollegen blickten einander abermals an. Die zweite Stewardeß stand schlaksig und gelangweilt dabei. Auch sie hatte eingekauft, sie trug Papiertüten. Sie tat, was sie ihr Leben lang tat: sie kaute gelangweilt Kaugummi. Das verlieh ihr, wie allen, die dieser Sucht frönen, das Aussehen einer Kuh im Stall. Keiner heiligen indischen Kuh. Diese Tiere waren meist Skelette, während diese Dauerkäuerin fest im Fleische stand. Nur der Ausdruck im malmenden Antlitz war identisch.

„Könnte sein, daß Sie heute noch Post kriegen", sagte Michaela und sah Bongers vergnügt und herausfordernd an.

„Bloß so –. Sie können sich's ja dann überlegen. "

Bongers ahnte was gemeint war und lächelte höflich zurück.

13

Die Sonne versank glutrot und rasch, Vögel stiegen auf und kreisten im Abendlicht über der Stadt. Manchmal stieß einer nieder und fraß.

Bongers hatte vom Fenster aus dem Naturschauspiel lange zugesehen. Dann genoß er die Zivilisation, als unter der Dusche das laue Wasser seinen Körper hinab rann. Durch den Plastikvorhang sah er das moderne Bad, in dem nach Art des Landes das eine oder andere meist nicht funktionierte, sah gegenüber den großen Wandspiegel und dachte an Tage, an denen er durch solche Plastikvorhänge draußen ein Mädchen hatte gehen und stehen sehen, einen schlanken, glatten Körper, eine Freundin oder seine geschiedene Marika. Wie sie in den Badezimmern herumfuhrwerken, die Frauen, diese duftenden Geschöpfe, dachte er. Ständig sich waschend und putzend, als gelte es, etwas von sich zu schwemmen.

Das laue Wasser machte ihn elegisch. Ihm fehlte die Zweisamkeit. Das fröhlich-belanglose Plaudern über tausend immer gleiche Kleinigkeiten, die jede Frauenseele bewegen, das Sich-in-den-Mittelpunkt-rücken mit jedem Satz, das Lamentieren über Nichtigkeiten, dem man zuzuhören hat. Marikas ständiges „Ich", das ihn von allen Gedankenketten, Überlegungen und Meditationen abhielt, war ihm oft wie ein Alb auf der Seele gelegen. Seit es aber niemanden mehr gab, der einem den Trübsinn zerplauderte, niemanden, der sich hilfe- und ratsuchend beklagte, war ihm das Alleinsein zur Last.

„Wie heißt der alte Spruch –?" klagte er pathetisch ins leere Badezimmer hinein, „– mit ihnen kann man nicht leben und ohne sie nicht sein". Dann sang er sich eins, weil es so schön hallte. „Full moon and empty arms", die Austextierung des Rachmaninow-Themas aus den Paganini-Variationen.

* * *

Als er aus dem Bad kam, lag ein Brief da. Man hatte ihn unter der Türe durchgeschoben. „De-briefing auf Zimmer 1214, 21.00 pm local time" stand da. „Mit herzlicher Einladung an unseren Kapitän."

Briefing nennt man die Vorbesprechung eines Fluges, eine Stunde vor dem Start. Da gibt der Kapitän der Besatzung die Wettervorhersage, die Flugroute, technische Details und seine Wünsche bekannt. Dann bestimmt der Chefsteward, der Purser, welche Stewardeß in welchem Teil der Kabine zu arbeiten hat, wann Essen serviert wird, nennt prominente Passagiere, die Anzahl der Kinder und Hunde an Bord und andere Besonderheiten. Beim briefing wird alles geklärt, was sich vor einem Flug festlegen läßt.

„Debriefing" nannten Stewardessen gern eine abendliche Party auf einem Hotelzimmer, zu der sie Kollegen einluden. Deshalb also die Blickwechsel zwischen Michaela und dem Co, vorhin. Soll man den Alten dazu bitten, diesen Griesgram, der die Stimmung stören kann? Michaela hatte offenbar für ihn gestimmt. 1214 war ihr Zimmer. Es lag neben dem seinen. Sie war die Gastgeberin.

Bongers freute und rasierte sich, bestellte drei Flaschen Sekt zum Mitbringen und dachte sogar an Blumen. Da hätte es aber sicher gleich geheißen: kuck, der Olle, der Opa is auf die Michi scharf. Also keine Blumen. Da war aber die kleine Figur, die er beim Qutb-a-Minar erstanden hatte. Seine Wohnung daheim quoll ohnedies über von wertlosen Reiseandenken. Die wertvollen hatte Marika mitgenommen. Das Figürchen war eben recht als Devotionalie für Michaela. Sie sagte etwas, ohne aufdringlich zu sein.

✳ ✳ ✳

Ab neun Uhr scholl aus dem Nebenzimmer Stimmenlärm und Kasettenmusik. Um halb zehn ging er hinüber. Der Co öffnete, zehn Leute der Crew begrüßten mit lässiger Scheu ihren Chef. Bongers dankte Michaela für die Einladung mit einem Kuß auf die Wange und überreichte das Figürchen, das sie achtlos entgegennahm.

Sie hatte ihren unausgelebten Hausfraueninstinkt walten lassen. Die breiten Betten waren mit Kissen als Sitzgelegenheiten drapiert, Nachtkästchen und Tische mit weißen Tüchern gedeckt, überall brannten Kerzen, auf der Kommode war eine Bar aufgebaut. Flaschen, Gläser, Kübel mit Eis für den reichlich vorhandenen Sekt, Platten mit Brötchen, Körbe voll Gebäck und Nüsse. Ziemlich viele Blumen standen herum. Ein Hotelzimmer war von einem dekorativ denkenden Hausmütterchen in ein Festgemach verwandelt worden.

Die Mädchen trugen ihre indischen Neuerwerbungen, lange bunte Kleider, waren gekämmt und geschminkt und schimmerten im Kerzenlicht wie Ladies der Society. Die Männer trugen sich leger, mit Hemden und Halstüchern, oder einem Seidenjacket, soeben vom Schneider geholt. Ins schummrige Zimmer dudelte indifferente Background-Musik. Eine Party.

∗ ∗ ∗

Michaela hatte ihren neuen Sari ungeschickt, aber wirkungsvoll drapiert. Ihre schlanke Figur mit den langen Beinen, die vollen Brüste, die Eleganz ihrer nackten Arme und die Grazie ihrer Hüften kamen zur Geltung. Bongers mußte sich zwingen, nicht zu oft zu ihr zu sehen, wie sie Gläser füllte, Platten reichte und in unbekümmerter Fröhlichkeit bescheidenbezwingend zwischen den Gästen sich bewegte.

Alle redeten zur gleichen Zeit, als hätte man sich seit Monaten nicht gesehen. Wo man was am günstigsten einkaufen könne – Silbersachen in Rio – Seidenstoffe in Bangkok – elegante Türklinken in Chikago – und weißt du noch, wie wir damals beim Start in Karatschi die „engine two on fire" hatten, die Flammen schlugen raus, wir hatten Startabbruch, grade noch, keine fünf Meter vor dem Ende der runway und dann saßen wir drei volle Tage dort, Mann –!

Die Firmenpolitik wurde kritisiert, Maßnahmen der Geschäftsleitung glossiert – daß man auf dem Fernost-Umlauf immer nur nachts fliegt und wie anstrengend das ist – oder kannst du vielleicht tagsüber pennen, hm, ich nicht, – früher, ja früher war es noch prima. Da saß man drei, vier Tage an einem Platz, ehe es weiterging und heute hetzen sie einen.

* * *

Flugingenieur Meier saß in der Ecke, reparierte mit einer Nagelfeile die kaputte Nachttischlampe und ließ sich darüber aus, daß das Einsparen des dritten Mannes im Cockpit Unfug sei. Zwanzig Prozent vom dem Glump wären doch ohnedies immer kaputt, und da muß eben ein Fachmann da sein, der weiß, wo man hinlangen muß, und was sollen der Kapitän und der Co denn noch alles machen. Ihm sei's gleichgültig, er fände überall einen Job und vielleicht wäre es ihm und der Familie überhaupt lieber, wenn er zuhause arbeiten könne, aber im Sinne der Sicherheit fände er, Meier, es unumgänglich, daß im Cockpit ein dritter Mann – – oder was sagen Sie, Herr Bongers?
Bongers sagte jaja, aber dieser Beruf des 20. Jahrhunderts ist unbeschwert von Traditionen und ersessenen Rechten, da ändert sich doch alle Nase lang was. Man wird sehen, vielleicht bleibt der Dritte oder es gibt eine andere Lösung. Die das entscheiden wissen schon Bescheid über die Sicherheit, da muß man sich nichts denken.

* * *

Michaela hechelte mit zwei Kolleginnen Kollegen durch und spielte dazu achtlos mit der kleinen Statuette, wie ein Orientale mit seiner Perlenschnur. Die eine Kollegin nahm ihr das Ding weg und betrachtete es, dann kicherten die Mädchen und blickten zu Bongers, der als Ehrengast im großen Lehnstuhl thronte.

Michaela kam zu ihm, hockte sich vor ihm nieder und sagte: „Ein flottes Geschenk. Soll das eine Anspielung sein oder wie seh ich das?"

Bongers wußte nicht, was sie meinte. „Hab' ich heute einem lästigen Hausierer abgekauft, wieso?"

Ihre Augen sprühten. „Sie haben sich's doch genau angekuckt, oder?" Sie hielt ihm das Geschenk entgegen. Bongers setzte seine Brille auf und drehte das Ding hin und her. Das war nicht etwa nur ein vielarmiger Gott. Vor seiner Gestalt mit dem faunischen Gesicht war ein dicht an ihn gepreßter Frauenkörper mit gespreizten Beinen zu erkennen. Die Andeutung seiner Männlichkeit zeigte, daß sie dem Gott soeben zu Diensten war.

„Ach, du Schreck –", grinste Bongers, „ich habe das für einen harmlosen Shiwa gehalten und nun ist es wohl das Mistvieh Wischnu".

„Bißchen unbequem für die Dame –", meinte Michaela streng, aber ihre Augen glänzten.

Bongers gab ihr die Figur zurück. „Sicher eine Nachbildung von diesem Tempel in Khajuraho. Auf dem wimmelt es ja von erotischen Darstellungen in allen möglichen und unmöglichen Positionen. Entschuldigen Sie – ich hatte mir das nicht genau angesehen, sonst hätt ich Ihnen lieber Blumen mitgebracht –"

„Wieso – das ist doch mal was Apartes –"

Bongers war die Situation ein wenig peinlich. Er versuchte sich in kunstgeschichtliche Sachlichkeit zu retten. „Diese Darstellungen sind uralt. Die Leute hier haben eine ungezwungenere Einstellung zur Sexualität als wir, nach 2000 Jahren Christentum und Verteufelung des Leibes."

„Ich bin gegen verteufeln und gegen überschätzen", meinte Michaela. „Und zu Turnübungen oder zum Zeitvertreib mag ich's auch nicht degradiert sehen."

Sie war entzückend, frisch und elegant, als sie so vor ihm hockte. Die Kasette spielte eben eine Serie von altem Jazz. Artie Shaw, Duke Ellington, – „let's take the A-train". Musik aus Bongers Jugend, als er noch tanzen ging, ein toller Hecht war, Mädchen in seine kahle Bude schleppte und seine Jugend genoß.

„Tanzen ist wohl nicht mehr ‚in', wie? Muß das alte Eisen den Anfang machen?" sagte er plötzlich, nahm Michaela in die Arme, zog sie eng an sich und tanzte mit ihr, wie in Nachkriegszeiten. Als später die Mode aufkam, daß jeder allein, meterweit vom Partner entfernt sich nach Belieben verrenkte, hüpfte und bog, machte ihm das Tanzen keinen Spaß mehr. Er wollte die Partnerin spüren.

„Von wegen altes Eisen", lächelte Michaela. „Sie machen das ganz flott."

„Altes Eisen muß nicht rosten, wenn der Guß in Ordnung ist", grinste Bongers und dachte an das Weltwunder von heute nachmittag.

„Der Guß scheint bei Ihnen o. k." Michaela schmiegte sich in seinen Arm und überließ sich seiner Führung. ‚Let's take the A-train – string of pearls – Poinciana' –

* * *

Die Kollegen wunderten sich, wie viel Agilität und Charme dem sonst so stillen Kapitän zu Gebote standen. Er war scharf auf Michaela. Das hatten sie schon gewußt, ehe Bongers selbst es wußte. Zwei Paare begannen, ebenfalls eng, zu zweit, parodiert altmodisch zu tanzen. Andere hopsten ihr Solo und verrenkten sich.

Es wurde ein fröhlicher Abend. Michaela saß lange Zeit auf der Lehne des Sessel neben Bongers und schmiegte sich ungeniert an ihn. Sie konnten gut miteinander reden, fanden immer neue Themen, vergaßen die Umgebung, waren einander nahe und vertraut. Sie schien sich sehr zu interessieren, als Bongers von seiner heutigen Rundfahrt berichtete.

„Eigentlich sollte man auch mal –", meinte sie und lächelte ihn an. „Nehmen Sie mich mit, morgen –?"

14

Der Sikh strahlte, als Bongers mit einer schönen Begleiterin aus dem Hotel trat und begrüßte ihn wie einen Freund. „Das Red Fort ansehen? Gut." Er begann von Schah Jahan zu erzählen, der diesen Palast vor 350 Jahren erbaut hatte, der Indien 30 Jahre lang (1628–1658) schöner, reicher und mächtiger machte.

Bongers suchte Michaelas Geschichtsbild abzurunden: „Damals hatten wir den Dreißigjährigen Krieg. Da hat man sich um die weltbewegende Frage, ob man Gott in einer geschmückten oder einer kahlen Kirche anbeten soll, umgebracht. Das war im Barock – Sie wissen, Sonnenkönig, Versailles und so –"

Warum die Herren einen nur immer bilden und belehren wollen, dachte Michaela.

* * *

Sie wanderten durch den riesigen, kunstvollen Palastbezirk hinter 15 Meter hohen Mauern, die „Rote Festung" genannt nach der Farbe der Mauern. Sich die Pracht von einst vorzustellen, die Schönheit der offenen Audienzhallen, Diwans genannt, den Prunk des Frauenhauses inmitten, durch das künstliche Bäche kühlend flossen, deren Wände mit Gold und Edelsteinen geziert funkelten, war nicht mehr möglich. Nichts davon war übrig.

Da und dort ein aus Marmor geschnittenes Gitter, ein fein gearbeiteter Bogen zwischen Säulen oder die Anlage der Wege in den Gärten. Alle Pracht war verschwunden, gestohlen, demoliert, verkommen.

Durch die Gärten, in denen längst keine Wunderblumen mehr blühten, die Höfe, in denen keine Bildnisse mehr standen, hatschten, latschten und lungerten die Heutigen. Jene proletarische Mischung aus nachlässigen, ermatteten Touristen und armen Indern, aus Lumpenpack und Vielzuvielen, jener Hefe des Massenzeitalters, die nunmehr Zugang hat zu den Bezirken der Erhabenen. Ihre Gegenwart machte grau, armselig und banal, was ehedem von solcher Kunst und Ästhetik gewesen war, daß Schah Jahan die stolze Inschrift hatte setzen lassen:

„Wenn du das Paradies auf Erden suchst – es ist hier, es ist hier, es ist hier".

* * *

Durch das filigrane Marmorgitter des Fensters im Frauenhause sah man in den Festungsgraben. Dort lagerten und latschten im Blachfelde die Lungerer, Bettler und Faulen. Händler versuchten den Touristen etwas zu verkaufen. Einer hatte ein paar wütende, verschreckte Affen an Ketten gefesselt und forderte die Fremden heftig gestikulierend auf, für ein paar Rupien Fotos dieses Elends zu machen. Auch einen abgeschabten Bären mit zugebundener Schnauze führte man vor, dort, wo einst tropische Bäume und Blumen blühten und Pfauen stolzierten.

„In diesem Marmorsaal stand der Pfauenthron. 1739 haben ihn uns die Perser geraubt", erzählte der Sikh in sanfter Entrüstung, als sei dies erst vor wenigen Wochen geschehen. „Er ist aus massivem Gold und voll mit Diamanten und Rubinen. Zuletzt hatte ihn der Emporkömmling Pahlewi, der sich Schah-in-Schah nannte. Aber er gehört uns –!"

„So ist die ganze Geschichte Indiens", erklärte Bongers dem Mädchen. „Da baut einer eine unglaubliche Macht auf, errichtet mit Feuer und Schwert ein glanzvolles Reich und spätestens nach seinem Tode, meist aber noch zu Lebzeiten, wird es bekriegt und zerschlagen, die neuen Herren reißen in heiligem Zorn die Bauwerke ein, plündern und rauben, zerstören und vernichten, was ihnen in die Quere kommt."

„Schrecklich." Michaela wußte nicht, was sie sonst sagen sollte.

„Die Sikh haben oft gegen die Mogul-Kaiser gekämpft. Einer von ihnen, er hieß Dschahandar Schah, war ganz schrecklich. Seine Mätresse war die Tänzerin Lal Kumani. ‚Jetzt haust die Eule im Horst des Adlers und die Krähe im Nest der Nachtigall‘, sagten die Leute. Für sie ließ der Schah auf dem Fluß Boote versenken, damit sie zusehen konnte, wie Frauen und Kinder ertranken, ließ zum Spaß jeden Baum in Delhi fällen, lief mit ihr nackt in den Straßen herum –. Man hat ihn schließlich erwürgt –“.

„Das war wohl das Beste –“, meinte Bongers.

„Es kam nichts Besseres nach“, berichtete der Sikh. „Ein Versager folgte auf den anderen. Dann führte der afghanische Banditenkönig Nadir-Schah Krieg gegen Indien. Er hatte Boschafter geschickt, aber wegen der Schlamperei am Hof in Delhi hatte man die hier festgehalten. Da kam er mit einem kleinen Heer, schoß uns mit Kanonen zusammen und jagte mit Sprengstoff beladene Kamele in die Stadt, die dort explodierten. Wir wurden besetzt.

Als sich dann während des Holi-Festes das Gerücht verbreitete, Nadir Schah sei ermordet worden, stürzten sich indische Patrioten auf persische Soldaten, töteten sie und plünderten ihre Quartiere. Am nächsten Tage ritt Nadir-Schah schweigend durch Delhi, sah seine ermordeten Soldaten und die feindseligen Inder. Ein Stein wurde nach ihm geschleudert. Da hob er sein Schwert und das Massaker begann. Alle Bewohner der Stadt wurden niedergemacht, alle Gebäude, Stein für Stein niedergerissen. Das dauerte acht Wochen. Dann waren 50 000 tot. Der Pfauenthron wurde fortgeschafft, es war vorbei mit der Macht der Moguln.“

„Wann war das?“

„1739. Die Nachfolger haben sich dann nie mehr recht durchsetzen können. 1803 zogen die Briten ein und fanden einen blinden alten König unter seinem Bett versteckt.“

„Schreckliche Zeiten –“, sagte Michaela. „Damit verglichen ist die heutige Welt ein Paradies.“

„Na –", meinte Bongers skeptisch. „Denk an Kambodscha, Mittelamerika, den Libanon –"

„Beirut fliegen wir nicht mehr an, weil's dort meistens Krieg gibt."

„Eben. Das Raubtier Mensch hat sich mit Zivilisation übertüncht, aber seine Instinkte sind unverändert. Die Weltgeschichte ist nichts als Glanz und Zerstörung, Sieg und Haß. Was übrig bleibt, latscht dann durch die Ruinen. Sieh dich nur um." Er deutete auf die Besucher des Red Fort.

„Ich kenne niemanden, der Krieg will. Alle sehnen sich nach Ruhe –"

„Aber sie geben keinen Frieden, ehe nicht wieder Krieg ist. Alle haben Nachbarn, die sie meinen beneiden und hassen zu müssen –"

* * *

Das Grabmal des Humayun stand in seiner ganzen Pracht im Sonnenschein.

„Ein Schloß! So groß wie Versailles?"

„Nicht ganz, Michaela, vielleicht ein Drittel."

„Es wirkt aber so riesenhaft, in diesem Park, und ist wirklich nichts als ein Grabmal für zwei Leute?"

„Nichts weiter. Tote läßt man gelegentlich in Frieden und zerstört ihre Grabstätten nicht. Denk an die Pyramiden."

„Die hat man aber ausgeraubt."

„Hier gab es nichts zu rauben."

* * *

430 Jahre alt. Ein dunkler Gang in die tief liegende Grabkammer. Mattes Kerzenlicht. Zwei winzige Särge. Der größere des Humayun, der kleinere seiner tüchtigen Begum, die dieses Memorial erfand und es in neun Jahren Arbeit von persischen Baumeistern errichten ließ. Die erste Grabstätte solcher Art.

„Humayun war der erste jener legendären Moguln, die Indien prägten. Im Leben war er wenig erfolgreich," erklärte der

Sikh, „er führte Krieg, wurde geschlagen, mußte ins Exil nach
Persien, rüstete und eroberte sein Reich zurück. Dann fiel er in
seiner Bibliothek eine Treppe hinunter und brach sich das
Genick. Aus war's mit Ruhm, Macht und Herrlichkeit, tot
war er. Man wüßte wenig von ihm, hätte nicht seine Witwe
dieses Grabmal errichten lassen."

„Ein Leichenpalast – irre." Michaela schüttelte den Kopf. „So
viele Torbögen und Türmchen, und diese Seitenpaläste!"

„In jeder Himmelsrichtung einer –"

„Am Eingangstor denkt man, das ist es schon – und dann sieht
man 200 Meter vor sich erst das wirkliche Grabmal. In einem
Park – für zwei Personen!" Sie blickte auf die kleinen Särge.

„Das sind Atrappen", sagte der Sikh. „Die Toten ruhen viele
Meter darunter in den Kellern – unerreichbar. Nach diesem
Modell haben dann alle Moguln ihre Grabstätten gebaut. Die
schönste Kopie ist das Taj Mahal, aus weißem Marmor."

Michaela dachte, daß weißer Marmor sicher schöner sei, als
der rot-braune Sandstein in der lehmigen Umgebung. Sie
gähnte. So viel Kultur und Geschichte. Nur eines interessierte
sie noch: „Um 1500 fingen die Moguln an. Wann war es zu
ende?"

„Der letzte ist, glaube ich, um 1880 als Gefangener der
Engländer gestorben", sagte der Sikh hoheitsvoll. „Er war
unwichtig. Eine Puppe der Briten."

✻ ✻ ✻

Sie schritten aus dem finsteren Grab ins Tageslicht hinauf.

„Die Briten mag er nicht", meinte Michaela.

„Kunststück", sagte Bongers. „Die haben's ja raffiniert ange-
fangen. Um 1600 die ‚Ostindische Gesellschaft' gegründet,
Handelshäuser errichtet und mit den Moguln Geschäfte
gemacht, bis ihnen praktisch das ganze Land gehörte. Aus den
ewigen Kriegen und Fehden haben sie sich herausgehalten,
wo's ging. Es ging nicht immer."

Der Sikh wendete sich hoheitsvoll um: „Die Briten wollten die Sikh vernichten, unsere 400 Jahre alte Glaubensgemeinschaft. Aber wir haben gekämpft und sie geschlagen!"

„Da wird er nachträglich noch ganz grimmig", flüsterte Michaela. Bongers erwiderte: „Dabei war das alles rasch vorüber. 1911 wurde King George V. zum Kaiser von Indien gekrönt, hat Neu-Delhi als schicke Hauptstadt voll grüner Bäume bauen lassen – und 9 Jahre später fing Gandhi seinen Befreiungskampf an. Aus war's mit der britischen Herrschaft!"

„Was, Delhi ist so jung?" Michaela wunderte sich.

„Es ist schon das fünfte. Nach jeder Zerstörung hat man's neben den Ruinen neu gebaut. Und nun haben wir das Kuriosum, daß die Stadtmitte das feine grüne Viertel ist und die alten und neuen Elendsgegenden wie Schorf außen herum liegen."

„1950 war die Britenherrschaft zu Ende", sagte der Sikh würdig. Das Thema ließ ihn nicht los. „Indien war frei." Frei?

* * *

Beim Abschied im Hotel weigerte er sich, Trinkgeld zu nehmen. Es sei ihm eine Ehre gewesen, Europäer zu geleiten, die Verständnis für sein Heimatland aufbrächten. Wenn das nur mehr Reisende täten. Man könne Indien nur helfen, indem man es zu verstehen suche und es nicht als exotisches Mysterium abtue.

„Wie kommt es, daß Sie soviel wissen?", fragte Bongers. „Ich bin schon mit manchem Sikh Taxi gefahren, aber die haben nur ein paar Brocken Englisch verstanden und sich einen blauen Teufel für alles rundum interessiert?"

„Ich habe in England studiert, Sir, Geschichte und Psychologie. Ich bin eigentlich Lehrer. Aber zu Zeiten, wenn es zu wenig Lernbegierige gibt, muß man eben Taxi fahren. Das tut nichts. Man kann überall für die Wahrheit und für Indien wirken."

Er legte die Handflächen zum Gruß zusammen, neigte das beturbante Haupt, stieg in seinen „Ambassador" und fuhr zum Taxi-Wartestand.

Bongers dachte an europäischen Berufstolz, an Sozial- und Prestigedenken. Würde dort ein Dreher ein Zimmer ausmalen, ein Maler Nachtwächter sein, ein Hochschullehrer Taxi fahren und Touristen führen? Mußte nicht solcher Mangel an Flexibilität das Lebendige verholzen und absterben lassen? Ist es nicht besser zu tun was gebraucht wird, als auf Privilegien zu beharren?

Und er – der Flugkapitän – würde er wieder als Fahrlehrer arbeiten?

15

Im Hotel schnaufte Michaela tief durch. So viel indische Unordentlichkeit in Geschichte und Gegenwart hatten sie ermüdet.

Bis zum Abflug nach Bombay, zum Dienstbeginn am nächsten Morgen, blieben nur noch wenige Stunden. Vor Zimmer 1214 reichte sie Bongers die Wange zum Kuß. „Dankeschön."

Dann gingen sie packen, jeder für sich. Kapitän und Stewardeß, eine zu alltägliche Kombinationsmöglichkeit, um davon Gebrauch zu machen. Der Einsatzplan würde sie gewiß nicht so bald wieder zusammenführen. Michaela hatte Kurzstrekken in Deutschland vor sich. Bongers mußte in diesem Monat noch nach Miami, und einmal über Rio nach Chile. Dann stand ihm der Check im Simulator bevor, bei dem er alle 6 Monate zwei Tage lang in allen möglichen simulierten Katastrophensituationen auf seine Reaktionstüchtigkeit und sein fliegerisches Können geprüft wurde.

Sollte man das Wiedersehen dem Zufall überlassen?

* * *

Nein. Er ging hinüber und klopfte. Michaela öffnete sofort. Sie schien ihn erwartet zu haben. Auch sie war mit dem Packen fertig. Der kleine, abgeschabte Schalenkoffer auf dem Bett war noch geöffnet, die Uniform hing über dem Bügel. Sie trug einen langen Morgenmantel.

„Ich wollte nur noch einmal in Ruhe reden –", sagte Bongers und schloß die Türe hinter sich.

„Ich fand unsere Tour unheimlich dufte", sagte Michaela, – „aber auch ganz schön deprimierend. Wenn man so mitkriegt, daß nichts auf der Welt so bleibt wie es ist, daß alles immer wieder kaputt gemacht wird, das geht einem auf den Geist. Wer weiß, was aus uns mal wird. Unser Job ist doch abhängig von den Burschen mit dem Öl. Und vom Geld, das die Leute für Reisen ausgeben. Von unserer Zivilisation. Lassen Sie da mal einen Knatsch kommen – und wir gehen Taxi fahren, wie der Sikh."

Bongers setzte sich in den breiten Sessel, in dem er den letzten Abend zugebracht hatte. „Weißt Du, wenn man den Krieg mitgemacht hat, sieht man sowieso mit einer gewissen Dankbarkeit, wie gut es uns geht."

„Den hab ich aber nicht mitgemacht. Und deshalb hab ich Angst. Wenn alles kracht, was bleibt uns dann?"

„Die Mitmenschen, Freunde, die Nächsten, die Familie. Denen allerdings ist man dann näher als heute, im Wohlstand."

„Meine Familie – danke. Ganz fiese Typen. Neidisch und kleinkariert. Nee, mit denen nicht und wenn mir das Wasser bis zum Halse steht."

„Bleibt also nur die Liebe", sagte er, trat hinter sie, faßte ihre Schultern und küßte ihren Nacken. Sie ließ es geschehen, maunzte nur: „weiß nicht", und überließ sich ihm.

∗ ∗ ∗

Er fand sich ein wenig albern, als seine Hände sie zu streicheln begannen. Seine Gymnasiastenzeit fiel ihm ein. Als er die Schwester eines Schulfreundes allein in der Wohnung fand.

Als er sich ihr plump und ungeduldig näherte und eine Ohrfeige erntete.

Zwei erwachsene Leute, die einander gut tun können. Kann das nicht wie selbstverständlich geschehen? Muß man mit Kikeriki erogene Zonen suchen und jene animalische Benebeltheit erzeugen, die den biologischen Knalleffekt am Ende – vielleicht – ermöglicht? Ein unwürdiges Gemieze, fand er und grub weiter an ihr herum.

Sie zitterte und begann zu schnaufen. O Gott, dachte Bongers. Das wirkt noch immer. Soll ich alter Esel nun Kosenamen raunen, Lobgesänge und Demutsgesten? Geht es nicht ohne Girren und die unaufrichtige Litanei? Früher hatte er sich gar zu Sätzen verstiegen wie „ich kann nicht leben ohne dich" oder „noch nie war ich so glücklich" und hatte im Augenblick selber daran geglaubt, obwohl er wundervoll leben konnte ohne die Begehrte und sich am glücklichsten am Steuerknüppel irgendeines Fluggerätes fühlte, frei, gelöst, überlegen und ungebunden.

Scheinbar sich loswindend ließ sie sich aufs Bett neben den offenen Koffer sinken. Er hinterdrein. Na also – da war sie wieder, die vertraute, oft geübte, lange nicht mehr praktizierte Situation der Verführung. Nun käme das Gewürge mit der Kleidung, das schlangenhafte Sich-Winden und was nicht noch alles –

„Nein, nein – nicht jetzt und nicht hier – bitte, Andreas", hauchte sie, wie das eben so gehaucht wird, ersterbend, verteidigend, den Stolz aufgebend, abweisend und lockend zugleich. Wie oft hatte er solche Worte gehört und überhört und dann gleichklingende Begierde, aus dem Genieren hervorbrechende Emotion gefunden.

„Bitte nicht – Andreas – bitte –"

✳ ✳ ✳

Eine wildfremde Stimme. Ein wildfremder Körper. Erregung, Abwehr, Bereitschaft.

Bongers fühlte sich plötzlich ernüchtert. War es die Erinnerung an das erste Zusammensein mit der gehaßten, geliebten Marika oder an die junge Mulattin, vor vielen Jahren in Tripolis, die ihm so meisterhaft große Liebe vorspielte, während ihr Freund sein Gepäck stahl?

Plötzlich war alles komisch und verquer. Ich alter Gockel, dachte er, ließ Michaela los und sagte leise, mit viel poetischem Schmelz: „Du hast recht, Liebes, nicht jetzt und nicht hier. Wir wollen anders zueinander finden", war mit diesem Satz zufrieden und drehte sich auf den Rücken.

Michaela lag eine Minute regungslos neben ihm. Dann erhob sie sich, ließ den Morgenmantel fallen und schritt auf nackten Sohlen lautlos ins Bad.

Bongers rief ihr nach: „Wir wollen das in Frankfurt als ein wirkliches Fest feiern. Nicht in diesem öden Hotel, eine Stunde vor der Abreise –." Nach einer Pause setzte er hinzu: „Liebes –"

Sie antwortete nicht. Er hörte sie im Bad hantieren. Dann kam sie zurück. Noch immer nackt, bewegte sie sich ungezwungen und vertraut vor ihm, lächelte ihn an, legte das Waschzeug und den Morgenmantel in den Koffer, nahm die kleine, unanständige Figur, die er ihr am vergangenen Abend geschenkt hatte zur Hand, zeigte sie ihm lächelnd, küßte sie und verstaute sie in ihrer Handtasche. Als sie sich anzukleiden begann, erhob er sich, ging zur Türe, umarmte sie noch einmal und war entzückt, mit wie viel weicher Hingabe sie sich an ihn schmiegte.

„Ist besser so – du hast recht. Wie immer", flüsterte er. Sie nickte. Er küßte ihre Augen, ihre Stirn, ihr Haar, ihren Mund. Sie trat ins Bad, als er hinausging, damit man sie nicht vom Korridor aus sehen könne.

Draußen verließ eben der Copilot, den Flugkoffer in der Hand, sein Zimmer. „Komme gleich", grinste Bongers und pfiff vor sich hin: „I'm in the mood for love". Er war zufrieden. Ein ruhiger Flug im Airbus der „Air India" nach Bombay, ein paar Stunden Schlaf im dortigen Crew-Hotel, den „Oberoi-Towers" am Hafen, das ‚pick-up', die Abholung per Omnibus zum Dienst, um 5 Uhr früh.

Als man beim briefing saß, war keine Spur von privater Vertrautheit mit Michaela mehr zu bemerken. Ruhig und routiniert wurden die Vorbereitungen getroffen. Michaela war für die Touristenklasse eingeteilt, im rückwärtigen Teil des Fliegers. Bongers würde sie also während des Dienstes nicht zu sehen bekommen.

* * *

Als Flugkapitän Andreas Bongers auf seinen Sitz kletterte, ihn sich mit sirrenden Motoren passend zurechtrückte, das QNH, den Luftdruck des Flugplatzes Bombay, eindrehte und die Vorbereitungen zum Start traf, war ihm, als fiele ein Wust von Schwierigkeiten von seiner Seele.

Er dachte noch einen Augenblick an den armen Kerl, den Mechaniker. Stationsleiter Graupner hatte gesagt, er werde die Nacht nicht überleben. Bongers bat um Nachricht, wenn er stürbe. Er wollte den Angehörigen einen Besuch machen, wie er dies im Kriege getan hatte, wenn ein Kamerad gefallen war. Er hatte viele solche Besuche bei weinenden Müttern, erstarrten Vätern und fassungslosen Bräuten absolvieren müssen. Sie waren nötig, waren ein persönlicher Gruß nach dem anonymen Tod, waren Menschlichkeit angesichts von Unmenschlichkeit.

Die Checkliste, das Herunterbeten der Kontrollen, das Feststellen, daß alles vorbereitet, in Ordnung, in Funktion ist, gab ihm an diesem Morgen ein besonderes Gefühl der Sauberkeit. Während sie zur Startbahn rollten, las Flugingenieur Maier die einzelnen Punkte, und alle drei antworteten wie vorgeschrieben:

Brakes – checked. Flaps – thirty, four green. Flight Controls – checked. Yaw Dampers – checked. Flight Instruments and Announcement pannels – no warnings. APU – off, door –

closed. Fuel Temperature and heater – checked and closed. Fuel Pannel and Pressure – checked, pumps on. Cabin report – received. Cabin door, smoke barrier – open. Stabilisation and Trim – set. Rudder and Aileroin Trim – checked. Turnoff Data – die Zahlen von Startgewicht und Startgeschwindigkeit. Checklist completed.

* * *

Er drehte die Maschine mit den 460 Passagieren um 320° in Startrichtung. Und noch einmal Checks, die Take-off Daten, Fragen und Antworten:
Landing lights – on. Body Gear Steering – disarmed. Transponder – on. Pack Valves – as required. Water Pump Sw – as required. Ignition – flight start. Checklist completed.
Dann schob er die Gase hinein. Die 333 Tonnen beschleunigten in 23 Sekunden auf 300 Stundenkilometer. Die Triebwerke dröhnten ihr tiefes Brummen. Die Nadeln aller Anzeigeninstrumente vor ihm wiesen in die gleiche Richtung. Mit einem Blick konnte er übersehen, daß alles in Ordnung war.
„V one" sagte der Co. Jene Geschwindigkeit war erreicht, bei der ein Startabbruch nicht mehr möglich war. Nun mußte geflogen werden, komme was da wolle.
„V two" sagte er kurz darauf und Bongers zog die Steuersäule heran. Die Maschine hob ab. Sie glitt in einem Winkel von 32° in die Lüfte.
„Gear up" sagte Bongers. Der Co zog den Hebel. Die Räder fuhren ein.
Mit Vollgas stieg die 747 mit jeder Sekunde 30 Höhenmeter. Bongers legte sie, als der von der Flugsicherung vorbestimmte Punkt erreicht war, in eine sanfte Rechtskurve.
„Flaps ten."
Der Co schob den Hebel, der die Klappen an den Flügeln in Bewegung bringt. Die steigende Maschine hatte die kritische Geschwindigkeit hinter sich. Man konnte die Flügelfläche verkleinern, sie würde nicht mehr durchsacken.

Bongers schaltete den Autopiloten zu und drehte die gewünschten Daten des Weiterfluges, Höhe, Geschwindigkeit und Kurs ein. Flug LH 692 war auf der Reise. Das singende, surrende, stetige Geräusch im Cockpit beruhigte ihn. Die nächsten 8 Stunden bis Frankfurt würden Mechanik und Logik herrschen.

Keine Menschengesetze, Naturgesetze.

Denen konnte man sich getrost überlassen.

* * *

ZWEITER TEIL

1

Die Tage nach der Wiedererweckung des Florian Hopf waren voll von Krisen und Rückschlägen. Das lähmende Gift hatte noch immer Herrschaft über die Organe und Hormonfunktionen. Zusammenbrüche, besonders des Pankreas, der Bauchspeicheldrüse, mußten aufgefangen werden.

Der Patient lag apathisch, totenbleich und abgemagert, nach wie vor auf der Intensivstation. Nicht nur Mumtaz, auch Dr. Chandra und die übrigen Ärzte und Schwestern sahen in ihm einen Paradefall für die neu eingerichtete Station. Erst nach einer Woche wurde Floris Kollegen ein kurzer Besuch gestattet.

Der Kranke war meist in einem Dämmerzustand und nahm die Außenwelt weniger wahr, als die Visionen aus den Tiefen seiner Seele, die sich aus Erinnerungen, Ängsten und wenigen Umweltreflexen speisten und somit von der Realität weit entfernt waren. Zeit, Raum und Gegenwart schienen ihm verloren. Zwei Tage lang bestand Gefahr, daß Hirnschädigungen seinen Wirklichkeitssinn für immer schmälern könnten. Sein junges Herz aber kräftigte sich mit jedem Tage und schwemmte allmählich die giftigen Rückstände aus dem gepeinigten Körper.

* * *

„Na? – ihr –?", lächelte er matt, als er hinter schweren Lidern die Kavalkade aus der „maintenance", Lefevre, Karlheinz Schröter und den Schweizer Kollegen Rheto Kääbi von der „Swissair", der damals, bei Florians Unfall in Urlaub gewesen war, neben seinem Bett auftauchen sah.

Die drei grinsten und wußten nicht recht, ob sie forsch und optimistisch oder zurückhaltend und leise sein sollten. Sie hatten Blumen mitgebracht, die sich in ihren Händen recht albern ausnahmen.

„Danke", sagte Flori – „besser hier, als bei der Beerdigung, wie?"

„Logo", meinte Kääbi, und Schröter, der Flori ja von einem Lehrgang kannte, strahlte ihn an: „Schwein gehabt, Alter. Was läßte dich aber auch mit Schlangen ein –. Haste Nachricht von deiner Gisela?"

„Jeden Tag einen Brief."

„Schreibste zurück?"

„Geht noch nicht recht."

„Soll ich sie mal anrufen und ihr erzählen, daß ich dich besucht habe?"

„Ja, bitte. Sag ihr, sie soll sich keine Sorgen machen. In ein paar Tagen bin ich wieder wie neu."

Mumtaz trat ans Bett ihres Patienten. Flori lächelte ihr hilfsbedürftig und dankbar entgegen.

✻ ✻ ✻

„Haste gesehen", sagte Schröter, als die drei wieder auf den Korridor traten, „hat der Junge einen Dusel."

„Elle est tres jolie", meinte Lefevre und Kääbi sagte: „Ein verdammt rassiges Weib. Der Chaib hat ein Glück – die könnte ja sogar mir gefallen."

„Von der ließe ich mich auch ganz gern reanimieren. Da wird er's mit dem Gesundwerden nicht so eilig haben", feixte Schröter.

„Wenn man bedenkt, daß sie Tag und Nacht um ihn ist –" nickte Kääbi versonnen.

✻ ✻ ✻

Schröter rief noch an diesem Abend in Frankfurt an. Gisela war sehr aufgeregt und erleichtert. „Sagen Sie ihm bitte, ich kann vom Schuldienst nicht weg. Ich hätte ihn so gerne gepflegt, aber ich schreibe ihm jeden Tag."

81

„Er ist in guten Händen, keine Sorge", sagte Schröter und grinste.

* * *

Mumtaz' Blick war das erste gewesen, was Flori wieder sah. Die Erinnerung an diese Augen, deren Leuchten ihn in seinen Tod begleitet hatte, war wohl verschüttet. Vielleicht erkannte aber sein Unterbewußtes sie wieder, denn ihr Schimmer war ein Fenster ins Gesunde, durch das er aus der Gefangenschaft seiner Schmerzen voll Zuversicht blicken konnte. Für einen Kranken mit reduzierten Wahrnehmungen können solche Details zu einem erfüllenden Ganzen werden. Er klammerte sich an Mumtaz' Augen. Sie gaben ihm Kraft, wenn er in die dämmrigen Keller der Qual zurücksank, ins Halbdunkel der Schmerzen, des verlöschenden Lebenswillens. Sie waren zwei Lichter, die ihn allen Mut zusammenfassen hießen und ihn heraufzogen aus dem verzweifelnden Nirgendwo.
Mumtaz hatte die Lebensäußerungen ihres Patienten werten gelernt. Sie fühlte jede neue Krise im voraus, erkannte was fehlte, wenn er sich bewußtlos in den Kissen wälzte, wann er die einzelnen Medikamente bekommen mußte.

* * *

Nach ein paar gefahrvollen Tagen, in denen nichts so recht zu greifen schien, ging es aufwärts. Die Schmerzen ließen nach, der Patient war tagsüber meist wach und schlief die Nächte in großer Erschöpfung durch. Bald konnte er, hinkend und sich auf Mumtaz stützend, die ersten Gehversuche durch die Station machen.
Er sprach englisch mit ihr. Die weißen Flecken auf der Landkarte der Verständigung machten ihnen nicht viel aus. Ihr Verstehen war nicht allein auf Worte angewiesen.
Alle paar Tage kamen Blumen von Gisela, von Graupner in ihrem Namen besorgt, die Mumtaz pflegte, ohne zu fragen, von wem sie kamen. Es gab Post, von den Freunden, den

Eltern und vor allem von Gisela, die ihm seitenlang ihren Optimismus und ihre Liebe schilderte und ihn mit Klatsch über gemeinsame Bekannte zu unterhalten suchte. Flori las diese Briefe meist nur einmal. Ihre Gleichförmigkeit reizte nicht dazu, den Klang ihrer Stimme zu hören, während er ihre Worte abermals las.

✲ ✲ ✲

In einem Päckchen schickte sie ihm einen kleinen Bildband mit Fotos und Texten über Frankfurt – „damit du nicht vergißt, wo du zu Hause bist".

Er betrachtete lange die Bilder der vertrauten, unendlich fernen Welt und suchte in seinem Herzen Heimweh zu finden.

Auch Mumtaz sah das Büchlein an. Dabei las sie stockend und voll falscher Betonungen die Bildunterschriften. Flori übersetzte sie ihr.

Ein Bild des Mains mit dem eisernen Steg und der Ansicht der Dreikönigskirche am Ufer hatte es ihr besonders angetan. Eine durchschnittliche, nicht besonders gelungene, neugotische Backsteinkirche mit spitzem Turm, aus dem vorigen Jahrhundert. Sie fand sie „lovely" und als Flori ihr erklärte, diese christliche Kirche stünde nicht weit von seiner Wohnung, wurde sie emphatisch.

„Oh – wonderful", sagte sie. „Unsere Tempel sehen ganz anders aus. Wenn du gesund bist, werde ich dir einen zeigen, wenn du möchtest. I'll show you, if you want."

„Ja, den showst mir einmal, deinen Hindu-Tempel", lächelte Flori und sagte, sie solle ihn halt einmal besuchen, in Frankfurt, dann würde er ihr diese Kirche zeigen und alles andere, was auf diesen Bildern zu sehen sei.

Mumtaz nickte ernst und versonnen, so, als überlege sie, wann sich eine solche Reise am besten einrichten ließe.

2

Wenige Tage später wurde Florian Hopf aus der Intensivstation in ein Krankenzimmer mit fünf freundlichen, ruhigen Indern verlegt. Es sah aus wie ein Aufenthaltsraum. Die Eisenbetten waren nicht bezogen, sondern nur mit Decken belegt. Die Patienten trugen Alltagskleidung, den Dhoti, eine sechs Meter lange Stoffbahn, die um die Hüften geschlungen und so zwischen den Beinen durchgezogen wird, daß eine Art Pluderhose entsteht. Zwei Kranke trugen europäische, respektive amerikanische Kleidung, Jeans und T-shirt, ein höher Gestellter ruhte matt im Nehru-Gewand, der weißen engen Hose und der mantelartigen, hoch geknöpften Jacke auf seinem Lager.

Wenn Flori sich auch sagen mußte, daß man in Indien eben nichts von Krankenhaus-Wäschekult und sterilen Ritualen hielte, mißfiel, ihm nach der Intensivstation, dieser Aufenthalt doch derart, daß er am zweiten Tage erklärte, er habe genug, er gehe nach Hause, in die Dienstwohnung der Familie Müller, in der nun auch sein Vertreter Karlheinz Schröter hauste.

Ausschlaggebend für seinen Entschluß war, daß nicht mehr Mumtaz ihn betreute, sondern ihm gleichgültige Schwestern, die kein Englisch verstanden und mit denen er sich nur durch Deuten, Gestikulieren und mechanisches Angrinsen verständigen konnte. Er wollte seine Ruhe, wollte heim.

* * *

Stationschef Graupner, auch für solche Probleme zuständig, riet ihm, nicht die Geduld zu verlieren, er sei zwar über dem Berg, aber nach Ansicht der Ärzte noch keineswegs genesen. Florian schüttelte den Kopf. „Es muß doch freie Krankenschwestern geben. Wir engagieren eine, die auf mich aufpaßt. Das kann auch nicht teurer sein als dieses Krankenhaus, wo ich nie und nimmer richtig gesund werde. Ich brauche meine Ruhe und meine persönlichen Sachen. Und diese sanften Inder, die so still vor sich hinleiden, mag ich überhaupt nicht mehr sehen." Er drohte, sich ein Taxi zu bestellen und die Sache mit der Aushilfsschwester selber in die Hand zu nehmen.

Graupner sprach mit Dr. Chandra, der leise seufzend seine Zustimmung gab und versprach, eine Schwester aus dem Hause abzuordnen, die die Pflege übernehmen solle. Florian hoffte, man werde ihm Mumtaz geben, in deren Händen er sich behütet fühlte, aber man schickte eine dicke, freundliche, ältere Punjabi, die nicht Englisch verstand und auf alles nur nickte.

Sie nickte aber nicht wie Europäer, sie nickte indisch. Das war verwirrend. Inder nicken nicht nach vorne, sie schütteln den Kopf zur Seite, wobei das Kinn hin und her pendelt. Sie wiegen den Kopf. Flori wurde nervös, wenn die Dicke freundlich lächelnd ihr Haupt beutelte, wo sie etwas verstanden zu haben meinte. Er wußte, daß dieses Wiegen, je nach Intensität des Wackelns, auch „vielleicht" oder gar höfliche Ablehnung bedeuten konnte, daß, je stärker der Pendelschlag des Kinns war, desto größere Zustimmung ausgedrückt wurde. Bei seiner ungewollten Pflegerin schien alles auf lodernde Begeisterung zu stoßen. Sie beutelte wonnig das Haupt. Mumtaz hatte dererlei Wigelwagel nie gemacht.

✳ ✳ ✳

„O Gott", stöhnte Schröter, als er die Nurse zum erstenmal sah. „Sowas den ganzen Tag in der Wohnung? Wie sollst du da gesund werden – armer Kerl."

„Nie", sagte Flori matt. „Aber was soll ich machen?" Er schloß verzweifelt die Augen. Die Kollegen, die ihn am nächsten Tag besuchten, gaben ihm höhnische Ratschläge.

„Verlieb' dich bloß nicht in sie" – und – „wenn sie sich in dich verliebt und nachts zu dir kommt? Wo schläft sie denn?"

Flori deutete ergeben: „In der Küche".

„Sei bloß vorsichtig. Kannst du dein Zimmer nicht zusperren? Für alle Fälle? Es geht schnell, daß die Liebe erwacht, wenn man nicht acht gibt – und dann mußt du sie womöglich heiraten –"

* * *

Am ersten Abend in der Dienstwohnung konnte Flori endlich einmal selbst mit Gisela in Frankfurt und mit seinen Eltern in Garmisch telefonieren. Ihre Stimmen waren weit entfernt, man mußte schreien und wußte letztenendes nicht recht viel mehr zu sagen als Floskeln, wie „es geht mir gut, ich bin prima versorgt, macht euch keine Gedanken" und „natürlich lieb ich dich noch, Gisela. Ich kanns kaum erwarten, bis ich wieder zu Hause bin –" Auch ihre Antworten waren krampfhaft. Das läßt sich bei Ferngesprächen anscheinend nicht vermeiden. Florian fand sich nachher deprimierter als vorher, da er nur in Gedanken in Frankfurt und Garmisch war. Die Trennung, das Alleinsein erdrückten ihn. Er hätte am liebsten Graupner angerufen, er solle ihm auf der 661 noch heute Nacht einen Platz reservieren, so ausgesetzt fühlte er sich. Seine Mattigkeit wuchs.

* * *

Schröter, der diesen Rückschlag miterlebte, brachte am nächsten Morgen Zeitungen aus Deutschland, die er vom durchkommenden Flieger genommen hatte, brachte deutsche Speisen und Getränke aus der Bordküche, Pumpernickel, Wurst, Bier und Käse. Auch etwas übrig gebliebenen Kaviar aus der First Class. Enttäuscht sah er, daß der Patient keinen Appetit hatte. Auch die Zeitungen, die Details von zu Hause, schienen ihn nicht zu berühren. Er blätterte und legte sie beiseite. Der Ausdruck seiner Augen zeigte, wie krank er noch war.
Er dachte an Mumtaz und sehnte sich nach ihrer Fürsorge, ihrer linden Anwesenheit.
Am Nachmittag vor dem erneuten Kollaps war Dr. Chandra auf Visite bei seinem Paradepatienten. Alles schien in Ordnung. Die Lethargie deutete er als Reaktion auf den Vergiftungschock.

* * *

Beim abendlichen Telefongespräch mit Gisela fiel Flori ein:
„Du hast doch jetzt Weihnachtsferien? In zwei Tagen, nicht?"
„Ja. Aber im Augenblick ist noch irre viel zu tun."
„Könntest du nicht herkommen, die zwei Wochen?"
Gisela zögerte ehe sie antwortete: „Weißt du, ich hab' mir das
auch schon überlegt, aber – das ist so eine Sache. Ich kann
meine guten alten Eltern nicht so ohne weiteres an Weihnachten allein lassen. Ich war noch nie an Weihnachten fort – fast
noch nie – –."
Flori quengelte: „Aber in dem Ausnahmefall –".
„Außerdem hab ich mit Schurichs und meiner Freundin Anni
schon lange ausgemacht, wir fahren nach Garmisch, nur ein
paar Tage, länger kann ich ja nicht weg. Das ist alles gebucht
und bezahlt. Das klingt jetzt herzlos, Flori, aber du mußt
verstehen, ich hab einfach Angst, so allein nach Indien zu
reisen. Und helfen kann ich dir im Augenblick doch nicht. Im
Gegenteil, unser Hausarzt sagt, es ist vielleicht sogar schädlich
für dich, weil du dich aufregst. Du mußt doch absolute Ruhe
haben. Wer weiß, vielleicht gehts dir zu Neujahr schon so gut,
daß sie dich heimfliegen – da werd ichs uns dann gemütlich
machen, die Umstände sind entsprechend und wir haben viel
mehr voneinander, nicht?"
„Ja ja", sagte Flori. Er war zu enttäuscht um Giselas Argumen-
ten zu widersprechen. Sie redete weiter: „Du weißt doch auch,
daß ich mich in heißen Ländern nie wohl fühle, ich leide unter
Hitze –."
„Es ist nicht heiß hier. Es ist wie bei uns im Frühjahr –."
Gisela überging den Einwand. „Ich muß mich doch auch mal
ein paar Tage erholen, nach dem Streß in der Schule. Und
dann, in Garmisch will ich mich um deine armen Eltern
kümmern, das kommt dazu. Aber bitte – ich überlaß die
Entscheidung dir. Wenn du willst, komm ich selbstverständlich rüber zu dir, auch wenn es sehr anstrengend und hektisch
wird und uns beiden nicht viel bringt. Du brauchsts nur zu
sagen."

Flori sagte: „Nein, nein – Du hast sicher recht. Es ist hier alles ein bissel primitiv und ich bin noch klapprig. Du sollst mich als ‚lebfrischen Buam' wiederbekommen."

Gisela war hörbar erleichtert, auch wenn sie kummervolle Vernunft in die Stimme zu legen verstand: „Find ich auch. Ich weiß, es geht jetzt ganz schnell aufwärts mit dir – ich fühle das. Wir müssen uns ja auch nicht heute entscheiden. Überleg dirs. Gepackt ist schnell und einen Platz im Flieger wird man mir ja verschaffen können, auch wenn über Weihnachten alles ausgebucht ist."

„Gut, ich überleg mirs nochmal."

„Mußt nicht traurig sein, mein Liebling, und nicht böse. Ich konnte ja nicht wissen, daß dieses Unglück passiert. Als ich das mit den Schurich's und Anni ausmachte, dacht ich ja noch, du läßt mich Weihnachten hier allein sitzen mit deinem dummen Dienst – und da wollte ich mir eben auch mal was gönnen –."

„Schon gut, schon gut – vergiß es –."

* * *

Ehe er in seinen Nachtdienst mußte, saß Schröter noch an Floris Bett. Sie klönten und wurden elegisch. Flori seufzte: „Hat doch keinen Sinn, was wir treiben. Wenn man bißchen nachdenkt, ist das alles Kabbes."

„Wieso", konterte Schröter. „Ich finde unseren Job schön. Ich finde die Flieger schön, die wir betreuen, freu mich jedesmal, wenn ich so einen Riesendampfer vor mir habe und irgendwas dran richten kann. Finds auch schön, alle paar Monate woanders zu leben. Nicht bloß als Tourist rumzugurken und sight-seeing zu machen, nee, so mittenmang den fremden Völkerscharen bißchen hinter die Kulissen gucken. Und wenn man die Nase voll hat von einer Gegend, gehts sowieso weiter, an einen anderen Platz."

„Geht dir der ewige Krach auf dem Vorfeld, der Kerosingestank und die dauernde Hitze nicht auf den Wecker? Nie hat man Zeit für seine Arbeit, immer gehts hopp-hopp, Zeit ist

Geld, wir müssen weiter, – Flieger, die am Boden stehen, haben ihren Zweck verfehlt, nur in der Luft verdienen sie Geld?"

„Wo ist das heutzutage anders, he? Mann, die Zeiten sind vorbei, wo du mitm Buch im Obstgarten sitzen und über das Leben nachdenken konntest – und in der Fliederlaube wartet Oma mitm Kaffee, wie die Witwe Bolte. Aus, vorbei, kommt nie wieder. Wir rasen, sausen, machen Krach, bis das Leben rum ist und nehmen so nebenbei mit, was uns gefällt: Abend mit Freunden, Mädchen, Sonnenuntergang, Segelpartie – je nachdem. Man muß das bißchen Honig löffeln wo man es findet. Und was ich immer sage: zu Hause ist alles eher noch schlimmer."

„Aber es sind unsere Leute, dort."

„Das ärgert mich noch mehr. Wenn sie in Indien oder Anchorage Mist machen, sag ich, komm, was solls. Zu Hause krieg ich die kalte Wut, wenn sie stur oder bürokratisch oder eiskalt und rechthaberisch und herzlos sind. Da möcht ich jeden Dussel am liebsten am Genick packen und anbrüllen: was machst du aus unserem Deutschland, du Arschloch! Wir sind prima gemeint, vernünftig und zuverlässig und intelligent – und guck, was du und deinesgleichen da draus für einen herzlosen, unzufriedenen, seelenlosen Laden machen. Nee, – hör auf, ich mag unseren Job. Ich wüßt für mich keinen anderen."

„Sei friedlich, ich auch nicht", lächelte Flori und streckte sich. Gegen Schröters Temperament kam er heute nicht auf.

„Eben. Möchste lieber als Ingenieur in irgend ner Maschinenfabrik für Rasenmäher in Kleinkleckersdorf sitzen und versauern? So mit Kegelabend und Betriebsausflug und Gewerkschaftsaktivitäten? Komm, nee –." Schröter hatte sich in Hitze geredet. Waren heimliches Heimweh, enttäuschter Idealismus für sein Vaterland, unerwiderte Liebe zur seiner Waterkant der Grund für seine Resignation? Waren es schlechte Erfahrungen, die er mit Verachtung zu kompensieren sich zwang?

„Sag mir was, was richtig Sinn hat auf dieser Welt", fuhr er nach einer Weile halblaut fort. „Außer vielleicht ein Kind haben und es zu einem ordentlichen Menschen ohne Vorurteile großziehen." Die Wut packte ihn wieder. „Diese blöden Vorurteile! Warum muß der Mensch immer über alles sein dämliches ‚Urteil' abgeben? Geht ihn doch das meiste nix an! Soll sich doch um seinen eigenen Kram kümmern und nicht immer ‚urteilen' – nee, komm!" Er stand auf und ging im Zimmer herum.

Flori hatte Mühe zuzuhören. Die große Mattigkeit über seiner nervösen Unruhe, die verdeckte Angst vor dem Sterben wurden mit jeder Minute bedrückender. „Trotzdem, Karlheinz", sagte er langsam. „Ich würde gern etwas tun, was Sinn hat. Nicht nur reparieren was kaputt ist, nein, etwas machen, was gebraucht wird. Etwas Neues, Nützliches. Erfinden, basteln, rausknobeln – irgendwas – oder was entdecken –."

„Ohmsches Gesetz, – Hopfscher Lehrsatz, wie?", grinste Schröter. „Aber da biste am Kernpunkt. Jeder von uns, der nicht nur Heu unter der Frisur hat, möchte irgendwas tun, was bleibt. Aber wer schafft das schon. Ist doch schon alles erfunden und entdeckt. Sei friedlich, Flori, und genieß dein Leben, du hast nur das eine. Und du weißt zur Zeit besser als Andere, was das Leben wert ist. Deine Gisela wird dir später schon die Flötentöne beibringen. Außerdem sei froh, daß wir nicht von staatswegen Mechaniker an Bombenflugzeugen sein müssen. Das ist schon die Hälfte der Miete."

Also sprach Karlheinz Schröter. Er hatte, wie alle denkenden Menschen, die Gewißheit, daß der andauernde Friede nach 1945 bald ein Ende finden müsse. Ein tödliches Ende für alle, die zu nahe an den Raketen saßen.

* * *

Die dicke Schwester erschien, gab Flori die abendliche Injektion, wackelte fröhlich mit dem Kopf, als er ihr freundlich auf deutsch „recht gute Nacht, du schiecher Dampfer" wünschte, und entschwand in die Küche auf ihr provisorisches Lager. Ein ordentliches Bett in einem der Zimmer hatte sie abgelehnt. Mit einer anderen Art von Kopfwackeln. Bescheidenheit schien ihre größte Zier zu sein.

Flori dachte noch eine Weile über das Gespräch mit dem Kollegen nach. Dann schlief er ein.

3

Gegen halb sechs Uhr früh schreckte er hoch. Blitzschnell tauchten Bilder in ihm auf. Seine Eltern, Gisela, Mumtaz' Augen, ihre sanften Hände.

Währenddessen kroch wieder jene graue Gewitterwand auf ihn zu, aus der Flammen zu schlagen schienen. Sie näherten sich gleichermaßen langsam und mit rasender Schnelligkeit. Er fühlte sein Herz hämmern, geriet in Panik, wollte schreien und hörte nur ein Röcheln. Unter unendlicher Mühe gelang es ihm eine Hand zu bewegen. Er erreichte den Stuhl, der als Nachttisch neben seinem Bett stand und stieß das Wasserglas um. Es fiel klirrend auf den Steinboden.

Eine halbe Minute später war die Schwester da. Flori sah noch ihr besorgtes Gesicht, ehe die feurige Wand ihn erreichte, über ihm zusammenschlug und ihn aus der Welt des Begreifens fegte.

❊ ❊ ❊

Die dicke Punjabi erkannte den Ernst seines Zustandes und tat was sie wußte. Es war nicht genug. Hilflos sah sie, wie sich sein Befinden mit jeder Minute verschlechterte. War es ein neuer Kreislaufkollaps, das Versagen einer lebenswichtigen Funktion, ein Infarkt?

Sie injizierte stärkende Mittel, gab Nitroglyzerin und Beta-Blocker und versuchte mit Strophantin das Herz in Gleichtakt zu bringen. Dann war sie mit ihrer Weisheit am Ende.

Schröter kam vom Dienst nach Hause, sah Floris Zustand und rief im Hospital an. Es dauerte lange, bis er jemanden fand, der genügend Englisch verstand, um ihn mit der Intensivstation zu verbinden. Auch die Schwester dort verstand ihn offenbar nicht, doch schien ihr der Name Florian Hopf etwas zu sagen. Schröter holte die verzweifelte Dicke zu Hilfe. Ein langes, weinerliches Palaver folgte, das ihn rasend machte.

„Ich fahr' hinüber", rief er, sah noch einmal nach dem Ohnmächtigen, der grau und röchelnd in den Kissen lag, raste durch das nächtlich-dunkle Delhi zum Spital, fragte nach Mumtaz und Dr. Chandra und bat um Hilfe.

Hilfe war indessen schon eingetroffen.

∗ ∗ ∗

Keine Viertelstunde nach Schröters Wegfahren läutete es Sturm an der Haustüre. Als die verschreckte dicke Schwester öffnete, stand Mumtaz da. Sie hatte auf der Intensivstation Dienst getan und so erfahren, daß Florian gefährdet war. In Hast hatte sie Hilfsmittel und Medikamente in einen kleinen Korb gepackt, irgendein Fahrrad genommen und war hergeeilt.

Intuitiv erkannte sie, daß es sich um ein Versagen des Pankreas handelte, um tödliche Unterzuckerung im Blut, und begann sofort, dem Ohnmächtigen gewaltsam Glukose einzuflößen. Als eine halbe Stunde später Dr. Chandra, von Schröter alarmiert, eintraf, schlief Florian schon ruhig in völliger Erschöpfung, ohne Anzeichen neuer, gefährlicher Komplikationen.

Woher sie die richtige Therapie gewußt habe, wollte der Arzt wissen. Sie habe den Patienten in den vergangenen Wochen so genau kennen gelernt, erwiderte sie, daß sie die unterschiedlichen Sturmzeichen deuten konnte. Überdies hatte sie einen ähnlichen Anfall nach einer Vergiftung schon früher bei einem anderen Patienten miterlebt.

Die dicke Schwester saß weinend in der Ecke und entschuldigte sich fortwährend, daß sie der Situation aus Mangel an Erfahrung nicht gewachsen war. Sie kenne den Patienten nur aus flüchtigen Informationen und sei mit der Krankengeschichte zu wenig vertraut.

Da entschied Dr. Chandra, daß Mumtaz bei Flori bleiben und die Dicke Mumtaz' Dienst im Hospital übernehmen solle.

So kam es, daß Flori, als er am Mittag matt und weh erwachte, abermals die beiden Augen über sich sah, die ihm schon einmal den Weg zurück ins Leben gewiesen hatten.

4

Für Gisela fielen in diesen Tagen berufliche Entscheidungen von Tragweite. Ihre Tüchtigkeit, ihr Eifer und ihre Zuverlässigkeit waren nicht unbemerkt geblieben. Als in der Grundschule, an der sie lehrte, kurz hintereinander zwei Lehrer ausfielen und der Schulleiter mit einem Magengeschwür in eine Klinik gebracht werden mußte – er hatte sich zwischen der Etappe, dem Ministerium und seinen Vorschriften, und der Front, vor den Kindern, zuviel geärgert – wurde ihr provisorisch die Leitung der Schule übertragen. Das brachte einen Wust von Arbeit und lange Dienstzeiten, so lange, daß sie mitunter noch gar nicht zu Hause war, wenn Flori aus Delhi anrief.

Sie bat ihre Eltern, dem Kranken nichts von ihrer neuen Karriere zu sagen. Sie wollte ihn voll Stolz selbst informieren wenn er zurückkam, wollte seine Überraschung und Anerkennung mit eigenen Augen registrieren.

Sie fühlte, wie sie binnen weniger Tage in die neue Aufgabe hineinwuchs, fühlte stolz die Wirkung ihrer Entscheidungen und Anordnungen, registrierte befriedigt, daß man ihr vermehrten Respekt entgegenbrachte und genoß die Macht, Unbotmäßigkeiten und Verfehlungen angemessen strafen zu können. Sie regierte, zu ihrem Erstaunen, gern, hart, und, wie sie meinte, unbestechlich gerecht.

Das Einzige was ihr fehlte, war Flori. Der dumme, geliebte Kerl, warum war er nicht da und nahm Anteil an den Erfolgen, die ihr ein frisches Selbstwertgefühl bescherten! Lungerte in Indien herum und ließ sich von Schlangen beißen. Nur um diese dummen, lauten Flugzeuge zu warten, an denen ihr nichts lag, die sie im romantischen Grunde ihrer Seele als lästige Exaltationen einer technikbesessenen Zeit ansah. Nur damit ein paar Touristen und Manager schneller von A nach B gelangen konnten, der ganze Aufwand? Welch ein Mißverhältnis zum Effekt. Sollten die Leute doch per Eisenbahn und Schiff reisen. Das hätte Giselas Weltvorstellung völlig genügt.

✳ ✳ ✳

Sie steigerte sich in diese Animosität gegen Floris Beruf hinein und sann auf Änderung. Wie die allerdings aussehen sollte, war ihr noch nicht klar. Er hing mit Leib und Seele an der dummen Fliegerei. Sie hatte den Abend nicht vergessen, an dem er wie ein Kind in ihren Armen schluchzte, als man ihm gesagt hatte, er könne wegen Farbenblindheit nicht Pilot werden.

„Unverständlich –" sagte sie vor sich hin. „Ein dummer Bub. Nicht fantasievoll genug, um sich ein anderes Leben vorstellen zu können. Dabei ist das bei seinem Wissen und Können sicherlich nicht schwer. Wer etwas kann, wird überall gebraucht. Ich muß etwas unternehmen. Aber was?"

Mit ihren Eltern, diesen altmodischen Leuten mit ihren verholzten Ansichten, konnte sie darüber nicht sprechen. Sie hätten doch nur eingewendet, sie solle Flori nicht bevormunden, er sei tüchtig und werde es schon recht machen. Als ob es darauf ankäme.

Es kam doch darauf an, nicht getrennt, eine unauflösbare Familie zu sein und Kinder groß zu ziehen. Das war die wahre Lebensaufgabe, zu der der Beruf das Brot zu liefern hatte und

etwas für das Selbstgefühl, ein Erfolgserlebnis. Basta.
„Basta", sagte sie laut.
Nein, niemand durfte merken, daß sie an Floris Schicksalsfaden zog wie eine Norne.

5

Die Dienstwohnung in Delhi war ein kleines einstöckiges, für deutsche Gewohnheiten primitives Häuschen in einer Neubau-Vorstadtgegend, inmitten von kargem Grün. Überall waren junge Bäumchen gepflanzt und mit verrosteten Ringen aus aufgeschnittenen alten Ölfässern umgeben, die verhindern sollten, daß die jungen Pflanzen von streunenden Kühen und Ziegen gefressen würden. Man sah diese verbeulten Eisenringe überall in der Stadt, auf den Mittelstreifen der breiten Fahrstraßen, in jedem Park und jedem Garten. Die jungen Pflanzen schienen eine Ewigkeit zu brauchen um zu wachsen. Es fehlte wohl an Pflege und an Wasser. Die heiligen Kühe waren sicherlich nicht schuld.
Kühen begegnete man da und dort in der Stadt. Im Schatten einer Mauer ruhend, oder mitten auf der Straße, gegen die Fahrtrichtung gestellt, blöde auf die Autos glotzend. Dürr, knochig, mit fahlem Fell standen sie sinnlos herum, streunende Gerippe, vom Fleische gefallen, zu nichts nütze.
In einer längst vergangenen Zeit, in der die Brahma-Cowboys zu seßhaften Bauern und Vegetarier wurden, mußten sie ihre Rinder hüten wie einen Schatz, denn ohne diese Zugtiere und Milchlieferanten hätten sie nicht überleben können. Ein Rind zu töten kam damals dem Selbstmord gleich. So wurde, damals, das Rinderleben heilig.
Wie so manches heilige Vorurteil wurde dies in die Gegenwart geschleppt, in der alle Voraussetzungen für Schonung und Anbetung längst entfallen waren. Trotzdem bildeten Brahmanen Kuhschutzvereine, wenn Moslems, denen das Rindvieh

alles andere als heilig ist, die verkommenen Reste schlachteten. Da die Brahmanen in der Überzahl sind, wanken die bedauernswerten, heiligen Reste heute sinnlos durchs Land.

* * *

Nun hatte Mumtaz, schweigend, den Platz in der Küche eingenommen. Dort schlief sie, winzig zusammengerollt, kurze Stunden. So oft sie erwachte, glitt sie lautlos zur halb offenen Türe des Krankenzimmers und sah lange und stumm auf Flori, der, vom Widerschein der Straßenleuchte schwach beleuchtet, in seinem Bett schlief, lauschte seinen Atemzügen, trat näher heran und fühlte so zart seinen Puls, daß er von dieser Berührung niemals erwachte.

In der Nacht vor dem Heiligen Abend fand Schröter sie, als er gegen Morgen vom Dienst heimkehrte, neben der Türe des Krankenzimmers am Boden schlafend. Sie hatte bemerkt, daß der Patient unruhig war und wollte kein Alarmzeichen überhören.

* * *

Der 24. Dezember war ein heißer Tag, auf den eine angenehm kühle Nacht folgte. Schröter und Flori hatten ihre Telefongespräche in die Heimat rechtzeitig angemeldet und kamen schon am Nachmittag durch. Außer gefühlvollen, oft wiederholten Wünschen war nicht viel zu sagen. Weihnachten auf Distanz, noch dazu in verschiedenen Klimazonen, hat keinen Zauber.

„Ich hoffe täglich, daß du kommst, Liebling", greinte Gisela. Sie klang sehr arm und deprimiert.

„Paar Wochen wirds schon noch dauern. Aber ich bin in guter Pflege. Der Doktor kümmert sich alle Tage um mich. Es geht soweit gut, nur reisen soll ich halt noch nicht. Er kann keine Verantwortung übernehmen, wenn es einen Rückfall gibt, verstehst du?"

„Versteh schon. Aber ich könnte dich viel viel besser pflegen, glaub mir. Ach, ich habe solche Sehnsucht nach dir –"

„Ich auch, Gisela, ich auch –"

„Diese verdammten fremden Länder, mit ihrem Klima und all den tückischen Viehern und Krankheiten und dem ungewohnten Essen. Flori – Einer aus Garmisch soll nicht in Indien rumhocken. Kannst du das nicht einsehen?"

„Im Augenblick seh ichs ein, Gisela, aber wer weiß, ob ich auch noch so denke, wenn ich wieder gesund bin."

„Na, werd erst einmal gesund, – und dann komm schnell und dann sehen wir weiter. Was machst du heute, am Heiligen Abend?"

„O mein Gott –", sagte Flori. „Bei 28 Grad im Zimmer, trotz der offenen Fenster, wird keine rechte Stille-Nacht-Stimmung aufkommen. Die Kollegen schauen vorbei, ich hör ein bißchen Radio aus Deutschland, über die Kurzwelle, dann werd ich an dich denken und an alle anderen daheim und hoffentlich gut schlafen."

Da weinte Gisela ein wenig, wünschte nochmal ein frohes Fest und bis bald – tschüß.

Dann war Florian wieder allein in Indien.

* * *

Er legte eine Tonkassette mit bayrischer Volksmusik, Stubenmusi klassischer Prägung ein, mit Zither, Hackbrett, Gitarre und Kontrabaß. Dachte an die heimatlichen, verschneiten Berge, ans Schifahren, den Tannenbaum mit den Lichtern und den Duft der Bratäpfel, auf die seine Mutter bei keinem Christfest verzichten mochte. Mumtaz erschien in der Türe und hörte zu.

„Zithermusik, aus meiner Heimat –", erklärte er.

„Zither? Ist das so wie unsere Sita?"

„Ja, das ist wahrscheinlich sogar das gleiche Instrument. Oder ein ähnliches. Ihr habt ja eine ganz andere Art Musik. Für unsere Ohren ohne Melodie."

„Ist das eine spezielle Musik für euer Fest heute?"

„Nicht speziell, aber man spielts gern zu Weihnachten."

„Unsere Sita-Musik hat bestimmte Raga's, Melodien sagt ihr, die spielt man nur zu bestimmten Gelegenheiten. Manche nur früh, bei Sonnenaufgang, andere nur zur Abendstimmung. Es gibt auch eine Raga, die darf man nur spielen, wenn ein Gewitter kommt."

„Gibts auch Musik für Liebe?"

Mumtaz verstand nicht. „Alle Musik ist Liebe", sagte sie.

„Nein, ich meine – die Liebe zwischen Mann und Frau. Gibts eine Raga, die nur gespielt werden darf, wenn zwei Leute sich lieben?"

„Ja", sagte Mumtaz kurz, wendete sich um und entschwand in die Küche.

✳ ✳ ✳

Gespräche dieser Art ergaben sich nur von Zeit zu Zeit. Mumtaz war meist schweigsamer, bedrückter und zurückhaltender, als sie auf der Intensivstation gewesen war, so, als deprimiere sie etwas, als fürchte sie sich. Ihr Umgang mit dem Patienten war bei aller Sensibilität sachlich, still und emotionslos. Sie tat ohne Aufhebens was zu tun war, dann zog sie sich zurück und verschwand. Manchmal war sie ein paar Stunden fort. Am ersten Tage wohl um das geliehene Fahrrad zurückzubringen, denn sie kam nach einigen Stunden zu Fuß wieder. Wo sie die anderen Male war, konnte Flori nicht herausfinden. Vielleicht zu Hause, um Wäsche zu holen, Dinge zu erledigen – vielleicht auch um jemanden zu sehen, der ihr nahe stand? Auch Schröter begegnete sie mit freundlich-scheuer Distanz. Es war, als wünsche sie unsichtbar zu sein und sich in nichts einzumischen. Auch als später am Heiligen Abend die Kollegen mit ihren Familien kamen, war sie verschwunden.

✳ ✳ ✳

Die Lufthansa-Station hatte kleine Tannenbäume aus Plastik aus Deutschland einfliegen lassen und sie an die Mitarbeiter verteilt. Auch Flori und Schröter hatten einen bekommen. Aus einiger Entfernung sah er wie ein echter Baum aus. Er roch nur nach nichts.

Die Männer aus verschiedenen europäischen Ländern kamen sich ein wenig kindisch vor, als sie bei dieser Mischung aus Krankenbesuch und Weihnachtsrührung mit rauher Stimme eine Strophe „Stille Nacht" sangen. Sie absolvierten ergeben das Pflichtpensum, überreichten Flori kleine Geschenke, meist heimatliche Delikatessen und waren froh, als sie sich bei einer Terrine Punsch mit Fachsimpeleien von Weihnachten wieder lösen konnten.

Schröter ging Mumtaz suchen. Er fand sie in einem Winkel des Gartens, unter einem Baum hockend, den Rücken an den Stamm gelehnt, zu den Sternen aufblickend. Der Halbmond stand hoch am Himmel. Er stand nicht wie in Europa aufrecht – „ein A formierend oder Zet, daß keiner lang zu denken hätt" – sondern wie eine Suppenschüssel waagrecht, auf der Rundung.

„Nun komm doch, Mumtaz –"

„Es ist euer Fest."

„Bitte. Alle mögen dich gern –"

„Ich möchte lieber hier sein. Später vielleicht –"

Aber sie kam nicht. Erst als die Gäste fort waren, schlich sie ins Haus.

✳ ✳ ✳

Der Tag hatte Flori mehr angestrengt, als er wahrhaben wollte. Vielleicht kam auch Weihnachtssentimentalität dazu, jedenfalls lag er noch nach Mitternacht wach und merkte, daß ihm, gegen seinen Willen, Tränen aus den Augen liefen.

Mumtaz erschien im Türspalt und blickte stumm auf ihn. Als sie sein Weinen bemerkte, kam sie langsam näher, kniete neben seinem Bett und wischte ihm, wie so oft, den Schweiß von der

Stirne. Dann beugte sie sich über sein Gesicht und küßte, ihn kaum berührend, die Tränen von seinen Wangen.

In dieser Geste lag so viel Begütigung und Mitgefühl, daß Floris stilles, ungewolltes Weinen sich zu einem hilflosen Krampf aufbäumte. Schluchzen schüttelte ihn. Seine Selbstbeherrschung war dahin. Die Nachwirkungen des mannhaft überstandenen Krankheitsschocks, die Einsamkeit im fremden Land, die Schwäche des Rekonvaleszenten, all das war plötzlich zuviel für seine Contenance. Er krampfte seine Hände um ihre Schultern und zog sie eng an sich. Sie ließ es regungslos geschehen. Er und sie, ein jeder spürte des anderen Nähe, hilfreich in einer großen Traurigkeit.

Als Florians fester Griff nachließ, als er sie nicht mehr an sich preßte, wand sie sich leise los, richtete sich auf, nahm mit ihren beiden kleinen Händen seine große Hand und umschloß sie. Im Halbdunkel des Zimmers blickte sie, bewegungslos sitzend, auf ihn, der sich allmählich beruhigte und endlich ermattet einschlief. Sie saß wohl noch eine Stunde so, seine Hand in ihren Händen. Dann erhob sie sich und verkroch sich in der Küche.

6

Zu Sylvester hatte Flori sich so weit erholt, daß er glaubte, zu Graupners Party gehen zu können. Es würde nicht weiter anstrengend werden. Er war seit drei Tagen schon stundenweise auf den Beinen. Schröter fuhr ihn hin, den Abend konnte er in einem bequemen Sessel verbringen und, dem Leben wiedergegeben, mitfeiern. Mumtaz war auch eingeladen. Graupner hatte eigens mit ihr telefoniert, als sie bescheiden ablehnen wollte und er erklärte, wenn sie nicht käme, dürfe auch Flori nicht kommen.

Flori war überrascht, als er sie zum ersten Male nicht in Schwesterkleidung, sondern in einem türkisen, glänzenden

Sari erblickte. Sie hatte ein wenig Make-up aufgelegt und trug den roten Punkt auf der Stirne.

„Donnerwetter", sagte er auf deutsch. Mumtaz lächelte verlegen. Dann drehte sie sich graziös-kokett wie ein schüchternes Mannequin. „Wenn ich mit Ihnen ausgehen darf, kann ich Sie doch nicht blamieren. Ich bin fertig – gehen wir?"
Florian fühlte Lebensgeister erwachen, stellte sich in seinem Sonntagsanzug neben sie und sagte: „Jetzt sind wir ein schönes Paar".

Mumtaz lächelte.

✳ ✳ ✳

Die männlichen Gäste kamen immer wieder zu ihr, um zu plaudern, zu trinken oder zu tanzen. Die Ehefrauen und Freundinnen blickten streng, wenn sich ein Mann, dessen Inhaberin sie waren, angelegentlich mit der schönen Inderin befaßte.

„Sie ist für unsere europäischen Begriffe schön", sagte Graupner. „Sowas sieht man hier selten. Die Inder haben ja einen anderen Geschmack. Graziös und elegant sind hier viele, aber sie hat eine Extraportion abbekommen", sagte er.

Rheto Kääbi war Feuer und Flamme. „Als graue Maus von Krankenschwester ist sie reinweg verschwendet." Seine Frau, eine deutliche Schweizerin, unterhielt sich im Nebenzimmer mit Frau Graupner, sprach über die Schwierigkeiten mit Dienstboten hierzulande und war so in ihre Klagen vertieft, daß sie den Ehemann aus ihrer Kontrolle ließ.

Sie erklärte eben Frau Graupner: „Gut, wir haben einen Boy für den Garten, ein Zimmermädchen und eine Köchin. Zu Hause könnten wir uns keine Dienstboten leisten. Aber ich will Ihnen was sagen: ein guter Staubsauger ist besser als alle drei zusammen. Man sagt uns Bernern immer nach, wir seien langsam. Aber gegen diese Inder sind wir Kugelblitze!"
Frau Graupner, die schon viele Jahre hier lebte, kam nicht dazu, Frau Kääbi zu erklären, daß man hier eben keinen Sinn

für europäische Wohnungspflege habe. Daß auch reiche Leute oft spartanisch lebten und keinen Wert auf Möbeldesign, Antiquitätenprunk und blitzendes Funktionieren legten.

„Unsere alte Köchin zum Beispiel", sagte sie, als Frau Kääbi einmal Luft holte, „ist während der Regenzeit einmal drei Tage fort geblieben. Sie hat uns erklärt, warum. Der Regen hatte ihr kleines Haus so unterspült, daß es zum Teil eingestürzt war. Da mußte die ganze Familie erst ihr Dach über dem Kopf wieder aufrichten und reparieren –"

„Da kann man sehen", verachtete die Kääbi, „das muß eine Schaluppe gewesen sein, ich danke –"

„Unserer Köchin genügt es. Sie will nicht mehr. Es ist ihr nicht wichtig, verstehen Sie, nicht wichtig!"

„Nein, das versteh ich nicht, das können Sie von einer Hausfrau nicht verlangen. Ich bin schon froh, wenn wir bald wieder in die Schweiz zurück versetzt werden. Für mich ist das nichts –"

* * *

Ihr Mann stand indessen mit Graupner bei Floris Lehnstuhl und blickte ständig zu Mumtaz hinüber. „So eine Schönheit würde doch bei uns Karriere machen, als Künstlerin oder Mannequin. Oder?"

Graupner lächelte. „Für den hiesigen Film ist sie zu schlank und zu fein. Sehen Sie sich einmal einen indischen Film an, es gibt ja genug, pro Jahr werden 300 gedreht und jeder dauert mindestens drei Stunden."

„Danke, ich habe einmal einen gesehen," winkte Kääbi ab.

„Nur fröhliche Geschöpfe, die ein wenig Schabernack machen oder ein bißchen was Trauriges erleben. Kindergarten-Dramatik und Baby-Erotik, Fröhlichkeit und Gesang. Und dauernd tanzen sie – und schlecht auch noch!"

„Und die Hauptdarstellerin?"

„War prall und albern."

102

„Sehen Sie – das war das hiesige Mädchenideal. Mumtaz hat wenig Chancen. Sie ist einfach zu mager." Die drei sahen zu ihr hinüber. Sie war von Gästen umringt und lächelte ein wenig hilflos zurück.

„Ich glaube, sie stammt vom Land, aus einer Bauernfamilie", sagte Flori und Graupner meinte: „Da kann sie aus wohlhabendem Hause sein. Bauern gehören zu den Oberen, wenn sie Besitz haben und nicht nur Arbeiter auf einem Hof sind."

Flori zweifelte. „Wenn sie reich wäre, müßte sie nicht in der Stadt, im Spital arbeiten."

„Das besagt nichts. Mädchen sind trotz aller Emanzipation unwichtig. Um ihr Schicksal kümmert sich der Vater kaum. Wenn er sie verheiratet, muß er ja sogar eine Entschädigung zahlen, weil sie nichts erben wird –"

Rheto war empört und versonnen: „Eine solche Schönheit wird einen Millionär finden und es gibt eine Mords-Liebesgeschichte, da wett ich."

Graupner lächelte: „Von wegen –! Um Gefühle kümmert man sich nicht. Ehen werden nach denm Horoskop geschlossen. Und die Wahl treffen die Eltern, nicht das Mädchen."

„Sie machen einen Ulk – wie? Das war vielleicht vor fünfhundert Jahren so, mit dem Horoskop, aber heute –"

„Lieber Herr Kääbi – wenn etwas früher so war in Indien, ist es auch heute noch. Und wenn die moderne Zeit etwas anders macht, so gibt es das Alte neben dem Neuen weiter."

„Jetzt sagen Sie grad, daß sie noch Witwen verbrennen –"

„Gelegentlich. Und daß ein Inder auch heute noch zwei oder mehr Frauen nehmen kann, wenn er mit der einen nicht zufrieden ist, und daß die erste keine Rechte gegen den Mann und seine Mißachtung hat, das müssen Sie mir auch glauben."

„Auf dem Lande vielleicht –"

„Auch in Delhi. Einer meiner Assistenten lebt so. Das ist ganz normal. Die Frauen haben zwar das Wahlrecht, aber kaum eine kann lesen und schreiben. Sie dienen, sie sorgen für die Kinder und sind still."

Kääbi schwieg. Man sah ihn an seine Bernerin denken. Dann sagte er nur: „Nicht gar so schlecht – oder?" und ging zu Mumtaz hinüber.

* * *

„Mich interessiert das alles sehr," sagte Flori. „Sie denken anders als wir, nicht?"

Graupner versuchte zu erklären, was kaum ein Europäer begreifen kann und will, denn er hört meist nur zu, aber es ankert nicht in seinem Verständnis: „Unsere erstrebenswerten Dinge gelten ihnen nichts. Die schöne Wohnung, irdischer Besitz, Erhaltung des Arbeitsplatzes, soziale Absicherung, öffentliche Ordnung, Pünktlichkeit, Freizeitwert, sportliche Höchstleistungen, gerade, asphaltierte, saubere Straßen, die Selbstverwirklichung der Frau – ich kann nicht alles aufzählen. Nehmen Sie einfach was zu Hause als wichtig gilt."

„Was ist ihnen dann wichtig? Überhaupt etwas?"

„Freilich. Das Karma, die Summe ihrer guten und schlechten Taten, die entscheidet, wie sie nach der Wiedergeburt weiterleben müssen, ehe sie sich ins Nichts, ins Nirwana auflösen dürfen. Darum sind die meisten Inder leise, rücksichtsvoll und sanft. Sie werden selten einen schreiend oder wütend sehen."

„Aus religiösen Gründen? – Geh!"

„Nein", sagte Graupner geduldig. „Religion ist nur ein Teil dieser Grundhaltung. Es ist mehr. Sie haben eine ethische Basis, die wir in Europa nicht einmal in Andeutungen kennen. Jedem bleibt dabei überlassen, wie eilig ers hat, ins Nirwana zu kommen. Er kann sich auch entschließen, ein Gauner zu sein."

Florian grinste. „Entschließen sich da viele?"

Graupner lächelte nicht. „Mehr als genug. Wer bei dieser Übervölkerung durchkommen will, muß gerissener und tüchtiger sein als seine Umgebung. Aber, es muß eine unauffällige Tüchtigkeit sein, eine leise Gelassenheit – ach, das ist schwer zu erklären."

„Warum wollen sie was erreichen, wenn ihnen am Diesseits nichts liegt? Das ist doch ein Widerspruch."

„Nicht der einzige. Sie müssen ihren, wir würden sagen ‚sozialen Status‘, halten, ihre Kaste, ihre gesellschaftliche Klasse –“

„Kasten sind Klassen? So wie Adel oder Arbeiter bei uns?“

Graupner nickte: „– oder Groß- oder Kleinbürger, oder ‚Ungelernte‘, die nirgends auf der Welt eine Chance haben. Die Kaste kann man nicht verlassen, ihren Gesetzen muß man folgen.“

„Das geht bei uns auch schwer. Ein Hilfsarbeiter, der in eine Familie von altem Adel einheiratet?“

„Eben.“

„Und die ‚Unberührbaren‘?“

„Underdogs gibt’s auch bei uns.“

„Aber man darf sie berühren, bei uns.“

„Darf man hier auch. Das ist nur eine blöde Übersetzung der indischen Bezeichnung. Eine Menge Unberührbare sitzen heute in leitenden Positionen und haben Hochgestellte als Untergebene. Überdies – bei uns drängen sich Ministerialbeamte ja auch nicht danach, verschwitzte Teerarbeiter zu umarmen, oder?“

* * *

Flori sah zu Mumtaz hinüber, die sich schüchtern in eine Ecke gesetzt hatte, weil die freundlichen Gespräche der Herren sie zu bedrängen schienen. „Und die Familie hat viel zu bestimmen, sagen Sie?“

„Alles. Die Großfamilie, die Sippe, das sind kleine Staaten, wo man einander hilft – oder auch nicht.“

Flori grinste: „Wie bei uns“.

„Oh nein – die hiesige Familie hat Entscheidungsgewalt, hat eigene Gesetze. Je höher die Kaste, desto komplizierter sind sie.“

„Auch das Heiraten bestimmt die Sippe?“

„Das vor allem. Ein Inderbub wird mit acht Jahren von der Sippe zum Erwachsenen erklärt. Man verleiht ihm feierlich den ‚heiligen Faden' und legt das Hochzeitsdatum fest. Dann heiratet er möglicherweise als Halbwüchsiger ein Kind, nur weil dieses Mädchen bestimmt noch jungfräulich ist."

Flori schnaufte kurz auf. „Find ich blöd."

„Mit unseren Maßstäben, Herr Hopf – Aber denen geht es um die bedingunglose Reinerhaltung der Sippe. Die steht über allem. Der Treue zur Sippe wegen haben sich Witwen verbrennen lassen, freiwillig! Sie durften am Leben bleiben, wenn sie wollten, aber dann waren sie verachtet. Das Land ist, wie ein Organismus aus Zellen, aus Familien aufgebaut. Es ist schwer zu erklären und für unsereinen kaum zu begreifen –"

✳ ✳ ✳

Er hatte sichtlich genug von seinem Vortrag. Flori aber war neugierig. Er wollte Näheres wissen. Vor allem über die Mädchen. „Die Familie allein bestimmt also, wer wen heiratet –?"

„– und wann", nickte Graupner. „Nach Horoskop. Nicht einem Illustriertenhoroskop für alte Tanten, wie bei uns. Das ist Kinderkram gegen die tiefgehenden Analysen, die jeder Inder von sich hat."

„Glauben Sie das wirklich, Herr Graupner?"

Graupner suchte zu erklären, Unbegreifliches verständlich zu machen: „Dieses Land lebt mit der Natur. Hochwasser oder Dürre entscheiden über Leben und Tod für Viele. Sie machen sich die Natur nicht untertan, wie wir, und zerstören sie dabei. Hier gibts keine solchen Dämme, Kanäle, Flächennutzungspläne und Begradigungen. Sie wollen nicht alles ‚in Ordnung bringen', bis es kaputt ist. Sie fühlen sich als ein Stück der großen Natur, als Bestandteil –"

„Trotz ihrer Kultur?"

„Trotz. Viel Kultur, viel Natur – wenig Zivilisation. So ist das. Aber auch das stimmt nicht ganz, wie alles, was man über dieses verrückte Land sagt."

Mumtaz brachte Tee. Die beiden Männer sahen ihr nach, als sie in ihre Ecke zurück ging.

„Warum ist sie wohl in Delhi und nicht bei ihrer Sippe?"
Graupner zuckte die Achseln. „Das kann tausend Gründe
haben. Vielleicht hat sie einen Fehler gemacht – nicht gehorcht
– sich aufgelehnt –"
„– sich geweigert einen bestimmten Mann zu heiraten?"
„Möglich. Oder sie hat zu viel europäische Frauenemanzipa-
tion in den falschen Hals gekriegt."
„Glaub' ich nicht." Flori konnte sich dieses stolze Wesen nicht
im Sinne der Krakeelerinnen störrisch oder aggressiv denken.
„Irgendwas stimmt nicht. Sie sieht zu gutklassig aus, um von
den Untersten zu stammen, die froh sein müssen, Kranken-
schwester werden zu dürfen."
„Sie ist sehr mitleidsvoll. Vielleicht ist es ihr ein Bedürfnis,
Kranke zu pflegen?"
„Denkbar – aber nicht wahrscheinlich. Ich glaube nicht, daß
Sie jemals ihr Geheimnis ergründen werden. Dazu fehlen uns
Bleichgesichtern die Antennen." Er lachte und ging zu seinen
Gästen.
Flori aber beschloß, dem Geheimnis nachzugehen.

7

Die Hausangestellten hatten ein Büffett mit indischen Speisen
aufgebaut. Gewürzte Gemüse, Fleisch und Undefinierbares,
mit den Fingern zu essen. Die Speisen wurden auf einen
Fladen, einen Pfannkuchen, ein Omelette aus hauchdünnem
Teig gelegt, eingeschlagen, zusammengerollt und mit der
Rechten gegessen. Was auf dem Teller blieb, wurde mit dem
weichen Teig aufgewischt.
Mumtaz brachte Flori einen vollen Teller. Der erste Bissen
schon schmeckte wie Feuer. Die Gewürze trieben ihm Tränen
in die Augen. „Joghurt nachessen", sagte sie. Joghurt in
tausend Varianten war da. Er löschte auf der Stelle das
Brennen. * * *

Diener glitten lautlos, wie in alten Kolonialzeiten, offerierten Tabletts und räumten Benutztes fort. Sie waren höflich, sie blickten den Gästen niemals ins Gesicht. Einer von ihnen hatte den Kopf kahl geschoren. „Als Zeichen der Trauer. Sein Vater ist gestern gestorben", erklärte Graupner.

Flori fühlte sich wohl, in dieser Runde von Airlinern und Geschäftsleuten, die europäische Firmen vertraten oder Zweigbetriebe leiteten, Leuten vom Goethe-Institut und Diplomaten. Sie alle waren ständige Geschäftspartner Graupners.

⁎ ⁎ ⁎

„Im Ausland halten wir natürlich zusammen", sagte ein Plastikvertreter zu Flori. „Klar – muß man."

„Mit Indern sind Sie nicht befreundet?"

„Nö – mit denen kann man nicht. Zu fremdartig, und wenn Sie mich fragen – faul, indolent, hinterhältig und gerissen, trotz ihrem sanften Getue. Denen täte mal ne ordentliche Revolution gut, daß sie endlich aufwachen und Anschluß finden ans Zwanzigste Jahrhundert, ehe es vorbei ist. Geschäftlich ist es schrecklich, kann ich Ihnen sagen."

„Was ist da so schrecklich? Die sind doch alle freundlich –"

Der Plastikvertreter winkte ab: „Die Bürokratie! Sie machen sich keinen Begriff. Die schlimmste der Welt! Keiner weiß Bescheid, aber für alles brauchen Sie eine Lizenz." Man sah ihm an, wie sehr er darunter litt. „Schon mal was von Wanderbeamten gehört?"

Flori hatte noch nichts davon gehört.

„Beamter sein ist ein Traum für die. Ist einer wo gelandet, schleppt er sofort seinen ganzen Anhang nach – rudelweise! Die werden dann auch Beamte und machen anderen das Leben sauer. Nun haben sie aber nicht genügend Büros und Schreibtische. Da setzen sich die Wanderbeamten, wenn ein Kollege beim Essen ist, oder krank, an die leeren Schreibtisch, murksen an ihren Akten oder telefonieren. Und wenn der

Kollege wiederkommt wandern sie weiter, bis sie einen neuen freien Platz finden. Wenn sie keinen finden, tun sie nischt. Gehen spazieren, bis die paar Stunden Dienst um sind. Bürostunden sind ohnedies kaum, weil sie ja stundenlange Anfahrten von zu Hause haben. Die wohnen alle Jottweedee in irgend einer Kate und kugeln den halben Tag in Bussen durch die Gegend. Das gilt dann als Dienstzeit. Oder sie machen Pause. Nu arbeite mal mit solchen Leuten. Nee, danke. Mann, – wär ich doch in Düsseldorf geblieben, singe ich manchmal –"

* * *

Während dieser Lamentation kam Mumtaz, kniete stumm neben Flori's Sessel und servierte die süße Nachspeise. Des Plastikvertreters etwas vorstehende, wässrige Augen wurden noch größer.

„Guck an – prima! So lange meine Frau noch nicht hier war, hab ich mich auch immer von so nem Mädchen trösten lassen. Da hatte ich bei nem Schneider einen Anzug bestellt – sagt der bei der Anprobe: „Mögen Sie indische Mädchen? Soll ich Ihnen welche besorgen?" – Der hatte eine Auswahl, kann ich Ihnen sagen, knackig. Alle Achtung. Mir sind die hier ja noch lieber, als die aus den Massagesalons in Bangkok. Sind solider, nicht so geschäftlich. Die besten solls ja in Taiwan geben. Wo haben Sie Ihre her? Auch von nem Schneidermeister, wie?" Er lachte fett und stieß Flori mit dem Ellbogen an.

Florian wollte sich nicht ärgern. „Ich muß Sie enttäuschen", sagte er eisig. „Sie ist eine Krankenschwester, die mir das Leben gerettet hat und die mich während meiner Rekonvaleszenz noch weiter pflegt. Keine Nutte. Ich weiß, daß Pantoffelhelden wie Sie solche Mädchen verachten – nachher. Wahrscheinlich haben Sie das Gefühl, was kann eine schon wert sein, die sich mit mir einläßt."

Der Plastikvertreter erhob sich mit hämischem Grinsen: „Krankenschwester – das ist ne ganz neue Masche. Originell. Gratuliere. Haben Sie Ihre Krankheit am Ende von ihr?"

Er entschwand beleidigt. Flori wollte ihm etwas nachrufen, aber Mamtaz, die offenbar verstanden hatte ohne zu verstehen, machte eine wegwerfende Handbewegung und lächelte.

* * *

Da die moderne Welt ohne Musikuntermalung nicht auskommen kann, spielte eine kleine indische Kapelle. Die Musikanten hockten am Boden, einer schlug zwei Handtrommeln, ein anderer entlockte einer liegenden Harmonika seltsame Harmonien, zu denen zwei Gitarristen fremdartige Raga's zirpten. Die Gäste hörten nicht zu. Sie unterhielten sich in immer lauterem Ton. Die Stimmung stieg.

Um Mitternacht stieß man mit Sekt auf ein gesundes, friedliches und geschäftlich erfolgreiches Jahr an. Dann erhob Schröter noch einmal sein Glas und sagte auf englisch, damit es alle verstehen konnten: „Und nun auf Mumtaz, ohne die unser Freund Hopf nicht mehr hier säße!"

Mumtaz war sehr verlegen, als alle ihr zuprosteten.

8

Kurz danach gab es in diesem Europäerviertel das obligate Neujahrs-Feuerwerk. Von der Terrasse wurden unter Gelächter und Geschrei ein paar Raketen in den Himmel gejagt. Ganz wie zu Hause.

Dann mußte Flori sich verabschieden. Er fühlte sich zwar so wohlig und gelöst wie lange nicht mehr, aber Mumtaz, die seinen Zustand am besten beurteilen konnte, drängte zum Aufbruch.

Graupner hatte anscheinend vom Wortwechsel mit dem Plastikvertreter erfahren, denn er entschuldigte sich beim Abschied: „Ich kann mir meine Gäste leider nicht so aussuchen, wie daheim. Ich muß mit meinen Geschäftspartnern auskommen, auch wenn miese darunter sind."

„Die gibt's zu Hause auch", sagte Flori.

„Ja, aber dort kann man ihnen aus dem Wege gehen. Entschuldigen Sie –"

„Schon vergessen. Warum soll ich mich ärgern, wenn er blöd ist."

Schröter fuhr Mumtaz und Flori nach Hause und kehrte dann auf die Party zurück, die bis zum Morgen dauern würde.

✷ ✷ ✷

Flori und Mumtaz waren wieder allein, wie so oft. Heute aber war das anders. Mumtaz war wie ein Schmetterling aus der Schwestern-Verpuppung geschlüpft. Der leuchtende Sari machte ihre Geschmeidigkeit deutlich. Flori sah sie nicht mehr nur als ein sanftes Wesen, auf dessen Hilfe er angewiesen war. Er lag zu Bett. Sie rumorte in der Küche und bereitete seinen Schlaftrunk, einen Kräutertee. Als sie den und die Medikamente für die Nacht brachte, lächelte er ihr entgegen: „Hast du schon mal so ein europäisches Fest mitgemacht?" Sie schüttelte den Kopf.

„Wie fandest du's?"

Sie dachte einen Augenblick nach. Dann antwortete sie: „Fremd".

„Zu laut?"

Mumtaz zuckte die Achseln.

„Natürlich zu laut", sagte Flori. „Wir machen zuviel Radau, wenn wir feiern. Wir brüllen und lachen zuviel. Tut mir leid. Ihr seid da anders, wie?"

„Unsere Feste sind anders", sagte sie. „Aber manchmal sind wir auch zu laut und lachen zuviel."

Flori sah sie an. „Du lachst nicht oft, wie?"

„Warum sollte ich", sagte sie.

„Gibt's denn so wenig Freude in deinem Leben?"

„Viel Freude – aber wenig solche, bei der man laut lachen müßte –"

„Wie ist das bei dir zu Hause? Lustig? Vergnügt? Bist du dort fröhlich?"

Sie hockte neben seinem Bett, tat, was zu tun war, zählte Tropfen in ein Glas und antwortete nicht.

„Hast du nicht Sehnsucht nach Hause, an so einem Abend wie heute?"

Ihr Lächeln war verflogen. „Wir haben heute kein Fest. Wir haben einen anderen Kalender."

„Das mein ich nicht", sagte Flori. „Ich frage nur, ob du zu Hause glücklicher warst, bei deiner Familie, als in der Stadt, im Hospital, mit den Kranken und all den deprimierenden Umständen?"

Sie schüttelte den Kopf. „Ich bin glücklich, daß ich gebraucht werde. Würde es dir anders ergehen?"

„Weiß nicht", sagte Flori. „Man muß sich sein Leben so aufbauen, wie man es möchte."

„Das Leben baut sich selbst", sagte sie. „Man kann wenig dazu tun. Gute Nacht." Sie löschte das Licht und ging hinaus. Flori wollte sie zurückrufen. Er hätte gern mehr mit ihr gesprochen und sie manches gefragt. Aber der Schlaftrunk und die Anstrengungen des ersten Ausgangs waren stärker. Er schlief ein.

✳ ✳ ✳

Irgendwann glitt er aus einem Traum empor, wußte nicht wo er war und wie lange er geschlafen hatte. Da spürte er im Dunkel Mumtaz ganz nahe. Sie hockte neben seinem Bett und sah ihn an. Ihre Augen fingen das Licht der Straßenlaterne und schimmerten ein wenig.

Es war still. Die Welt war still. Draußen rauschte die Nacht. Hie und da war fern der Laut eines Tieres oder ein Motorgeräusch zu hören, das rasch verklang. Florian war warm und wohlig zumute.

Er streckte seine Arme zu ihr aus und faßte sie um die Schultern, so, wie er es vor ein paar Tagen getan hatte, als sie ihn getröstet und Tränen von seinen Augen geküßt hatte. Langsam zog er sie an sich heran. Sie breitete sich über ihn. Er

112

fühlte ihre Wärme, ihren Herzschlag auf seiner Brust. Ihre Brüste, wie klein und zart sie sind, dachte er. Wie rund und sanft ihre Schultern. Sie lag in seine Arme geschlossen und atmete kaum. Dann spannte sich Floris Körper. Nicht widerstrebend, leicht und lautlos glitt sie über ihn. Flori hörte das Blut in seinen Ohren rauschen, als er sie küßte. Fühlte, wie sich dieses Wesen mit jeder Bewegung enger an ihn schmiegte, wartend, bereit und selbstvergessen.

Sie war die Antwort, war die andere Hälfte seines Wesens, verschmolz mit ihm in begütigendem Dulden und gehorsamem Geschehenlassen. In ihrer Erwartung lag Bitte und Dank zugleich.

Hätte Florian in dieser Stunde an seine Gisela gedacht, er hätte nichts mit dem keuchenden Vereinigen mit Jener vergleichen können. Nichts war wie sonst immer. Er erlebte einen jener Träume, in denen er ohne Flügel sich in die Lüfte erheben konnte, empfand sich wach und doch nicht bei Bewußtsein, steigerte und verströmte sich und war doch nicht ernüchtert. Aus dem Schlafe war er aufgetaucht, in Schlaf glitt er zurück. Alles war so neu und ungekannt in seinem Zauber, daß er sich am nächsten Morgen fragte, ob es Wirklichkeit gewesen. Er war allein, als er erwachte und Gisela ihm einfiel.

* * *

Die hatte fünfeinhalb Stunden später, zu Mitternacht in einem Touristenlokal in Garmisch in lärmender Runde mit Freunden und Fremden angestoßen, hatte einen lustigen Verehrer neben sich, der ihr gegen Morgen auf die Bude rückte und dessen leicht angetrunkenem Verlangen sie sich nicht lange widersetzte.

Einmal ist keinmal, und warum läßt er mich auch immer allein, der dumme Kerl, schließlich bin ich eine Frau und habe Temperament. Den begehrlichen Lulatsch werde ich ohnedies nie mehr wiedersehen. Da ist doch nichts dabei. Schließlich bin ich auch noch nicht verheiratet. Warum also nicht ein kleines

Abenteuer. Man hatte sich allerdings nicht viel zu sagen. Jeder war im Grunde mit sich allein.

* * *

Die Sonne wanderte weiter. Sechs Stunden später war in New York Mitternacht. Flugkapitän Andreas Bongers feierte mit einer Crew im Hotel Roosevelt in der 47. Straße, Ecke Madison, nahe der Central-Station.
Michaela hatte er seit seiner Rückkehr aus Delhi nicht mehr gesehen. Für den 3. Januar hatten sie, weil sie beide, nach Dienstplan, gleichzeitig frei und in Frankfurt waren, ein Rendezvous in seiner Wohnung in Sachsenhausen verabredet. Bongers dachte manchmal an sie. Nicht oft. Er stieß mit den Kollegen auf ein gutes neues Jahr an und hoffte, daß es ihm weniger Einsamkeit bringen werde, als das vergangene.

9

Am Neujahrstage erwachte Florian vom Läuten der Türglocke. Mumtaz wird öffnen, dachte er und blieb liegen. Nichts regte sich. Nach einer Weile schrillte die Glocke abermals. Flori sah auf die Uhr. Es war gegen Mittag. Er erhob sich und öffnete.
Draußen stand Dr. Chandra.
„Ich komme zu meinem hoffentlich letzten Besuch", sagte er. „Ist Ihnen der Abend gut bekommen?"
„Danke, ausgezeichnet", sagte Flori zerstreut. Wo war Mumtaz? Warum erschien sie nicht? Schröter schien auch nicht zu Hause zu sein.
Dr. Chandra begann die Routineuntersuchung, wie bei jedem Besuch. Herz, Kreislauf, Reflexe. „Ich weiß nicht wo die Schwester ist", sagte Flori und Chandra antwortete nebenbei: „Sie ist zurück ins Spital und macht dort wieder ihren Dienst. Sie sind soweit genesen, daß Sie keine ständige Betreuung mehr

brauchen. Wenn Sie sich schlecht fühlen –" Er deutete auf den Telefonapparat.

Florian war verwirrt. Mumtaz fort? Ohne Abschied, eine Andeutung, ein Wort? Die vergangene Nacht kam ihm in diesem Augenblick noch unwirklicher vor, so, als habe er sie am Ende wahrhaftig nur geträumt.

„Es ist alles einfacher gegangen, als ich fürchtete", sagte der Arzt. „Sie werden nach menschlichem Ermessen keine Schädigungen zurückbehalten. Sogar Ihr Pankreas hat sich stabilisiert. Glück gehabt –"

„Heißt das –", fragte Flori vorsichtig.

„– daß Sie nach Hause reisen können, sobald Sie möchten. Ich habe keine Einwände. Viel Glück und völlige Genesung." Der Arzt reichte ihm die Hand zum Abschied. Flori fragte hastig: „Aber ein paar Tage –?".

„Liegt ganz bei Ihnen, wie Sie sich fühlen –." Damit ging er.

✻ ✻ ✻

Flori wagte nicht nach Mumtaz zu fragen. Wer weiß, wie das hierzulande war. Vielleicht war sie nach den Regeln des Hospitals gezwungen, in ihrem Bericht über den Patienten förmlich zu beichten? Wenn er nun nach ihr früge, könnte sie das in Schwierigkeiten bringen?

Sie war wortlos gegangen. Hatte er sie in der vergangenen Nacht zu egoistisch angefaßt, ihren Willen überwunden, ihre Güte ausgenutzt? Nein, so war es doch nicht gewesen! Wovor war sie geflohen? Vor ihrer Empfindung? Vor einer Wiederholung? Flori fand keine Erklärung. Er verstand ja auch die Reaktionen der Frauen zu Hause nicht und wunderte sich immer wieder, worüber sie beleidigt oder erfreut sein konnten. Und nun ein indisches Empfinden?

Es war doch Liebe gewesen! Liebe und Gelegenheit, die kupplerischen Zwillinge. Er lief in die Küche. Ihr Lager war fortgeräumt, keine ihrer wenigen Habseligkeiten zu entdecken. Florian fühlte sich schuldig. Er hatte die Situation ausgenutzt.

Schröter kam nach Hause, übernächtig und voll müder Fröhlichkeit.

„Ist weg – nanu?", sagte er.

„Dr. Chandra meint, ich bin gesund und sie macht wieder Klinikdienst. Vermutlich wollte sie keinen tränenfeuchten Abschied und hat sich stillschweigend verzogen."

„Kenn sich einer aus mit den Weibern – international gesehen", war alles was Schröter sagte. Dann legte er sich schlafen.

* * *

Florian verbrachte einen vergrämten Tag. Er hatte keine Lust zu lesen, Musik zu hören oder sich zu beschäftigen. Er ärgerte sich, daß er sich gesund fühlte. Gegen Abend rief er Graupner an und bat, die Station möge ihm sofort einen Platz zum Heimflug buchen.

„Nur nicht hudeln", antwortete der. „Lassen Sie sich Zeit. In acht Tagen geht auch eine 661, da setzen wir Sie dann drauf."

Als er einhängte, bereute Florian bereits, so schnell fort zu wollen. Mumtaz fehlte ihm mit jeder Minute mehr. Abgesehen vom Erlebnis der vergangenen Nacht, die sich von allen ähnlichen Nächten unterschied, vermißte er ihre Fürsorge und den Zauber ihrer Anwesenheit, hatte Sehnsucht und schlug mit der Faust auf den Tisch.

* * *

Am Abend aßen sie, schweigend und mißmutig, was der völlig verkaterte Schröter gekocht hatte, Spiegeleier und flachsigen Schinken, tranken Dosenbier und glotzten ins indische Fernsehen, das wieder mal eine Show mit schönen Mädchen und edlen Jünglingen zeigte, die zu sanfter Schlagermusik in wunderschönen Landschaften in Zeitlupe hintereinander herliefen, einander umarmten und dazu Lieder sangen.

Das Ganze in schwarz-weiß.

Es war für Floris Depression nicht heilsam, soviel Liebe in Sirup zu sehen. Schröter schlief im Sessel ein, das Bierglas in der Hand und schnarchte wie ein Okapi.

* * *

Spät nachts kam ein Anruf aus Garmisch. Gisela war bei Floris Eltern, erzählte, sie habe sich in den paar Tagen glänzend erholt, es sei wunderschön gewesen. Natürlich nicht im Vergleich zu Ausflügen und Ferien mit ihrem Flori, den sie so brennend vermisse. Sie machte einige erotische Andeutungen in jenen geheimen Chiffren, die jedes Paar für sich entwickelt. Dann waren Floris Eltern am Telefon, die Mutter noch immer voll Besorgnis um ihren Buben, der Vater forsch und fröhlich. Als Flori sagte, daß er in acht bis zehn Tagen heimkommen werde, brach Jubel aus. Sie rissen einander den Telefonhörer aus der Hand.

„Ich bin noch drei Tage hier", sagte Gisela, „dann fahr ich heim und bringe deine Bude auf Hochglanz. Oder willst du lieber gleich bei mir wohnen? Wegen Pflege und – du weißt schon –"

„Das sehen wir, wenn ich da bin", schob Flori hinaus. Ihm war nicht nach Entscheidungen zumute.

„O mein Liebling", seufzte Gisela innig, „glaub mir, es ist allerhöchste Zeit, daß du wiederkommst."

✳ ✳ ✳

Nach dem Telefonat war Flori mißmutiger und deprimierter denn vorher. Das Gespräch hatte das Band mit zu Hause fester geknüpft, die dortigen Sorgen und Schwierigkeiten aufleben und die indische Gegenwart fremder werden lassen. Er konnte sich nicht auf zu Hause freuen, er schlief schlecht, träumte wirres Zeug und sah das Frühlicht durchs Fenster scheinen, ehe er für ein paar Stunden schwer und traumlos alle Sorgen los wurde.

Als er erwachte, saß Mumtaz an seinem Bett und sah ihn mit ernsten Augen an.

10

Trotz der vielen Arbeit in der Schule fuhr Gisela bald in Florians kleines Appartement in der Stadt, um zu lüften und sauber zu machen. Es lag auch Post da, die sie gewohnheitsmäßig öffnete, um zu sehen, ob ein Behördenbrief oder Wichtiges sogleich erledigt werden mußte.

Gisela mochte diese Junggesellenbude nicht. Ein Bubenzimmer, voll mit elektrischen Geräten und Fachbüchern, ohne jenen gemütlichen Glanz, den nur eine Frau in eine Wohnung zu bringen vermag. Daß hier alles praktisch und funktional war, widerstrebte ihrem Sinn für Poesie und Schönes. Warum er nur so an diesem Provisorium hing? Ihre Eltern wären einverstanden, daß er schon vor der Hochzeit bei ihr wohnte. In diesem kahlen Appartement-Silo wohnten zahlreiche Angestellte der Lufthansa. Zumeist Junggesellen, Stewardessen, Leute aus der Werft, Techniker und solche von der unvermeidlichen Verwaltung.

Gisela begegnete auf dem Korridor Herrn Berger, Floris Vorgesetztem. Der gutmütige ruhige Mann mit dem zerfurchten Gesicht war seit seiner Kindheit bei der Fliegerei. Schon vor dem Krieg, als Schmiermaxe bei den Sportfliegern, nachdem er auf der Rhön seine Segelflugscheine gemacht hatte. Dann holte ihn die deutsche Luftwaffe als Mechaniker, es gab schlimme Zeiten in Rußland und andernorts und schließlich sechs Jahre russische Kriegsgefangenschaft. 1951 fand er sich in der veränderten Welt nicht zurecht und war froh, daß er, als es wieder eine deutsche Fluglinie gab, in seinen alten Beruf zurückkehren konnte. Nun, nahe der Pensionsgrenze, war er Koordinator auf der Werft, teilte die Dienste ein und beaufsichtigte. Dabei wußte er mitunter, auch wenn er keine Lizenz für die neuen Düsenriesen hatte, besser Bescheid als junge Kollegen.

Er behandelte die ihm unterstellten jungen Burschen fast wie Söhne. Flori, mit seiner ruppigen Schüchternheit, gehörte zu denen, die ihm besonders nahe standen. Überdies war Flori ein ausgezeichneter Techniker, der sich auch in komplizierten Situationen durch zielgerechtes Nachdenken zu helfen wußte.

✳ ✳ ✳

„Wir freuen uns, wenn er gesund wiederkommt", sagte er, als er Gisela am Lift begegnete.

„Na, und ich erst –" strahlte sie. „Das war vielleicht ein Glück –"

„– daß diese junge Schwester ihn so hartnäckig animiert hat? Sie soll ihn ja auch fabelhaft pflegen, schreibt der Schröter."

Berger wunderte sich, daß das Lächeln so plötzlich von Giselas Gesicht verschwand.

„Eine junge Schwester?", fragte sie obenhin.

„Ja. Wenn die nicht gewesen wäre, hätten wir für einen Kranz sammeln müssen. Wußten Sie das nicht?"

„Nein." Giselas Stimme klang spitz. „Davon hat er mir nichts erzählt."

„Telefonieren Sie oft mit ihm?"

„Jeden zweiten Tag. Es ist zwar meistens ein ziemliches Gebrülle, weil die Stimme so weit weg ist – aber von dieser Schwester hat er nichts gesagt."

Ei wei, dachte Berger, ich stehe im Fettnäpfchen. Das konnt ich ja nicht wissen. Sicher ist sie eifersüchtig, wie alle Weiber, wenn sie unsicher sind. Wie komme ich aus diesem Schlamassel?

Gisela dachte: „Da gibt's doch nur eine einzige Erklärung, warum er nichts erzählt hat." Und weil sie das dachte, sagte sie: „Die Erzählung seiner Rettung hat er sich sicher als spannende Geschichte für seine Heimkehr aufgehoben. Ich kenn doch meinen Flori. Er hats gern ein bißchen dramatisch."

Berger war erleichtert, daß sie die Sache so betrachtete und pflichtete ihr bei: „Sicher wird er uns eine Räuberpistole erzählen."

Auf meinen braven, folgsamen Flori werd ich ein Auge haben müssen, dachte Gisela, während sie im Lift hinunter fuhr. Das sind ja schöne Geschichten. Vernascht Krankenschwestern und glaubt, ich erfahrs nicht. Na warte, mein Gutester! Sie erinnerte sich an ihr kleines Abenteuer in Garmisch, in der Neujahrsnacht, und war froh darüber. Ausgleichshalber.

11

Dachte Florian Hopf in späteren Jahren an die erste Woche des Jahres 1980 zurück, war ihm, als hätte er diese acht Tage auf einem fernen, lichten Planeten zugebracht. Nach Mumtaz' Rückkehr überwältigten ihn eine Folge von Erlebnissen und Eindrücken. Nie zuvor hatte er derart intensiv geschaut, genossen und geliebt.

„Mumtaz – warum warst du fort? Hab' ich dich gekränkt, dir weh getan?"

Sie antwortete nicht. Sie ließ sich ersterbend in seine Arme gleiten. Sie klammerte sich an ihn. Ihr Sich-Aufgeben war Antwort genug. Was in der letzten Nacht wie geträumt war, war nun, am hellen Tage, beglückende Wirklichkeit. Sie schien in seinen Armen nicht mehr sie selbst zu sein. Ihr Gesicht, die geschlossenen Augen, der halb geöffnete Mund, die Entrücktheit ihres Ausdrucks war nicht vom Flieber der Vereinigung verändert. Ein anderes, ihr wahres Gesicht kam zum Vorschein, das Antlitz eines Menschen, der in Not gewesen war und der sich endlich, endlich geborgen fühlte.

* * *

Später lag sie still in seinem Arm. Er wagte lange nicht sie anzusehen. Als er den Kopf zu ihr drehte, vergrub sie schweigend das Gesicht in die Kissen. Er wußte nicht recht, wie er aus der Entrückung, der Stille, in die Wirklichkeit zurückfinden sollte.

120

Schröter kam heim. Flori rief: „Bitte komm nicht herein. Mumtaz ist wieder da" und Schröter sagte vor der Türe: „Prima – gratuliere. Das wird alle Kollegen freuen. Ich ruf sie gleich an. Sie sollen zum Kaffee kommen. Das muß gefeiert werden."

„Von mir aus", meinte Flori und stand auf. Mumtaz lag auf dem Bett und blickte ins Leere und schien die Wirklichkeit nicht wahrzunehmen.

* * *

Die Kaffeeinladung wurde gemütlich, albern und fröhlich. Alle waren durch die Gegenwart des Mädchens animiert und überboten einander in allen möglichen Sprachen an Ulk. Mumtaz saß, erstaunt und mit jeder Minute mehr an der Ausgelassenheit teilnehmend, inmitten, und verlor ihre verhangene Scheu.

„Genug Trübsal geblasen", postulierte Rheto Kääbi, der sich zum Komiker der Runde entwickelte, „ich blase lieber Trompete, als Trübsal." Das hatte er schwyzerdütsch gesagt. Die anderen wollten wissen, was er meinte. „Was heißt Trübsal auf englisch?"

„Mourning", sagte Flori, „aber das heißt eigentlich Trauer, glaub ich."

Das ergab nun gar keinen Sinn. „I blow the trumpet, not the mourning." Die Runde lachte sich schief, als Rheto mit gespitztem Mündchen in superbritischer Aussprache „good mourning" skandierte, durchs Zimmer hopste und einen ‚good mourning' blasenden Trompeter darstellte. In dieser Stimmung fand man auch schlichte Scherze zum Totlachen und überließ sich der guten Laune mit breitem Behagen.

* * *

„Wißt ihr was –" rief Schröter plötzlich, „wir machen Ausflüge! Unser Flori hat von Indien außer dem Krankenzimmer nichts gesehen. Jetzt soll er mal was erleben. Wir fahren im

Land herum und gucken Sehenswürdigkeiten an – auf diese Weise kriegen wir sie auch mal zu Gesicht. Ihr Säcke seid ja sonst doch zu faul was zu unternehmen."

„Kultur ansehen?" jammerte Ugo, „– oh, no, no, no –"

„O.k.", rief Leif, „dann machst du die ganze Woche unseren Dienst und wir fahren." Das wollte Ugo nun auch wieder nicht.

Schröter hatte Lust, schon an diesem Abend zu starten. Ins Nachtleben, wie er sagte.

„O wei –", klagte Kääbi mit Kummerfalten. „Da gibt es ein gewisses Hemmnis. Ich muß erst eine handfeste Ausrede für meine Regierung finden, sonst haut sie mir wieder den Nudelwalker über den Kopf. Sie ist ohnedies schon grün vor Eifersucht, wenn ich von Mumtaz auch nur einen Piep sage–".

Sein Pantoffelheldentum war erneut Anlaß für Witze und Gelächter. Dann begann Ugo plötzlich alberne Lieder zu singen, die Übrigen stimmten krächzend ein und führten sich auf wie ausgelassene Schuljungen.

Mumtaz saß inmitten, lachte, und war, wie man an ihren sprühenden Augen sehen konnte, glücklich.

* * *

Die Fröhlichkeit hielt an, als sie am nächsten Tage, zu fünft in Rheto's enges Auto gepfercht, über Land fuhren. Wieder sangen sie alberne, gelegentlich auch unanständige Lieder und Kanons in allen möglichen Sprachen und machten Witze und Wortspiele. Flori saß auf der Vorderbank neben Mumtaz, hielt ihre Hand und sah, was es zu sehen gab.

Ein trostloser großer Industriegürtel um Delhi, von planloser, liebloser Häßlichkeit. Schutthalden, Abfallberge, zerbrökkelnde Mauern, halbfertige rohe Betonbauten, aus denen verrostete Eisenstangen ragten wie tote Adern. Dazwischen niedrige Hüttensiedlungen, die Straße entlang, in denen zerlumpte Menschen wimmelten, unästhetisch, schmutzig, ohne Komfort, ohne Elektrizität, ohne, wie man das in Europa drohend nennt, „Lebensqualität".

„Schrecklich", sagte Flori. „Das ist diese Armut, von der man immer hört."

„Vor allem ist es die Gleichgültigkeit, der Fatalismus, die Mentaltität", erklärte Ugo Cortese, der am längsten im Lande war. „Das alles könnte mit ein bißchen Verstand auch sauber und menschenwürdig sein. Aber es ist ihnen egal. Sie haben keine Antenne dafür. Bei uns in Italien sind sie in den Arme-Leute-Siedlungen auch nicht gerade vom Putzteufel besessen, aber zu unseren Armen sagen die Maler immer noch ,pittoresk' –"

Mumtaz schien das da draußen nicht wahrzunehmen. War sie gewöhnt daran, oder fehlte ihr die Antenne, ebenso wie ihren zerlumpten Landsleuten?

※ ※ ※

Das häßliche Grau der Fabriksgegend verlor sich. Eine breite, endlos gerade Straße, von Bäumen gesäumt, führte über das Land. Die Mitte war dick geteert, seitlich, rechts und links ein breiter Streifen des alten Sandweges, der sie früher gewesen war. Es gab keine weißen Mittelstreifen, keine Leitlinien, und doch lief der Linksverkehr reibungslos und rücksichtsvoll. Alle zwanzig, dreißig Kilometer gab es seltsame Polizeikontrollen. Fahrzeuge wurden nach geheimen Regeln aufgehalten und durchsucht. Weiß der Teufel, was sie wollten. Vielleicht nur ihre Präsenz manifestieren.

Auf der endlos geraden Straße radelten in Rudeln, wanderten und fuhren Leute aller Schattierungen. Flori sah fasziniert hinaus.

Solche in Fakirgewändern mit struppigen Haaren, solche in Dhoti und Sari oder Jeans und T-shirt. Sie hockten zuhauf auf Pferdewagen hinter klapprigen Gäulen, hängten sich auf Fahrrädern in Rudeln an die Ladewände langsamer, alter, bunt bemalter Tata-Lastwagen und ließen sich grinsend mitziehen. Kamele kamen getappt, einzelne oder mehrere, geritten oder begleitet von alten und jungen Männern. Wandernde trugen auf den Köpfen riesige Bündel Holz oder Stroh. Frauen schleppten allerhand Lasten. Im Schatten der Bäume beschäftigungslos Hockende, Schlafende, umtollt von hüpfenden Kindern, die so schmutzig und zerrissen waren, wie dies Genremaler entzückt. Das halbe Land schien unterwegs, hatschte, latschte, lungerte.

„Wo wollen die nur alle hin?" fragte Flori. Die Freunde zuckten die Achseln. „Man weiß nicht einmal, ob sie irgendwo hin wollen, etwas suchen oder etwas erledigen. Sie sind ganz einfach unterwegs."

„Manche mögen nirgends bleiben", sagte Mumtaz. „Sie gehen nur herum und wissen, daß sie nichts von dem finden werden, was sie im Grunde gar nicht mehr suchen." Das war eine recht verschwommene Erklärung. Es gab wohl keine andere.

* * *

Rechts und links der Straße, bis zum Horizont, bestellte Felder auf der flachen, ebenen Landschaft. Auf weite Strecken war jeder Quadratmeter Boden genutzt. Flori wartete auf Dörfer, Bauernhäuser und Scheunen, aber es kam nichts. Da und dort sah man, ein paar hundert Meter neben der Straße, niedrige Lehmbauten.

„Wo sind die Dörfer?"

„Da –" deutete Rheto. „In diesen Lehmhütten, halb in den Boden gegraben hausen sie, die Landarbeiter. Die Besitzer, die Bauern, wohnen dort –"

Man durchquerte ein unscheinbares Straßendorf. Rohe Häuschen aus graubraunen, unverputzten Ziegeln. Nichts schien fertig, alles wirkte provisorisch, oder wie lange verlassen und verfallend. Da und dort ein Teil einer gestalteten Fassade, ein roher Balkon, ein wenig fahle Farbe.

„Sakradi", sagte Flori und dachte an die bayrischen Bauernhöfe des Oberlandes mit der Lüftlmalerei und der geraniengeschmückten Pracht der Fenster und Altane.

124

Aber auch Popligkeit war nicht die Regel. Da passierte die Straße ein Dorf, in dem lag, zwischen sanften Hügeln, ein Dorfweiher mit Enten, Gänsen und Reihern. Daneben wuselte das Hühnervolk zwischen einer Herde magerer kleiner Schweine. Wasserbüffel im Suhl und ein paar heilige Kühe. Zu runden Türmen geschichtet, sauber in Quadern, getrockneter Kuhdung, das Brennmaterial für den Herd. Um den Weiher putzige Lehmhäuser mit schweren, niedrigen Dächern, graubraun auch sie, aber doch eine geschlossene, geborgene, ländliche Gemeinsamkeit verratend.

„Aha", meinte Flori, „das gibts also auch. Aber ist denn hier nicht irgendwas typisch für die Gegend, ein Stil, wie man Häuser baut – so wie unsere Vierkanthöfe etwa –?"

„Nichts. Alles ist zufällig so oder zufällig anders. Ich bin schon lange hier, aber ich kann nirgends eine bestimmte Absicht erkennen," sagte Ugo. „Wenn ich da an meine Toscana denke, an die Bauernhäuser dort –"

✳ ✳ ✳

Manchmal stand eine hohe Säule nahe der Straße, eine Landmarke aus alter Zeit. Dann wieder, irgendwo im Feld, der Rest eines Tempels, einer Moschee, oder ein halb verfallener Turm aus früheren Jahrhunderten, der von unten her angenagt schien. Die Nachfahren hatten aus ihm Ziegel und Platten gebrochen, als Baumaterial. Oben, wo sie nicht ohne weiteres, nicht ohne große Leitern hingelangen konnten, war das alte Bauwerk unversehrt. Dort zu holen war ihnen offenbar zu mühsam. Der Turm sah aus wie ein riesiger Zahn, der von unten her verfault.

Trotz aller Zeichen gleichgültigen Mangels wirkte das Land wohlhabend und fruchtbar. Es war nicht so deprimierend wie der Industriebezirk. Aber es war fremd, fremd, fremd. Flori betrachtete es wie einen Kulturfilm, wie etwas fernes, was ihn nichts anging. Er saß neben Mumtaz, er war glücklich und vergnügt.

Von seiner Heimreise in fünf Tagen hatte er ihr noch nichts gesagt. Er brachte es nicht übers Herz, ihre stille Fröhlichkeit wegzufegen. Ich sage es ihr später, dachte er, wir wollen die schöne Zeit genießen. Wie sie wohl reagieren wird? Vielleicht macht es ihr nicht viel aus? War das indische In-den-Tag-hinein-leben auch darauf, auch auf Zusammengehörigkeit und Liebe anzuwenden?

12

Ein zweiter Ausflug mit dienstfreien Kollegen führte in eine andere Richtung aus der Stadt. Auch hier fand Flori lieblose Zufälligkeit in allem. Nichts war gestaltet, schön oder sauber gemacht. Europäer führen den Mangel an Sauberkeit und Zivilisation stets auf soziale Ausbeutung der Massen durch anonyme oder nennbare Machthaber zurück und schreien nach Änderung. Flori konnte aber nirgends Behausungen ausbeutender Reicher entdecken. Es gab einfach keine Kapitalistenviertel.

Die einzigen Bauten, die Gestaltung und Schönheit aufwiesen, waren die Totenbauten der Moguln, waren einige wenige Paläste aus alter Zeit, und Tempel, deren überraschend üppige Schönheit allerdings überwältigen konnte, auch, weil solche Kultur in häßlicher Umgebung doppelt stark wirkt.

* * *

Vor Mogul Akbars wundersamem Grabpalast sprangen im Freien Schimpansen zu den Touristen und wollten gefüttert sein. Flori neckte mit einer Banane eine alte Äffin, worauf sie ihn, mit wütendem Kreischen, anfiel und Anstalten machte, ihn in den Arm zu beißen. Da riß, mit einer blitzschnellen Bewegung, Mumtaz das wütende Tier von ihm und schleuderte es mit einer Kraft zur Seite, die man ihr nicht zugetraut hätte. Die Äffin blieb verwundert keckernd sitzen und trollte sich.

126

„Danke", sagte Flori staunend. Das Mädchen, als wäre dergleichen alltäglich, nahm seine Hand und schlenderte weiter. Ugo und Rheto standen abseits. Sie hatten keinen Muskel geregt um Flori zu helfen. Nun genierten sie sich.

Rheto murmelte: „– dieser Flori, wirklich, der Dumme hats Glück."

„Cosa?", fragte Ugo, dessen Deutsch für Sprichwörter nicht ausreichte.

„Il stupido e sempre fortunato", übersetzte Rheto und Ugo grinste seufzend: „Da vero, da vero –"

Beim Fotografieren des monumentalen Bauwerkes fiel Flori die Schutztasche der Kamera zu Boden. Mumtaz lief herzu, bückte sich und hob sie auf.

„Danke", sagte Flori erstaunt. So höflich sollten wir Männer sein, eigentlich, dachte er. Früher waren wir es wohl auch. Heute aber muß sich längst Mann und Frau, ein jeglicher selber bücken. Mumtaz begriff nicht, wofür er sich bedankte. Ugo und Rheto sahen einander vielsagend an und Rheto seufzte: „Warum passiert mir sowas nie?"

„Nicht wahr", grinste Ugo, „wo du doch wahrlich dumm genug wärest, um auch solches Glück zu haben."

Rheto schnitt eine Grimasse.

✻ ✻ ✻

Auf der Heimfahrt erlebte Flori etwas, das ihm wochenlang nachging. Sie fuhren am Fluß Yamuna und gerieten ungewollt an eine Verbrennungsstätte.

„Für Tote? Darf man das sehen? Oder verjagen sie einen?" Man durfte.

Bäume am Ufer, ein Hain. Unter freiem Himmel ein großer Platz. In Abständen niedrige Gevierte aus Beton an den Boden gegossen. Auf einigen brannten hohe Feuer, daneben glommen Aschenhäufchen. Niemand stand dabei. Die Angehörigen waren schon fort. Helle flockige Asche umgab die Betongevierte. Rund um das Areal lagerten riesige Stapel knorrigen braunen Wurzelholzes.

Da kam ein Trauerzug. Vier Burschen trugen eine schmale Menschengestalt, in weißes Leinen gehüllt, hoch auf den Schultern, auf einer windigen Bahre, ohne Sarg, ohne Pomp. Ein lebloses Nichtsmehr in weißem Leinen. Zwei Dutzend Trauernde in Alltagskleidern folgten dem eiligen Schritt der Träger. Sie hielten Blumen und Ketten von Blüten in Händen. Man legte das tote Nichts am Flußufer nieder. Zwei junge Männer begannen eines der Betongevierte von der Asche der vorherigen Verbrennung zu säubern. Andere holten Holz vom Depot und schichteten es.

Man schlug das weiße Leinen zurück und gab die Tote – ein junges Mädchen – den Blicken preis. Leises Weinen war zu hören. Da lag sie, schmal, grau, in einen Sari gehüllt, mit Blumen geschmückt. Man bettete sie nach langem Zeremoniell, das aus kleinen Gesten, einem Niederknien wie zu letzter Zwiesprache, dem Legen von Blüten und Berühren der toten Hände bestand, auf das Holz. Es gab keine Totengesänge, kein feierliches Ritual. Nichts war abgezirkelt und doch schien jede Geste Tradition zu haben. In Tonkrügen hatte man Wasser des heiligen Flusses Yamuna herbeigeschafft. Ein Alter, vielleicht der Großvater, besprengte den Leichnam. Ein anderer legte flache Steine aus dem Fluß auf die toten Augen.

Gebannt sahen die Freunde den Prozeduren zu, die, in langen Abständen geschehend, immer wieder vom Niederhocken Einzelner bei der Toten unterbrochen, scheinbar regellos vor sich gingen.

Nach langer Zeit legte man die Leiche auf den Holzstoß und schichtete langsam, sorgfältig und behutsam ein jedes Scheit einzeln um und schließlich über sie, bis der tote Körper nicht mehr zu sehen war. Die Herumhockenden und die Stehenden sprachen nicht. Sie wendeten kaum einen Blick und begleiteten mit Gesten das Geschehen.

Einer hob den Tonkrug auf die linke Schulter und schritt einen Kreis um den Scheiterhaufen, nach rückwärts das Wasser vergießend. Blumen und Blüten wurden zwischen die Hölzer gelegt, ein zweitesmal der Kreis mit dem heiligen Wasser gezogen. Am Ende warf der Träger den Krug nach rückwärts über die Schulter zu Boden, daß er zerbrach.

Dann wurde Benzin aus einer Glasflasche über den Holzstoß geschüttet, der Älteste entzündete ein Streichholz, daran ein gefaltetes Stück Papier, und damit die Späne, die nun langsam die Scheiter in Flammen setzten.

„Feuer und Wasser", sagte Flori leise. Er dachte an die Feuerwand seiner Fiebervisionen. Rheto antwortete ebenso leise: „Das Feuer ist ihnen heilig. Und sie haben keine Friedhöfe."

„Ich finde es schön und würdig, daß die Familie bis zum letzten Augenblick dabei ist", meinte Flori. „Sie drücken sich nicht vor dem Tod, wie bei uns, wo alles die Behörden machen müssen, damit man nur ja nicht mit dem Toten in Berührung kommt."

Rheto flüsterte fragend zu Mumtaz: „Hat man früher wirklich die Witwen mitverbrannt?" und als sie nickte, setzte er hinzu: „ich hab das für eine Sage gehalten."

Mumtaz erklärte: „Die Witwe ist nichts ohne ihn und sie will den Geliebten im neuen Leben nicht allein lassen."

„Freiwillig?"

„Freiwillig." Ihr Blick war ernst und verhangen.

Rheto schüttelte sich. „Wenn ich mir vorstelle, da irgendwo läge neben einem Toten eine lebendige junge Frau unter den Scheitern –. Nein wirklich, das ist zu viel Religion. Meine Frau –? also die würde eine Protestbewegung dagegen ins Leben rufen, auch wenn sie nicht stimmberechtigt ist, in unserem Kanton."

„Das Verbrennen hats nicht überall gegeben", flüsterte Ugo. „Nur bei bestimmten Kasten und Familien. Und es ist nicht mehr Pflicht heutzutage. Du kannst deine Frau beruhigen."

Der Holzstoß um das tote Mädchen stand in hohen Flammen. Die Familie sah zu, einige schwatzten leise, andere stahlen sich fort, ohne sich noch einmal umzusehen.

Während der zwei Stunden, die dieses Ritual gedauert hatte, waren andere Trauerzüge mit Toten gekommen und hatten ähnliche Prozeduren begonnen. Feuer flammten auf. Ein paar Schimpansen, die in den Bäumen des Hains turnten, liefen nahe den Flammen herum.

Ein Satyrgedanke, zu denken, daß sich nach dem Hindu-Glauben die Seelen der Abgeschiedenen in eine Pflanze, einen Baum, einen Stein, aber auch in ein Tier verwandeln konnten, einen Affen –

Schaulustige standen da. Touristen begafften die letzten Dinge. Man beachtete sie kaum. Nur wenn einer seine Kamera hob, liefen alte Frauen hinzu, schimpften mit lauter Stimme und ruhten nicht, ehe der Sünder den Platz verließ, vorbei an den gewaltigen Holzstapeln.

Mumtaz starrte auf das Feuer um das tote junge Mädchen. Dachte sie daran, daß auch sie eines Tages von der Flamme in ein neues Leben getragen würde?

Flori hatte sich das Verbrennen von Toten schockierender, bedrückender vorgestellt. Zu Hause hätte er sich gewiß geweigert, im Krematorium durch die gläserne Luke zu blicken. Lag es am freien, warmen, offenen Himmel, daß der Vorgang hier würdig und sensationslos war? Die Toten schienen nicht wirklich und sie entschwanden nicht. Der Holzstoß war nur wie ein flammendes Symbol. Er verdeckte den verkohlten Körper, bis nichts übrig war als helle Asche. Nichts sonst, nichts.

Flori begriff die natürliche Nähe von Tod und Lebendigem. Wie hatte Graupner das zu erklären versucht? Sie bauen nicht Trutzburgen voll Elektrizität und Geschäftigkeit wider den Kreislauf aller Natur. Sie geben sich dem Ganzen hin. Sie wollen ein Teil der Schöpfung sein, nicht ihre Krönung.

Wer so lebt, spürt sicherlich das Walten einer Macht hinter allem, was sich im Weltall begibt, fühlt sich ihr unterworfen und begehrt nicht arrogant gegen sie auf. Fühlt sich nicht als Gottes Ebenbild.

In dieser Stunde fand Flori die Horoskope, die Vielfalt der Naturgötter, den alles erschaffenden Brahma, der mit Shiwa, dem Zerstörer und Erneuerer und mit Wischnu, dem Erhalter, in ständiger Fehde liegen muß, nicht mehr albern und rückständig. Er blickte weniger verächtlich auf indische Faulheit im Erstellen von perfekten Bauten, sauberen Straßen, funktionierenden Kombinaten und fehlende Pflege alles von Menschen Geschaffenem. Ahnte dunkel, daß es noch anderes geben könne, als Tüchtigkeit.

13

An einem der von allem losgelösten Ausflugstage durch diese faszinierende Welt, als sie behaglich dösend und schauend auf einer Landstraße dahinfuhren, sagte Mumtaz beiläufig, indem sie in eine Richtung deutete: „Dort drüben bin ich zu Hause".
„Was?" Florian war plötzlich hellwach. „Hört ihr, ihr Kanaken, dort drüben ist Mumtaz zu Hause."
„Ja, und –" sagte Rheto gelassen. „Irgendwoher stammt jeder Mensch."
„Das muß ich sehen, da fahren wir hin", entschied Flori und ließ keinen Widerspruch zu. Weder den von Mumtaz, die es überflüssig fand, noch den von Schröter, der offenbar eine Animosität gegen jede Form von Verwandtschaft hatte. Flori war begierig ihr Elternhaus kennenzulernen und vielleicht zu erfahren, warum sie in die Stadt, in den Beruf gegangen war. Den Gepflogenheiten des Landes nach hätte man sie in jungen Jahren verheiratet. Er hatte immer wieder zu fragen versucht, woher kommst du, was hast du erlebt, wie war es, als du in die Stadt kamst. Fragen, die Verliebte gern beantworten. Mumtaz hatte stets nach wenigen Sätzen abgelenkt. Sie wollte oder konnte offenbar darüber nicht reden.

* * *

Der Wagen holperte über Feldwege, ein Flüßchen entlang und überquerte die Eisenbahnlinie. Statt einer Schranke mit Geläute und rotweißen Signalen gab es nur ein kleines Zelt, in dem ein junger Bursche hauste, der beim Nahen eines Zuges auf jeder Seite der Straße eine eiserne Kette vorlegte. War der altmodische, verrostete Zug, der aus der englischen Kolonialzeit stammte und dessen Lokomotive pechschwarze Wolken qualmte, vorbeigefahren, klinkte er die Ketten wieder aus und legte sie in den Sand zurück. Dann kroch er wieder in sein Zelt aus Bambusstangen und dürren Blättern und wartete.

„Kann mir nicht vorstellen, daß unsere Eisenbahnergewerkschaft damit sehr zufrieden wäre", grinste Schröter. „Wenn ich denke, was die an unseren Bahnübergängen für ein Tamtam machen –"

✻ ✻ ✻

Mumtaz' Dorf sah nicht ärmer und nicht reicher aus als andere Dörfer. Hinter glatten Mauern Höfe für das Vieh, Zäune um Weideplätze, dahinter das freie Feld mit der Ernte. Rohe Häuser mit flachen Dächern, unfertige Balkone, Drahtgeflechte, Gitter. Manche waren ein wenig prächtiger, hatten einen fahlen Farbanstrich mit bonbonsüß gewesenem Rosa oder Grün, mattem Blau oder unfrohem Gelb.

Die Straßen waren roher Lehm. Lichtmasten aus Beton mit abenteuerlich sich windender offener Verkabelung, die Straßenbeleuchtung nackte kleine Birnen. Überall bei den Häusern der zu Meilern aufgeschichtete Kuhdung, die trockenen Fladen, das Brennmaterial.

Eine Schule. Eine Lehrerin unterrichtete Hemdenmätze im Freien. Der große Weiher am Dorfrand war ein poetisch verträumter Malerwinkel mit uralten Weiden, Büschen und sattem Grün, an dem eine Rinderherde käute, lagerte und badete. Eine Oase von eigenartigem Reiz für das von der einförmigen Gegend wenig verwöhnte Auge.

✻ ✻ ✻

Mumtaz hieß den Wagen vor einem unscheinbaren Hause an der Dorfstraße halten, stieg aus und ging hinein, den Besuch anzukündigen. Es war still. Ein paar winzige Kinder kamen von irgendwoher gelaufen, standen scheu in Gruppen und glotzten das Auto mit den Fremden an. Vermutlich kam selten solch exotischer Besuch hierher.

Die Mittagsonne brannte. Es wurde rasch heiß im Wagen. In der gedeckten Veranda vor dem Hauseingang standen einige jener mit Stoff oder Rohr bespannten Liegepritschen für den Mittagsschlaf, die in der heißesten Zeit auch als Nachtlager im Freien dienten. Tiere liefen herum. Hunde, Katzen, Geflügel. Am Dachfirst ein Nest mit bunten Papageien, neben abenteuerlich montierten Stromleitungen und einem verrosteten Transformator.

٭ ٭ ٭

Es dauerte eine ziemliche Weile. Niemand kam. „Sieht nicht nach strahlender Begrüßung aus. Da haben sich Leute schon mehr gefreut, wenn ich auftauchte", sagte Schröter. Flori lachte nicht über den Scherz.

Ein Dorf, dachte er, in einer anderen Welt. Obwohl sie sicher das gleiche tun wie unsere Bauern, säen, pflügen, eggen, ernten, Tiere halten, ist alles ganz anders. Dann dachte er, daß dies ein dämlicher Gedanke sei, aber es fiel ihm kein anderer ein. Er dachte, es sei verständlich, daß seine schöne Retterin das moderne Leben gesucht hatte. Ungeachtet der Traditionen und ihres Clans. Das war nicht mehr ihre Welt. Hier wirkte sie wie ein Jet-set-girl in einem Arbeiterslum.

Sicher war sie aus Gründen ihrer Emanzipation davon, westliches Leben suchend, wie sie es aus Filmen kannte, eine neue Zeit.

٭ ٭ ٭

Suchten nicht indische Regierungen ohnedies der Vergangenheit den Garaus zu machen, damit dieses kluge Volk ohne

Armut und Demut leben könne, wie die westliche Welt? Andererseits, dachte Flori, ich war schon in vielen sogenannten unterentwickelten Ländern und nirgends funktioniert das. Sie kleben die westliche Zivilisation obenauf und nutzen die Errungenschaften der Weißen oft nur so, wie Affen mit einem glänzenden Taschenspiegel spielen. Wenn er zerbricht, verstehen sie nicht ihn zu reparieren oder zu ersetzen. Die Inder sind anders, dachte Flori, sie sind in gewisser Weise viel mehr als wir, sind tiefer und in Vielem auch menschlicher –

Am Ende leben sie richtig und wir leben falsch? Leben oberflächlich, nur aufs Greifbare bedacht. Es ist hier still und friedlich. Auf den Feldern, die man am Ende der Dorfstraße sehen kann, arbeiten Bauern mit den Händen, lautlos, ohne knatternde Motore und Dieselgestank. Muß man ihnen den bringen?

✳   ✳   ✳

Mumtaz kam eilig aus dem Hause, gefolgt von zwei älteren Frauen, deren eine das Gesicht mit einem seidenen Tuch verhüllt hatte.

„Die Männer kommen erst in einer halben Stunde. Das ist meine Mutter und dies eine alte Verwandte. Steigt aus, kommt! Wir werden ein Essen haben."

Die Mutter grüßte, verlegen lächelnd, mit zusammengelegten Handflächen, die verschleierte Verwandte desgleichen. Die Männer folgten, zögernd und ein wenig geniert, ihren einladenden Gesten über die gedeckte Veranda in einen Innenhof, einen Patio, der oben mit einem Eisengitter gegen die Hitze geschirmt war. Das Licht fiel gedämpft auf lindgrün gestrichene Wände und einen großen Tisch mit vielen Stühlen inmitten, den zentralen Platz der großen Familie. Offene Türen zu den übrigen Räumen. Enge, kärgliche Schlafzimmer mit einfachen Betten, über die geschmacklos karierte Decken gebreitet waren. In einer Nische ein Waschbecken, auf dem Regal darüber viele Zahnbürsten, Wasch- und Putzmittel und zwei Rasierapparate mit altmodischen Klingen. Galt dies als Badezimmer? Eine Nische in der Ecke des Patio?

Mumtaz zog die Gäste an den Tisch. Die Alte erschien und kredenzte in irdenen Bechern eine Art Buttermilch. Die Männer grinsten verlegen.

„Trinkt nur", sagte Mumtaz. „Ich bin damit aufgewachsen. An den sauren Geschmack gewöhnt man sich rasch. Später, wenn die Männer kommen, wird man euch Bier besorgen. Cheers." Sie hob ihren Becher.

„Ich trinke das," sagte Rheto feierlich, „weil ich hoffe, daß ich dann auch so ansehnlich werde wie unsere Mumtaz." Er leerte mit eiserner Miene den Becher. Man konnte nicht behaupten es schmecke angenehm. Die anderen nippten. Schröter flüsterte: „Ich muß nicht – ich finde mich schön genug."

✳ ✳ ✳

Die alte Verwandte huschte herein und begann Vorbereitungen für das Gastmahl. In einer Ecke des Patio stand eine Handmühle. Sie hockte nieder, schüttete das Korn in die Öffnung und drehte den oberen großen Mahlstein. Mehl für das dünne Fladenbrot rann heraus. Die Alte, noch immer verschleiert, hockte, drehte schnell mit einer Hand und schüttete mit der anderen das Korn. Ein Anblick aus der Steinzeit.

„Starmix auf indisch", sagte Schröter auf deutsch. Die Männer sahen befremdet zu, wie die Frauen arbeiteten und huschten. „Enjoy yourself", sagte Mumtaz und entschwand.

„Gute Idee, dieser Besuch", sagte Rheto leise zu Flori. Der winkte ab. „Aber deine Schwiegermutter ist niedlich", stichelte Schröter. „Und nun kochen sie. Würde mich nicht wundern, wenn Schwiegerpapa noch rasch mit Pfeil und Bogen zur Wisentjagd wäre, damit es eine flotte Party wird."

„Ihr seid so blöd, daß es ganz aus ist", ärgerte sich Flori. „Eure Mischpoche möchte ich sehen, wenn überraschend Besuch kommt."

„Tiefkühltruhe und schlechte Laune", sagte Schröter. „Unangemeldeten Besuch hassen sie. Der bringt ihr Seelenheil durcheinander. Überhaupt – alles Unvorhergesehene kippt sie aus den Pantinen."

„Na also – aber hier rummeckern!"

„Wir machen doch nur Konversation. Wir enjoyen uns halt –", feixte Rheto. Dann harrten sie der Dinge, die da kommen sollten.

※ ※ ※

Mit Getöse fuhr draußen ein Lastwagen vor. Vater, Brüder, Neffen, zwei Onkel und ein paar offenbar nicht blutsverwandte Zugehörige kamen mit Hallo und freundlichem Lächeln. Auf ihren Gesichtern stand Freude über den unverhofften Besuch. Aus irgendeinem Winkel des Hauses erschienen plötzlich vier Schwestern der schönen Mumtaz, minder schön, aber ihr ähnlich. Dann hatte sich der Besuch offenbar im Dorf herumgesprochen, am Eingang des Patio drängten sich Freunde und Bekannte, die vorgestellt werden und lächeln wollten. Nur wenige sprachen ein paar Brocken englisch. Meist grinste man sich nur an. Mumtaz kam mit dem Übersetzen kaum nach. Binnen Minuten herrschte eine frohe, gastfreundliche Stimmung.

In vielen kleinen Schüsseln und Näpfen kam Essen auf den Tisch, schwer, würzig, manches süßlich, manches scharf und brennend. Tee wurde gereicht. Mit jeder Minute stieg der Grad der Behaglichkeit.

Die Fremden erlebten, was sie zu Hause kaum mehr finden konnten, die Nestwärme der Zusammengehörigkeit einer großen Familie. Leute, die miteinander lebten, aufeinander angewiesen waren und einander offenbar weder kritisch noch skeptisch gegenüber standen.

※ ※ ※

Mumtaz, inmitten, war still und weniger ausgelassen als in den vergangenen glücklichen Ausflugstagen. Hinderte sie eine Scheu, Respekt oder Befangenheit, aus sich herauszugehen? Sie unterließ auch die sonst so häufigen, liebevollen Blicke zu ihrem Flori. Sie sah ihn nur selten an. Sie lachte, übersetzte und plauderte und richtete ihren Respekt und ihre Aufmerksamkeit vornehmlich auf den Vater.

Flori wollte endlich den Rang, die Kaste dieser Familie ergründen. Mumtaz' jüngster Bruder, ein angehender Ingenieur, sprach leidlich englisch. Ihn versuchte Flori zu fragen. Der Umstand, daß beide Söhne studierten, ließ auf einen gewissen Wohlstand schließen.

Flori hielt den Vater einige Zeit sogar für den Bürgermeister des Dorfes, bis der Dorfälteste erschien und respektvoll vorgestellt wurde.

„Unsere Familie besitzt ein wenig Grund", erklärte der Bruder, „das meiste aber ist gepachtet, von Wohlhabenden aus Delhi. Wir verwalten nur."

„Und warum ist Mumtaz Krankenschwester geworden?"

Der Bruder erwiderte mit jener abweisenden Höflichkeit, in der die Inder Meister sind, die sie selten ‚nein' sagen läßt, sondern meist ein eingeschränktes ‚ja', das ‚nein' bedeuten kann, es habe sich so gefügt, Mumtaz habe es sich so gewünscht und es sei für ihr Leben sicher das Beste. Mehr war nicht zu erfragen. Ihre Schwestern lebten daheim. Die älteste war verheiratet, die zweite verlobt, die beiden jüngsten versprochen. Warum war Mumtaz ausgebrochen? Flori bemerkte, daß weder Vater noch Mutter ihr so viel Herzlichkeit entgegenbrachten wie ihren Schwestern. Sie war doch zu Besuch, war selten im Elternhause? Welchen Grund hatte diese Kühle?

Solche Nuancen taten der Harmonie keinen Abbruch. Die europäischen Gäste genossen den Abend ebenso wie ihre Gastgeber, auch wenn sie sich am scharfen Essen gelegentlich die Zunge verbrannten.

„Indien ist eben die Heimat aller Gewürze", hohnlachte Flori, als Schröter sich japsend auf das lindernde Joghurt stürzte. „Von hier kommen seit Jahrtausenden all die schönen Sachen, die unsere Speisen schmackhaft machen. Wußtest du das nicht?"

Schröter erwiderte nur: „Blöder Hund!" und hechelte.

14

In der folgenden Nacht gestand Flori dem Mädchen, nach einem Anruf von Gisela, daß er in zwei Tagen heimreisen müsse. Hatte er gedacht Mumtaz würde weinen, sich an ihn klammern, ihn anflehen zu bleiben? Sie schwieg eine Weile. Dann sagte sie nur: „Schon in zwei Tagen?"

„Es geht nicht anders. Ich bin gesund. Ich könnte hier weiter Dienst machen, aber die Zentrale will, daß Schröter bleibt. Ich soll in Frankfurt erst noch einmal vom Arzt untersucht werden, ehe sie über meinen nächsten Einsatz entscheiden. Vielleicht schicken sie mich wieder hierher? Es wäre möglich."

Mumtaz ging auf all das nicht ein, sondern bat: „Ich möchte gerne noch mit dir zum Taj Mahal fahren. Geht das? Morgen?"

„Ich denke. Man kann hinfliegen, nicht?"

„Ja. Ich war noch nie dort. Ich möchte es mit dir sehen."

Sie schien ruhig und gelassen. Ihre Zärtlichkeit in dieser Nacht unterschied sich nicht von der in vorhergegangenen Nächten.

* * *

Gisela kehrte nach dem Telefongespräch mit Flori an den Abendbrottisch zurück. Der Fernsehapparat lief. Die Mutter wollte die Wetterkarte sehen. Vater Pelletier, der Fernsehen beim Essen nicht leiden konnte, hatte sich so gesetzt, daß das Bild in seinem Rücken war.

„Überübermorgen früh ist er da", seufzte Gisela. „Endlich."

„Du brauchst gar nicht zu jammern", knurrte der Vater.

„Hätt'st ja zu ihm fliegen können. Ich versteh bis heute nicht, warum dus nicht getan hast –."

„Ich weiß schon was ich tue", unterbrach ihn die Tochter. „Ich flieg eben nicht gern."

„Aus Schiß?"

„Ja. Ich hab Angst. Basta. – Die Dinger sind mir zu riesig und zu kompliziert. Ich krieg Platzangst."

Die Mutter verdrehte die Augen. „Ach Kind. Wo du doch nach eurer Hochzeit als Angehörige überall hin für zehn Prozent fliegen könntest. Nimm dich doch ein bißchen zusammen. Du könntest die ganze Welt sehen –"

„Ich brauch die Welt nicht. Deutschland ist so schön – und wer kennt es schon genau. Nein, ich bleibe im Lande und nähre mich redlich. Die alten Sprichwörter haben schon recht."

„Was sagt denn da dein Flori?"

Gisela kaute und blieb gleichmütig: „Dem gewöhn ich die weite Welt schon noch ab, nach der Hochzeit."

Der Vater schlug ärgerlich mit der Hand auf den Tisch: „Hört auf mit dem Mist. Ich will in Ruhe essen!"

Die beiden Frauen warfen einander Blicke zu, ehe Gisela lieb und freundlich sagte: „Entschuldige, Paps, aber es ist wirklich so. Was brauch ich Fernost?"

Dann erschien die Wetterkarte, die das obligate Tief über Schottland mit polarer Meeresluft für Deutschland ankündigte. Ausgiebige Schneefälle waren zu erwarten.

❊ ❊ ❊

Es war ein warmer, schöner Tag, an dem Florian und Mumtaz zum Taj Mahal flogen. In der Boeing 737 der „Air India" waren noch Plätze frei gewesen, Flori hatte sein 10 % Ticket bekommen. 25 Minuten Flug nach Agra, der alten Hauptstadt der Moguln, eine Fahrt durch den Ort, der nicht viel anders aussah als die Vorstädte von Delhi. Dann Verkaufsbuden, Touristenrummel, bettelnde Frauen mit Säuglingen auf dem Arm, ungepflegte ausgetretene Wege, kahle Vegetation, das große Torgebäude, prächtig und hoch. Sie traten ein.

Da stand es. Frei gegen den Himmel, so, wie man es von Fotografien kennt, weiß, schimmernd, zierlich trotz seiner Größe. Vollkommene Harmonie in den Proportionen. Aufs vollkommenste unterstützt von der weiten Parkanlage. Das Grabmal der Liebe, erbaut von Mogul Schah Jahan für seine vergötterte Ehefrau.

Flori, dessen angeborener Sinn für Harmonie zwischen Landschaft und Bauten oft unter Häßlichkeiten litt, war tief bewegt, blieb stehen und schaute stumm.

Die langen steinernen Wasserstraßen, dahinter die erste Terrassenstufe mit dem zweiten Park, die zweite Stufe als Sockel des Bauwerks, an den Ecken die vier Säulen, die Minaretts. Das Grabmal selbst inmitten, die leuchtende hohe Kuppel, vom Halbmond gekrönt. Wie winzig die Menschen wirkten, die auf den Stufen standen.

„Sakra", sagte er. „Das ist mehr als ich erwartet habe." Ein kleiner Schauer rann ihm über den Rücken, was für einen Ingenieur aus Garmisch wohl die lebhafteste Reaktion auf vollkommene Schönheit sein dürfte.

※ ※ ※

Ein alter, spindeldürrer Inder mit faltigem Vogelhals, leuchtend blauen Augen und grauen Haaren auf dem dreieckigen Schädel, drängte sich herzu, sprach indisch mit der stumm schauenden Mumtaz und wendete sich dann in schauderhaft gesprochenem, aber gut verständlichem Englisch an Flori mit der Frage, ob er führen dürfe. Er sehe, daß die Herrschaften beeindruckt seien, und ohne die Geschichte des Taj zu kennen, könne man das Ganze nicht würdigen.

Flori hätte die Schönheiten lieber gemeinsam mit Mumtaz schweigend genossen, aber der Alte begann augenblicklich seine Erklärungen. Er geleitete sie durch die weiten Parks, in denen Schwärme von kleinen grünen Papageien und Singvögeln aus Kehlenkräften ein Brüllkonzert veranstalteten und über denen, gemessen kreisend, riesige Raubvögel sich vom Winde tragen ließen.

140

Auf der Kuppel des Taj saßen Geier.

„1630 begonnen – 20 000 Arbeiter – 22 Jahre Bauzeit. Der Marmor wurde von weither gebracht. Auch aus Italien, aus Carrara. Das alles kostete viel Geld und zerrüttete die Staatsfinanzen. Sie müssen bedenken, der ganze Bau war damals mit Gold und Edelsteinen geschmückt. Das alles aus Liebe zu Arjumand Banu, seiner Frau, mit der Schah Jahan achtzehn glückliche Jahre verheiratet war. Sie starb bei der Geburt ihres vierzehnten Kindes. Er nannte sie zärtlich ‚Mumtaz Mahal‘ – die ‚Krone des Palastes‘."

Flori sah überrascht auf seine Begleiterin. Sie lächelte ein wenig und sagte leise: „Nun ja – ich heiße nach ihr. Ich habe auch noch andere Namen, aber alle nennen mich Mumtaz –."

„Mumtaz – die große Liebe", sagte Flori gerührt. Das Mädchen nickte: „Ja – große Liebe". Die Art wie sie es sagte ergriff Flori. Er fühlte sich plötzlich schuldig. Die große Liebe – und in 48 Stunden würde alles zu Ende sein. Er käme gewiß nicht so bald wieder her.

* * *

Vom Taj schienen, während sie darauf zu schritten, kleine Blitze auszugehen. Es funkelte und verblaßte wieder.

„Bilde ich mir das nur ein?" fragte Flori den Vogelhals.

„In den Marmor sind Spiegelstücke eingelassen, die reflektieren die Sonne. Oder, was noch schöner ist, das Licht des Mondes. Früher blitzten dort auch Diamanten und andere Edelsteine, aber die wurden, wie alles Wertvolle, gestohlen."

„Wie kommt es, daß dieser Bau nach 350 Jahren noch so wunderbar erhalten ist?"

„Weil man ihn zeitweise vergessen hatte. Der Park war verwildert und zugewachsen. Einheimische feierten Feste und Orgien in den Bauten, wie in einem Vergnügungspark. Als man dann vor 180 Jahren das Taj abtragen wollte, um es ins Ausland zu verkaufen, war dieser Stil gerade nicht in Mode. Man fand keinen Käufer und ließ es stehen. Dann kam Mitte des 19. Jahrhunderts Lord Curzon. Er liebte das Taj vom ersten Augenblick an, stellte es unter seinen Schutz, ließ den verwilderten Park roden und die Bauten auf eigene Kosten restaurieren. Das sei ihm nie vergessen."

Sie traten auf den hohen Terrassensockel. Vor ihnen die gewaltigen Portale. In die Umrandung eingelegt Schriftzeichen. „Die erste Sure des Koran", erklärte der Führer. Er zeigte ihnen den Bau von immer neuen Stellen aus, jedesmal aus einer anderen, überraschenden Perspektive. Die rückwärtige Seite der Terrasse grenzte an den Fluß. Dort fiel es steil ab. „Weil nichts hinter dem Taj steht, hat man vom Eingangstor aus das Gefühl, es stehe frei im Himmel, vor Wolken und Blau. Dort drüben" – er deutete auf die gegenüberliegende Seite des Flusses – „wollte Schah Jahan seine eigene Grabstätte bauen lassen, dieser hier ähnlich, nur größer und ganz aus schwarzem Marmor. Nie zuvor hätte ein Herrscherpaar ein solches Totenmal gebaut. Nicht die Könige Ägyptens mit ihren Pyramiden, nicht die Azteken und Tolteken –"

„Ging ihm das Geld aus?" fragte Flori.

Der Führer schüttelte den Kopf. „Es war viel tragischer. Schah Jahan wurde von seinem eigenen Sohn gestürzt und gefangengehalten. Dort –" Er deutete nach links, den Fluß entlang, wo in einigen Kilometern Entfernung an der Biegung des Stroms die Stadt Agra im Dunst zu sehen war. Über ihr, auf einen Hügel geschmiegt, eine gewaltige rote Festung.

„Dort – im Red Fort von Agra hielt der Sohn den Vater acht Jahre lang gefangen. Von seinem Gemach aus konnte der Unglückliche das Taj Mahal sehen. Dort ist er gestorben. Es heißt, er sei im Anblick des Taj tot zusammengesunken. In diesen acht Jahren hatte sein Sohn Aurangzeb den Frieden wieder zerstört, den sein Vater nach langen Regierungsjahren endlich erreicht hatte. Aurangzeb war ein Fanatiker, ein orthodoxer Sunnit. Er wollte die Hindus und die Sikh ausrotten, er kämpfte gegen alle, – die Afghanen, die Stämme im eigenen Land, 49 Jahre lang. In dieser Zeit kamen die

142

Engländer nach Indien und bauten den Handel aus. Aurangzeb schloß Verträge mit ihnen. Aber die Zeit ging über ihn
hinweg. Die Moguln waren keine Götter mehr. Der Kommerz
begann zu herrschen."

„Ein feines Früchtchen", sagte Flori. „Den Vater einsperren
und quälen. Eine aparte Form von Familiensinn."

„Familiensinn?" sagte der Vogelhals. „Schah Jahan hatte an
seinem Hochzeitstage acht seiner Vettern und Brüder öffent-
lich hinrichten lassen und später, während seiner Regierungs-
zeit, alle nahen Verwandten getötet. Niemand sollte ihn und
seine Macht gefährden. Während seiner Feste wurden zur
Belustigung der Gesellschaft reihenweise Gefangene gefoltert
und geköpft. Als unterhaltsames Schauspiel, als Zeitvertreib,
als Fußball von damals. Manchmal köpfte der Schah persönlich. – Leben oder Tod? In diesen Zeiten entschied darüber,
wer die Macht hatte."

✳ ✳ ✳

Die Macht – diese Erynnie. Kein normaler Sterblicher kann
sich vorstellen, was an ihr so verlockend sein soll, daß man um
ihretwillen Menschen schlachten muß. Wie ist wohl das
Gefühl, „an die Macht zu kommen", die Macht zu töten, zu
erhöhen, aufzubauen oder zu zerstören? Macht über die
Kriecher, die einem ganz gewöhnlichen Esel, nur weil er
Herrscher ist, die Füße küssen? Tun sie's aus Angst vor
Atrozitäten? Oder hat Macht noch eine andere Aura, als die
der Angst?

Möchte ich mächtig sein, dachte Flori, herrschen, befehlen,
regieren? In Panzerautos, umgeben von Garden, in Angst vor
Mordanschlägen? Wissend, daß man nur um mich kriecht,
weil ich Macht habe, und nicht um meinetwillen?

Zum Teufel mit allen Jahans und Aurangzebs. Waren nicht die
Frauen, damit verglichen, die wahren Menschen? Die Mumtaz
Mahal's, die Kinder gebaren und Liebe gaben?

„Nun hat Indien die Atombombe", sagte der Führer. „Es will wieder Macht haben. Es baut kein neues Taj Mahal. Es baut überhaupt nicht. Es hat nur Atombomben."

Sie traten ins Innere. Dämmrige Kühle unter der 56 Meter hohen Kuppel. Jeder Laut hallte lange. Da und dort sang ein Fremdenführer seiner Gruppe einen Ton, der dann acht Sekunden lang, sich brechend und verändernd, durch die Gewölbe klang.

Hinter großen ziselierten Marmorgittern die winzigen, schmalen Särge von Jahan und Mumtaz. Scheinsärge, Tumben. Die wahren standen tief unten in der Krypta, in die man hinuntersteigen konnte. Im flackernden Kerzenlicht war nichts weiter zu sehen, als zwei schmale Behälter körperlich sehr kleiner Leute, die, ihrem Glauben nach, längst und oft in Reinkarnationen die Erde wieder erlebt haben mußten. Nichts von der Feierlichkeit, die Flori bei der Totenverbrennung empfunden und die ihn heute beim ersten Anblick des Taj angerührt hatte. Er strebte hinaus. Er wollte die Seitenbauten sehen, die ziegelrot und schön die Himmelsrichtungen schmückten.

* * *

Der Vogelhals hatte begonnen, mit Mumtaz indisch zu sprechen. Florian konnte der Gestik und den Gesichtern nicht entnehmen, worüber, doch schien ihm, als spiele er im Gespräch eine Rolle. Redeten sie, wie es kam, daß sie an ihn geraten war? Die Stimme des Alten mit den hellen blauen Augen verlor den leiernden Ton des Fremdenführers und wurde hart. Rasch, von Pausen unterbrochen, redete er ärgerlich auf sie ein. Sie blickte ihn nicht an und hob nur manchmal abwehrend die Hände.

„Was hat er denn?" fragte Flori.

„Wir plaudern nur", antwortete sie abweisend. Daß sie nicht die Wahrheit sagte, konnte man ihr ansehen.

Der Alte verabschiedete sich plötzlich mit einem „Well –
verbringen Sie noch schöne Stunden. Wir haben einen wundervollen Sonnenuntergang heute. Abends ist es am schönsten", nahm die Rupien, die Flori ihm reichte und ging schnell
davon.

„Was ist los?" Florian war der jähe Abschluß dieser so
persönlich begonnenen Führung unverständlich. „Ist er böse
oder gekränkt?"

„Nein, nein", sagte Mumtaz. „Die Führung ist zu Ende. Er hat
alles erzählt."

„Worüber habt ihr gesprochen? Sag, bitte."

„Nur darüber, daß ich Mumtaz genannt werde und er – –" Sie
unterbrach sich.

„Was hat er?" forschte Flori, doch Mumtaz wollte nicht
antworten. „Laß – das ist für einen Europäer zu schwer zu
verstehen. Es hat etwas mit dem zu tun, was wir Karma
nennen." Sie wendete sich ab und ging weiter.

✳ ✳ ✳

Später standen sie abermals auf der Terrasse, das Taj hinter
sich, und blickten über den Fluß zu der Stelle, wo der schwarze
Totenpalast hätte errichtet werden sollen. Unten ruderte ein
Fährmann eine Gruppe Leute über das Wasser. Fährmann?
Ein Ferge, ein Bild wie aus Schah Jahans Zeiten.

„Wie heißt dieser Fluß eigentlich?"

„Es ist der Yamuna, der auch durch Delhi fließt."

„Der gleiche Fluß, der euch heilig ist?"

„Alles Wasser ist uns heilig. Sieh, dort –" Sie deutete. Hinter
der großen Biegung des breiten, lehmigen Rinnsals stiegen
Rauchwolken auf. „Auch dort verbrennen sie Tote." Mumtaz'
Gesicht war erloschen. Sie schien allein zu sein, neben ihm,
fremd und entfernt.

Flori wurde ärgerlich. „Was hat der Bursche dir gesagt?"

Sie zögerte, ehe sie antwortete: „Ein paar Dinge. Er weiß viel.
Er ist ein Fakir, ein Asket –"

„Ein Hellseher?"

„Was ist das?" fragte sie. Das Wort war ihr fremd.

„Einer, der die Zukunft kennt, der das zweite Gesicht hat, der mit allem möglichen Humbug und Brimborium – –."

Weiter kam er nicht. Mumtaz lief plötzlich wie gejagt davon, über die weite Terrasse, die Stufen unter dem Torbogen hinunter und verschwand. Flori rannte nach ein paar Sekunden der Verblüffung hinterher, verlor sie aber aus den Augen. Er blieb stehen und fluchte leise. Kenn sich einer aus mit den Weibern. Was soll das Theater, zum Teufel?! Wenn sie traurig ist, daß ich fortreise, muß sie nicht so einen Zirkus mit einem Fakir veranstalten!

* * *

Er wanderte fast eine Stunde durch das weite Areal, ehe er sie entdeckte. Sie saß in der Krypta des Taj hinter den beiden schmalen Särgen und starrte vor sich hin. Als er sie abermals fragte: „Was hat der Kerl gesagt?", fauchte sie mit ungewohnter Heftigkeit zurück: „Es geht dich nichts an. Ich sage es dir nicht. Du bist ein Fremder in unserem Land. Es ist meine Sache!" Nie zuvor hatte ihre Stimme so geklungen, der Blick aus ihren dunklen Augen so gefunkelt. Flori schwieg verdutzt.

* * *

Als sie fortgingen, stand das Taj leuchtend in der Spätnachmittagssonne hinter ihnen. Schweigend visitierten sie noch die verwinkelte, trutzige Rote Festung von Agra, sahen das Gemach, in dem Schah Jahan gestorben sein soll, die vielen Audienzhallen, Kemenaten, Harems, Moscheen und Festungsmauern.

Flori war ärgerlich. Er verlor den Kontakt zu ihr, die schweigend hinter ihm ging. Sie war ihm fremd, in Augenblikken sogar lästig. So stark war ihre Aura der Verschlossenheit und Abwehr.

Was konnte ihr dieser blöde Fakir gesagt haben? Flori wußte
recht wohl, daß Fakire nicht Hanswurste auf Nagelbrettern
waren, als die man sie überall in der Welt persiflierte. Wußte,
daß sie eher wie Jesuiten mitten im täglichen Leben ihre
asketischen Ziele verfolgten. Er wußte auch, daß sie mitunter
Fähigkeiten entwickelten, die man mit Logik nicht erklären
konnte. Vielleicht hatte der Alte Mumtaz irgendetwas prophe-
zeiht und sie dadurch so verwandelt.
Dieser Mystizismus ärgerte Flori bis ins Mark. Er war
plötzlich wieder der stumpfe, plumpe Euroäper, ein primitives Monster unter Feingliedrigen. Ein Fremder.

15

Der Januar-Dienstplan wollte es so: Kapitän Andreas Bongers
war wieder auf dem gleichen Fernost-Umlauf wie vier Wochen
zuvor. Er hatte ihn als Reservist, als „stand-by" für einen
erkrankten Kollegen übernehmen müssen.
Also wieder: Frankfurt – Karatschi. Einen Tag Aufenthalt.
Bangkok – Hongkong. 36 Stunden Aufenthalt. Hongkong –
Bangkok – Delhi. 24 Stunden Aufenthalt.
Eine andere Besatzung flog mit ihm. Die Dienstpläne würfeln
die Mitarbeiter durcheinander. Man konnte zwar „requesten"
einer bestimmten Crew zugeteilt zu werden, aber das klappte
nur selten. Ordnung stand über dem Persönlichen. Bongers
war es gleichgültig, wohin und mit wem er flog.
Diesmal gab es keine technischen Probleme. Die 747 wurde in
Delhi während der Stunde Aufenthalt vom Techniker des
Atlas-Pool routinemäßig inspiziert und kontrolliert. Leif
Larsson hatte Dienst.
„Ihr seid mir schöne Heini's", schimpfte Bongers beim
Aussteigen. „Ich hatte ausdrücklich gebeten, mich zu benach-
richtigen, wenn euer Kollege stirbt, an diesem Schlangenbiß.
Ich wollte den Angehörigen einen Besuch abstatten."

„Sie werden lachen", grinste Leif, „die Leiche fliegt morgen quietschlebendig mit Ihnen nach Frankfurt zurück."

Bongers vergaß vor Staunen das Einsteigen in den Crewbus.

„Das gibt's nicht. Der hat das überlebt?"

„Ganz prima sogar. Der hat Glück, bei allem was er anfaßt. Ein Sonntagskind. Wir geben ihm heute Abend ein Abschiedsfest. Mögen Sie kommen?"

„Na klar –. Das ist mal eine gute Nachricht. Ich hatte mir Vorwürfe gemacht, weil ich doch indirekt schuldig war."

Dieses Gespräch fand um 2.30 Uhr nachts neben dem Jumbo statt, den in wenigen Minuten die neue Besatzung nach Frankfurt weiterfliegen würde. Bongers ging dann morgen Nacht auf die Heimreise, wenn nichts dazwischen kam. Mit Flori an Bord. Die Crew Bongers fuhr wieder ins vertraute Hotel der Familie Oberoi, der Hiltons von Indien.

* * *

Als Flori am letzten Morgen erwachte, war Mumtaz bereits aufgestanden, hatte Frühstück gemacht, saß im Lehnsessel und betrachtete den kleinen Bildband über Frankfurt.

„Guten Morgen", lächelte sie. Der Spuk der Entfremdung schien verflogen. „Schön ist dein Frankfurt."

„Na, ich weiß nicht – schön?" Flori dehnte sich. „Wenn ich mir vorstelle, daß ich in 24 Stunden dort sein soll – in der Winterkälte, mit Schneematsch und ewig grauem Himmel, kommt es mir vor, als würde ich nach Sibirien verschickt, verglichen mit hier." Mumtaz verstand nicht, was er meinte.

* * *

Flori war am letzten Tag voll hektischer Betriebsamkeit. Er wollte noch so viel als möglich sehen, Kleinigkeiten kaufen, Typisches, Souvenirs für die Familie und die Freunde. Sie fuhren im Taxi nach Alt-Delhi. Die Bilder stürzten auf ihn ein. Enge Geschäfte, überfüllt, überladen, provisorisch, duftend, heiß, stickig. Auf den Straßen tausend Gesichter, braun, dunkel, schwarz, grob. Zottige Haare, Bärte, glühende Augen, Turbane, Dhotis.

Am Straßenrand Köche an winzigen Feuerstellen, kochend, bratend, bruzelnd. An der Ecke, auf der Erde, hockt der Barbier, rasiert die Kunden im Hocken. Dort lockt einer mit der Flöte eine Kobra aus dem Korb und sammelt bei den Fremden Münzen ein.

Durch die breiten und schmalen Straßen quälen sich Fahrzeuge, knatternd, aus offenen Auspufftöpfen blaue Wolken stinkend, hupend, dicht aufeinander. Dazwischen die wendigen Dreiradrikschas mit den knallenden Motörchen. Plump bemalte Busse, deren Fahrer aus den offenen Fenstern Handzeichen winken, Millionen Fahrräder, kreuz und quer, oft hoch beladen, Eselskarren, überbürdet mit Leuten und Kram. Da steht eine Kuh und glotzt, man umfährt sie. Lärm, Hitze, neugierige Augen, Bettler und Bettelweiber in geübt leidvollem Geschrei mit verzerrten Grimassen.

Schlafende, Bloßfüßige, Kinder, Uralte, wandernde Asketen, die Haare starrend vor Schmutz. Smarte Geschäftsleute mit Lederkoffern. Der elegante Mann trägt das kurzärmelige Safarijacket, weite lange Hosen mit elegantem Schlag, mehrfarbige Schuhe, blank geputzt von der Horde vazierender Schuhputzer mit ihren schmierigen Utensilienkästchen am Tragriemen. Viele Männer. Frauen sind seltener.

Frauen, westlich gekleidet, pralle Jeans über runden Hintern, kurzbeinig, watschelnd. Andere dürr und ledern. Solche in Saris in kitschig leuchtenden Farben – ist das ihr Ernst? Wenig Schönheit, wenig Schlankheit, dicklich die meisten, gedrungen und grob. Gottlob gehen manche verschleiert. Aller Haare sind dunkel. Floris Blond wirkte wie ein Defekt der Natur. Manche Augen unter den blauschwarz glänzenden Haaren sind hell, sind blau, die meisten aber schimmern dunkel und rußig.

* * *

Flori kauft. Mumtaz verhandelt den Preis, manchmal die Hälfte der erstgenannten Summe. Nichts ist festgelegt, nichts unumstößlich, alles ist Zufall und geht, wies kommt.

Er kauft Figurinen von fremden Gottheiten, Schmuck, silberne, klingelnde Kettchen. Silberzeug allemal, das kommt in die Kiste für Mitbringsel und Gastgeschenke. Für Gisela ein paar lange seidene Kleider mit seitlichem Schlitz. Für die Eltern zwei Thankas, die primitiven Gemälde auf Stoff, die Buddhas Leben darstellen, die man über den Stab rollt und überall aufhängen kann. Seidenhemden für Vater und Schwiegervater, Kettchen und Taschen für Mutter und Schwiegermutter.

Dieses Gedränge auf dem „Tibet-Markt" am Jan Path, vorbei an den hundert überquellenden Buden.

Eine Hand schlägt Flori auf die Schulter, er fährt herum. Steht da der Verkäufer aus dem Seidenhemden-Geschäft und drückt ihm die beiden gerollten Thankas in die Hand. Flori hatte sie im Durcheinander vergessen. Der Verkäufer trug sie ihm nach, ein paar hundert Meter durch die Menge, suchend hinter dem blonden Schopf her. Das da haben Sie vergessen, Sir. Flori weiß im Augenblick vor Dankbarkeit kaum, was er sagen soll. Es wäre nicht der Wert, der Verlust gewesen. Es war die Aufmerksamkeit, die Mühe, die Fairneß. Keine Ursache, Sir, don't mind. Dreht sich um und ist der Menge verschwunden. Mumtaz lächelt. Ist es nichts Besonderes, so ehrlich zu sein? Gewiß nicht. Für sie nicht. Flori küßt Mumtaz vor Dankbarkeit. Mitten auf der Straße. Mitten auf den Mund. Sie geniert sich ein wenig, sie wandern weiter, bepackt und beglückt.

* * *

Ein Juwelierladen. Der uralte Mann an der Kasse liest religiöse Schriften. Kein Blick auf die Kunden. Zwei smarte Verkäufer legen, gerissen lächelnd, vor. Gold, Silber, Ringe, Armbänder, Ketten, anderer Schmuck? Flori prüft und schaut. Diesen Amethyst für Gisela? Für Mutter den Ring da, der Schwiegermutter könnte der andere gefallen. Als er einen mit einem türkisen Halbedelstein zur Hand nimmt, spürt er Mumtaz' Blick. Er kauft den Ring und steckt ihn ihr an den Finger. Es wird nichts gesprochen. Sie nimmt die Hand, die ihr eben den Ring ansteckte, mit ihren beiden kleinen Händen und küßt sie. Ihre Augen leuchten wie nie zuvor. Flori findet den Anlaß zu gering für so große Freude, bezahlt und geht mir ihr hinaus in den Lärm, ins Gewühl. Sie hängt sich bei ihm ein. Das tut niemand, rundum. Sie tut es.

※ ※ ※

Weiter. Was ist das? Das da an der Straße? Ein Schloß, ein Palast? Es ist ein Hindu-Tempel. Gott Wischnu und seiner Gemahlin Lakshmi geweiht. Man legt die Schuhe ab, ehe man die Marmorplatten des Vorhofs betritt. So bunt ist alles, verziert und verwinkelt. Dort ein Fries von Hakenkreuzen. Die Swastika, das Sonnenrad, das uralte indische Glückssymbol. Nicht mal das haben die damals selber erfunden. Der Tempel ist aus farbigen Quadern erbaut und wirkt modern und glatt. Man steigt Stufen hinauf. Dahinter liegt wohl ein Park, einer mit hohen Bäumen. Statuen: Gestalt eines Menschen, der Kopf eines Elefanten. „Lustig." Flori deutet auf ihn.

„Das ist Ganesch."

„Was? Der hat einen Namen?"

„Ganesch ist der Sohn Schiwas. Er wollte seinen Vater nicht einlassen, weil seine Mutter eben badete. Da schlug ihm Schiwa den Kopf ab."

„Der eigene Vater? Dem eigenen Sohn? Ein freundlicher Gott, euer Schiwa."

„Schiwa ist alle böse Gewalt, alle Macht, alle Kraft, aber er ist auch gütig. Weil alle Götter für Ganesch flehten, versprach er, ihn wieder zum Leben zu erwecken. Er befahl, daß ein Tier, das so unvorsichtig war mit dem Kopf gen Süden zu schlafen, Ganesch einen neuen Kopf geben müsse. Man suchte ein solches Tier und fand einen Elefanten."

„Eine unordentliche Geschichte. Der arme Ganesch, der schreckliche Kopf. Zum Fürchten."

„Ganesch ist lustig. Alle lachen ihn aus, weil er albern ist und dumm und gern Süßigkeiten ißt. Er hat auch ein Reittier, wie alle Götter."

„Ach? Eure Götter reiten? Unsere fliegen oder gehen zu Fuß."

„Wischnu fliegt auch. Auf dem Adler Garuda. Ganesch aber muß auf einer Maus reiten."

„Samt seinem Elefantenkopf? Ich muß sagen, viel Logik ist nicht in euren Göttergeschichten."

„Als er einmal auf seiner Maus ritt, lachte der Mond ihn aus. Da hat ihn Ganesch verflucht. Seither hat der Mond dunkle Flecken im Gesicht, damit jeder die Strafe sehen kann."

Flori dachte einen Augenblick an Apollo 11 und Neil Armstrong. Und dachte, daß kein christlicher Gott einen Elefantenkopf tragen oder auf einer Maus reiten muß. Was bedeuten solche Albernheiten angesichts des Mythos des Todes? Was ist das überhaupt für ein seltsamer Tempel?

* * *

Sie gehen herum. Eine Vorhalle. Eine Marmortafel: G.D. Birla hat diesen Tempel gebaut.

Was? Birla, der Milliardär, der Hohepriester des indischen Kapitalismus, dessen riesiger Industriekonzern alles herstellt, was sich in Indien verkaufen läßt? Der baute 1936 diesen Tempel? Als Geschenk an die Kunden?

Da sind, mit Jahreszahlen, noch zwei Dutzend andere Tempel genannt, Lakshmi und Narayan geweiht, überall im Lande errichtet, so, wie in Europa Kaufhauskonzerne Filialen erbauten. Birla, der Freund Gandhis, dessen Milliarden das ihre zu Indiens Befreiung taten, der unermüdlich im Ausland für den wirtschaftlichen Aufbau Indiens warb, jahrzehntelang! Der selbst bescheiden und einfach lebte, Birla hat diesen Tempel fürs Volk gebaut, ein gläubiger Hindu für Gläubige.

* * *

Der Tempelbezirk sieht ein wenig aus, als habe Walt Disney bei der Planung mitgewirkt. Bunt bemalte Götterbilder, Zierrat, süß und reich.

In einer Halle sitzt Einer, spielt auf der indischen Tischharmonika lange Weisen und singt brummend dazu. Um ihn hocken, redend, lachend, vergnügte Hindus, singen manchmal mit, singen laut und gehen dann wieder hinaus. Nichts von der Feierlichkeit christlicher Kirchen. Alles ist fröhlich und lax. Der Tempel als Treffpunkt, Oase, als Thing.

Mumtaz scheint das alles zu gehören. Sie eilt voran, sie führt, sie zeigt. Geleitet Flori aus der Helle des Spätnachmittags in den großen, hohen, dämmrigen Hauptraum. Die beiden elektrisch beleuchteten Puppen dort vorne sind Wischnu, der milde Heldengott und Lakshmi, seine Gemahlin, die Schützerin des Reichtums aller Art. In Prunkgewänder aus echtem Stoff gekleidet, sehen sie mit süßen Gesichtern den Kommenden lächelnd entgegen.

Vor den Göttern sitzt an einem Tisch, wie ein Kassier, ein alter Mann. Er könnte ein Mönch sein, wenn es hier Mönche gäbe. Er hängt Flori und Mumtaz Ketten aus safranfarbenen Blüten um den Hals, Mumtaz legt dankend die Handflächen zusammen und sagt „Namasté". Flori tut es ihr nach. Dann winkt sie der Nichtmönch näher heran, greift in eine Schale mit roter Farbe und drückt jedem mit dem Finger einen roten Punkt über die Nasenwurzel. Das Mädchen verneigt sich dankend und gleich darauf Flori. Dann stehen sie noch, wie im Gebet. Der Alte sagt etwas, Mumtaz lächelt, nimmt ihren Flori bei der Hand und zieht ihn hinaus in den Park mit den hohen Bäumen.

Künstliche Teiche, Brücken, Heiligenfiguren. Zwei riesige, gelb bemalte Elefanten. Skurriles, Ornamente, breite Wege und ein großer, mit Bildwerken verzierter bizarrer Turm. Sie schlendern umher. Nichts ist mehr schwer, alles ist licht und froh. Nie zuvor sah Flori Mumtaz so selig.

„Was bedeutet denn dieser rote Punkt da eigentlich?", fragt er und deutet auf die Stirn.

„Glück für dich", leuchtet sie.

„Und Glück für dich", lächelt er.

„Für uns", sagte sie, nimmt abermals seine Hand mit ihren beiden Händen und küßt sie. Ihr Antlitz schreit lautlos vor Glück. Was macht sie so froh, denkt Flori verwirrt. In sieben Stunden startet mein Flugzeug. Vermutlich werde ich sie nie wiedersehen. Wahrscheinlich bedeutet es ihr viel, daß ich, der Fremde, der Geliebte, mit ihr in diesem Tempel war? Er küßt sie behutsam. Sie erwidert den Kuß.

* * *

Als sie auf die Straße hinaustreten, versinkt die Sonne. Der letzte Tag ist um, die Sanduhr läuft ab. Vorbei, zu Ende, Abschied für immer.

Wie vernünftig sie ist. Sie nimmt unsere gemeinsame Zeit als das, was sie war, als ein Geschenk, einen Traum. Ein Schlagerlied fällt ihm ein, gesungen von einem Kravatteltenor:

„Das kann das Leben

nur einmal geben,

denn jeder Frühling hat

nur einen Mai – – "

Respektive – einen Januar, denkt er.

16

Stationsleiter Graupner hat sein Büro im Flughafengebäude zur Verfügung gestellt. Die Kollegen sind mit ihren Frauen gekommen. Die Frauen haben das Büffett gerichtet, die Männer die Getränke besorgt.

Schröter hat ein Schild gemalt: Junge, komm bald wieder! Die nüchterne Beleuchtung ist mit farbigem Papier gedämpft. Auch die indischen Mitarbeiter der Lufthansa, die Flori kaum kennenlernten, kommen auf Besuch, trinken ein Glas, wünschen Glück und verschwinden wieder. Einer sagt gar:

„Verzeihen Sie unserem Vorfeld, daß es Ihnen das angetan hat", und Flori ist gerührt.

Zu sagen ist nichts mehr. Nur noch zu reden. Ein bißchen: „weißt du noch –" und ein bißchen „wenn du den Dings triffst in Frankfurt, grüß ihn von mir". Gelassene Heiterkeit, Gläser in den Händen, trinkend und mampfend.

Mumtaz sitzt still in der Ecke, als ginge sie das Ganze nichts an. Die Freunde lächeln ihr zu und sprechen Belangloses mit ihr, behandeln sie wie jemanden, der einen Trauerfall in der Familie hat. Was sollen sie ihr auch sagen. Mumtaz müßte etwas sagen, sie müßte bestimmen, was geredet wird, aber sie schweigt. Allmählich scheint sie auszulöschen. Man kann ihr nicht ansehen, was sie denkt. Verzweifelt, oder in Trauer gefangen wirkt sie jedenfalls nicht.

∗ ∗ ∗

Rheto sitzt mit Ugo in einer anderen Ecke und spricht über sie. „Ein wunderbares Geschöpf. Überhaupt sind die Orientalinnen einfach viel zweckmäßiger, weil sie eine natürliche Einstellung zum Manne haben."

Ugo staunt: „Wie meinst du das?"

„Nun", sagt Rheto todernst, „sie brauchen keine Emanzipation und so einen Scheiß, weil es ihnen angeboren ist, dem Manne zu dienen. Was der Natur in vollkommener Weise entspricht. Das hast du ja beobachtet, wie sie mit dem Florian war –"

„Deiner Frau", grinst Ugo, „ist es nicht angeboren, dir zu dienen?"

Rheto macht ganz traurige Augen. „Nein. Das ist ja das Dumme. Wenn man mich doch vorher aufgeklärt hätte, daß es auch andersartige gibt. Die Orientalinnen sollen ja auch eine gänzlich andere Einstellung zur Sexualität haben. Sie benutzen sie nicht, um uns gefügig zu machen, als Druckmittel für das, was sie erreichen wollen, sondern sie praktizieren sie aus Freude an der Sache, heißt es. Es ist ja auch etwas Angenehmes.

Das gerät bei uns nur gelegentlich in Vergessenheit."
Nun seufzt auch Ugo und sagt: „da vero, da vero –". Er kennt
das Schicksal italienischer Männer.

* * *

Noch eineinhalb Stunden bis zum Abflug. Wie die Zeit sich
zieht. Die vergnügt gedachte Party wird zum verkrampften
Warten. Flori sitzt neben Mumtaz und weiß nicht, was er
reden soll. Er trinkt, er lächelt.
Die Kollegen beginnen zu fachsimpeln. Da gehen Gerüchte,
der Atlas-Pool in Delhi solle aufgelöst werden. Zu wenig
Reparaturfälle, zu großer Personalaufwand. Die Gesellschaften müssen scharf kalkulieren. Alles wird teurer – die Löhne,
das Kerosin. Nur was nötig ist, kann bleiben.
„Wäre schade", sagt Schröter grimmig. „Das ist eine gute
Sache, wenn Fluglinien so zusammenarbeiten. Aber sie werden uns nicht fragen. Sie werden uns anderswo hinschicken.
Für dauernd nach Deutschland zurück mag ich nicht. Da sind
mir zu viele Leute auf zu engem Raum und alle sind so böse
aufeinander."
„In der Schweiz ist das ebenso. Da nehmen außerdem die
Berge den letzten freien Raum weg", ergänzt Kääbi. „Nein,
nein, ich will auch draußen bleiben. Die Schweiz ist wunder-
schön, wenn man nur gelegentlich zu Besuch kommt."
Schröter blickt zu Flori und Mumtaz hinüber. Sie sitzen
stumm nebeneinander.
„Armes Mädchen. Wir müssen uns gelegentlich um sie
kümmern."
„Sowieso", sagt Kääbi. „Das ist Freundespflicht. Und eine
angenehme noch dazu. Ich habe nur vermutlich zu wenige
Ausreden, um von zu Hause fort zu kommen. Meine Frau
kontrolliert leider meinen Dienstplan. – Wie dem Flori wohl
zumute ist? Ist das eine große Liebe, oder war es nur ein
Abenteuer für ihn?"
Schröter zuckt die Achseln. „Ich weiß nur, daß er in Frankfurt
sofort geheiratet wird."

156

Kääbi reißt die Augen auf. „Hat er das gesagt?"

„Nein. Das weiß er selbst noch nicht. Aber ich kenne seine Gisela. Die ist energisch. Da hat er nichts zu schnabeln."

* * *

Bongers kommt. Er hat sich früher als es sein Dienst verlangt zum Flughafen fahren lassen, um Flori kennenzulernen. Er schüttelt ihm herzlich die Hand, erzählt von der defekten EDP, damals am 8. Dezember, und von der Sorge, die alle um ihn ausgestanden haben. Flori muß den Verlauf seiner Krankheit erzählen und ihn der Lebensretterin vorstellen.

Bongers sieht ihr in die Augen: „Danke für alles, was Sie getan haben."

Mumtaz neigt höflich das Haupt und spricht ein paar Worte mit dem uniformierten Fremden, der sie so entzückt ansieht. Dieses schöne Mädchen, denkt Bongers, ist nur Krankenschwester, sonst nichts? Er sagt ihr, daß er oft in Delhi Station machen muß und welche Faszination dieses Land auf ihn ausübt. Mumtaz antwortet knapp und höflich. Sie kann nicht lächeln. Sie kann wohl auch nicht so recht zuhören.

Die würde ich gern wiedersehen, wenn ich wieder mal durchkomme, denkt Bongers und holt seine Visitenkarte aus der Brusttasche seiner Uniform. Das ist im Ausland der Brauch, wenn man Fremde kennenlernt. Name, Beruf, Adresse und Firma stehen drauf. Man muß nicht raten, mit wem man spricht.

„Bitte –", sagt er. „Falls Sie mal etwas aus Deutschland brauchen, falls ich Ihnen helfen kann. Mein Name, meine Adresse. Melden Sie sich ungeniert." Mumtaz sagt danke und steckt die Karte ein. Als Bongers sie fragt, wo er sie erreichen könne, nennt sie das Holy-Family-Hospital. Es scheint ihr recht zu sein, wenn er sich gelegentlich melden würde.

Graupner sieht auf die Uhr und meint: „Ja – ich glaube –". Die Maschine landet soeben. Vierzig Minuten Bodenzeit zum Tanken, Saubermachen, Bordverpflegung einladen – Catering – Besatzungswechsel.

Die Männer erheben sich. Sie wollen Flori bis zum Gate begleiten. Die Ehefrauen bleiben. Wiedersehen, Herr Hopf, au revoir, gute Reise, behalten Sie uns in guter Erinnerung, bon voyage, mane tak.
Die Stunde des Abschieds ist da.

17

Florian denkt: ich hätte noch ein paar Tage bleiben sollen. Es war so rauschhaft und bewegend, ich habe nicht genug gesehen, nicht genug in mich aufgenommen. Wir hätten in den heißen Süden fliegen können, Mumtaz und ich, dort soll alles ganz anders sein, noch exotischer und überraschender.
Ein eigenartiges Land, denkt er. Vieles ist so poplig. Armut und Faulheit, Improvisation und Gerissenheit, aber auch Rücksicht und Güte, Lebendigkeit und Freundlichkeit, die nicht auf einen Zweck gerichtet ist. Erst konnte ich dieses Indien nicht ausstehen, und nun hockt es mir in allen Überlegungen. Leben wir in unserem kalten, regnerischen Lande nicht falsch und die hier leben richtiger?
Ich hätte noch ein paar Tage bleiben sollen. Niemand hätte etwas dagegen haben können. Mumtaz trottet neben mir her, wir sind einander so fern, als sei ich schon abgereist. Seit sie mich nicht mehr ansieht, nicht lächelt, nicht reagiert, kommt mir alles rundum grau und fahl vor. Ihre Launen sind mir lästig und verderben mir die Laune. Warum redet sie nicht? Warum heult sie nicht! Ich bin froh, daß ich fortkomme.

* * *

Die Halle ist übervoll. Nachts, wenn die Fernflüge zwischenlanden, ist das internationale Segment des Flughafens viel zu klein. Auf den Monitoren stehen die Flüge. Manchmal erscheint eine indische Sprecherin. Lautsprecher knarzen indisch und englisch. Ruhige indische Geschäftsleute. Nervös hastende Weiße.

Floris Gepäck ist schon in der Maschine. Bongers macht Briefing mit seiner Crew und erzählt dabei vom Flugzeugwart II Florian Hopf, der heute in sein Leben zurückfliegt. Da ist der Eingang zum Zollbereich, die schmale Tür, das Nadelöhr zur Rückkehr in die Heimat. Sag doch etwas, Mumtaz.

Flori holt aus der Tasche den kleinen Bildband über Frankfurt. „Da – zum Deutschlernen. Die Bilder haben dir doch immer so gefallen. Auf dem Stadtplan hab ich ein Kreuz gemalt, wo ich wohne. Magst du's haben?"

„Danke", sagt sie tonlos. „Vielen, vielen Dank." Sie hält das Buch fest und blickt zu Boden. Soll ich sagen, daß ich ihr schreibe, denkt Flori. Wozu? Es war schön und es ist zu Ende. Gisela wartet auf mich. Wir werden unser Leben dort fortsetzen, wo wir es Anfang Dezember unterbrochen haben. Indien war eine Bereicherung, eine Erfahrung. Adieu, es muß geschieden sein.

* * *

Die Kollegen schütteln Flori noch einmal die Hand. Auf den schmalen Trampelpfaden der Airliner läuft man sich gewiß wieder über den Weg, irgendwo in der Welt, auf einem Airport oder in einem Stammlokal.

„Und grüß auch schön", sagt Schröter in deutsch und zwinkert: „Du weißt schon, wen –"

„Mach ich", sagt Flori und reiht sich in die Schlange der Wartenden ein. Sie rückt wie ein Fließband voran.

Mumtaz? Warum siehst du drein, als verabschiedetest du einen gleichgültigen Bekannten? Verstehst du so meisterhaft dich zu beherrschen? Oder macht es dir nichts aus? Gisela würde in dieser Situation ein Feuerwerk von Sprüchen und taumelnden Stimmungen abbrennen, Lächeln und Tränen, Scherze und Drohungen, in jeder Sekunde von einem zum anderen schwankend.

* * *

„Well – Mumtaz", setzt Flori an und weiß nicht weiter. Er beugt sich vor und küßt sie auf beide Wangen. Sie läßt es geschehen, sie küßt ihn nicht wider, gibt den Druck der Hand nicht zurück. Um ihren Mund ist ein Zug, als wolle sie lächeln. Ihre Augen blicken durch ihn hindurch, matt und ohne Glanz. „Ich liebe dich sehr, Mumtaz. Das mußt du wissen. Ich werde diese Tage nie vergessen. Ich werde dir immer dankbar sein, solange ich lebe." Phrasen, denkt er, Worthülsen. Eine Liebeserklärung in leere Augen, ohne Widerschein? Sag etwas, so kann man doch nicht auseinandergehen.

Sie sagt nichts. Sie bleibt stehen, das kleine Buch in den Händen. Die Warteschlange, und mit ihr Flori, rückt schrittweise von ihr fort. Sie sieht ihm nach. Er dreht sich um und winkt. Sie winkt zurück. Sonst nichts. Kein plötzliches Vorbrechen, keine jähe Umarmung, kein Kuß, kein Wort. Das Nadelöhr ist erreicht. Paß! Abtasten nach Waffen! Durch die Luke sieht er sie stehen. Winkt. Mechanisch hebt sie die Linke und winkt zurück. Dann wird er weitergedrängt. Mehr als eine Wand ist nun zwischen ihr und ihm.

* * *

Durch die Glastüren des Warteraums sieht er draußen auf dem Vorfeld die 747. Der Heckstrahler beleuchtet den Kranich im gelben Rund, das „Spiegelei". Da ist seine Wirklichkeit. Der Traum ist zu Ende.

An Bord ist alles vertraut. Das helle Surren der Aggregate, die klimatisierte Kühle, der unverwechselbare Geruch. Rundum wird deutsch gesprochen. Die Stewardessen stehen auf ihren Plätzen und weisen die Zusteigenden ein.

Transitpassagiere lümmeln schläfrig auf ihren Sitzen. Die indische Putzkolonne arbeitet noch. Sie knien und fegen den Boden, kriechen zwischen den Beinen der Paxe und blicken sie nicht an.

Ein paar Minuten später werden die Türen der Röhre geschlossen. Die indische Luft bleibt draußen. Statt der schweren, feuchten Würze herrscht nun klimatisierte Trockenheit. Hintergrundmusik dudelt leise Walzer von Robert Stolz und Schlimmeren. Flori nimmt Platz, streckt sich und lehnt den Kopf an den weichen Schaumgummi.

Ob Mumtaz mit den Kollegen in die Stadt zurück fahren wird? Ich weiß nicht einmal wo sie wohnt, denkt er. Wir haben nie davon gesprochen. Ich weiß nur, daß sie irgendwo bei Freunden ihrer Familie untergekommen ist. In sicherlich qualvoller Enge. Wo sie jetzt wohl ist, in diesem Augenblick?

18

Die Überreste der Party waren aufgeräumt. Schröter wollte Mumtaz nach Hause fahren, aber sie war nirgends zu finden. Die Kollegen suchten in allen Stockwerken und draußen, vor dem Gebäude. Fahren wir eben allein, sagten sie. Morgen rufen wir sie im Spital an, sagten sie.

☆ ☆ ☆

Bongers hatte Flori ins Cockpit gebeten, auf den „jump seat", den Reservesitz hinter dem Kapitän. Das Flugzeug, vom Autopiloten exakt auf dem eingegebenen Kurs gehalten, zog in zehneinhalb Kilometern Höhe dahin, 930 Stundenkilometer schnell, ruhig, nur gelegentlich vom Jetstream, den ständigen Höhenströmungen ein wenig gebeutelt. Bongers und Flori hatten Muße über allerlei zu sprechen.

Unten lag Afghanistan. Gleich würden sie die Grenze zu Persien überfliegen. Dort unten war eine Art Krieg, nicht wahr? Menschen schossen aufeinander, offen und aus dem Hinterhalt, lauerten und verfolgten einander. Strenge Gebote gefährdeten das Leben jedes Einzelnen, der anders denken und leben wollte, als es die Regierenden befahlen. Warum? Worum ging es?

Aus zehn Kilometern Höhe waren die Berge, die Felder, die schmalen Linien der Straßen und die Ameisenbauten der Städte und Dörfer zu erkennen. Menschen nicht. Aus nur zehn Kilometern Höhe war kein Schicksal auszumachen.

Unten schrieen die Radiosender Details über Spannungen, politische Auseinandersetzungen, Unterdrückung, Folter, Unruhen, Demonstrationen und Hinrichtungen zu jeder Stunde über den Erdball, der von oben so still und klar aussah. Eine Sturzflut von Meldungen. Es schien nichts Wichtigeres zu geben.

⁙ ⁙ ⁙

Dort: – Isfahan. Dort steht in dieser Minute ein Mann vor dem Peleton. Seine Gedanken gefährden den Staat, haben ihm die Richter gesagt, seine Taten die Ruhe der Welt. Die Schüsse krachen, er sackt zusammen und blutet aus. Sterben mit ihm seine Gedanken oder wirken sie weiter?

Aus zehn Kilometern ist nichts zu unterscheiden. Verzweiflungen und Heldentaten durchdringen nicht das milchige Blau des Planeten. Von oben ist nur zu erkennen: Platz wäre für alle und alles. Da sind öde Landstriche, die Leben ernähren könnten, wenn Menschen sich einigen und sie vernünftig verwalten würden. Die aber kriechen lieber auf dicke Haufen zusammen, in Städte, zu Millionen, und quälen einander, und rundum dehnt sich das leere Land. Das ist deutlich zu sehen, von oben.

⁙ ⁙ ⁙

Später, Teheran lag längst hinter ihnen, war die Rede von Mumtaz.

„Ich hab mich mit ihr nie recht ausgekannt", sagte Flori. „Ich weiß auch nicht, ob ich eine Inderin jemals wirklich verstehen könnte."

Bongers antwortete bedächtig: „Wenn man, so wie wir, jahrzehntelang durch die Welt kutschiert, kommt man drauf, daß die Unterschiede der Herkunft nirgends zu überbrücken sind."

Der Copilot, Kind einer weltoffenen Friedensepoche, warf ein: „Wirklich nicht? Ich finde, die Menschheit kommt sich näher. Je mehr wir voneinander wissen, desto leichter wird es, einander zu verstehen und sich zu vertragen."

Bongers schüttelte den Kopf. „Äußerlich vielleicht. Oberflächlich gesehen können Menschen in Frieden miteinander auskommen. Wenn man an den Fremden nicht zu viele Ansprüche stellt, sich gegenseitig respektiert und nur flüchtig miteinander zu tun hat, kann das funktionieren."

„Besonders bei Mädchen", grinste der Copilot und dachte an seine Thaifreundin in Kelsterbach, zu der er in wenigen Stunden fahren würde.

Flori aber dachte an Mumtaz und zögerte. „Zueinander finden ist nicht schwer. Aber einander wirklich verstehen, so wie mit einem Menschen aus dem gleichen Land? Das stellt sich einfach nicht ein, hab ich gefunden."

Bongers nickte: „Eine fremde Mentalität überbrücken, das klappt nie. Man bleibt sein Leben lang ein Produkt seiner Herkunft und seiner Umwelt –."

Flori entgegnete: „Wenn ich an mein heimatliches Garmisch denke, wie die Leute dort leben, denken und reagieren, und dann an Mumtaz' indische Familie, ich meine, von der Sprachhürde einmal abgesehen, selbst wenn ich jedes Wort verstehen könnte, begreifen würde ich sie trotzdem nicht."

„Genau das meine ich. Aus Ihnen wird im Leben kein Inder, auch wenn Sie Ihre Süße nach Hindu-Ritus heiraten und bei Delhi auf dem Lande leben."

„Nein. Ausgeschlossen."

„Und umgekehrt? Mumtaz eine Garmischerin?"

Flori mußte lachen. Er stellte sich Mumtaz in Werdenfelser Tracht vor. „Gewiß nicht. Nicht einmal die Preußen, die alle dort leben, werden Garmischer, und die sind doch eine ähnliche Rass' wie wir."

Der Copilot dachte noch immer an seine Thaifreundin und ihre Anpassungsfähigkeit. „Aber die vielen Exotinnen, die in der Bundesrepublik verheiratet sind, die sind doch angepaßt."
Der Flugingenieur neben Flori feixte. „Die nicht Verheirateten auch, hab ich die Erfahrung gemacht."
Bongers blieb skeptisch: „Ja? Funktioniert das wirklich? Gibt so eine fremde Person nicht alles auf, was ihr eigentliches Wesen ausmacht? Man redet doch heutzutage viel von der Entfaltung der Persönlichkeit. Muß sich so ein Geschöpf nicht in allen Fasern seiner Seele verkrümmen, vor lauter Anpassung an die fremde Mentalität? Sich entfalten kann sich so ein Mädchen bestimmt nicht. Sie kann nur den Weg des geringsten Widerstandes gegen ihre neue Umwelt gehen und das bedeutet, daß sie ihre Herkunft und ihren eigentlichen Lebensstil verleugnen muß. Vielleicht zugunsten von angenehmen Sachen: Komfort, Zivilisation, Sicherheit – aber ganz bestimmt unter Aufgabe ihrer Persönlichkeit. Wenn Sie Ihre Mumtaz nie so recht haben begreifen können, dann stellen Sie sich das Mädchen doch mal in Kelsterbach vor, oder wo Sie wohnen."
„O Gott", sagte Flori. „Das arme Ding."
Ein Anruf der nächsten Funkleitstelle unterbrach das Gespräch. Neue Radiofrequenzen mußten eingedreht werden, Anweisungen für Flughöhe und Kurs wurden entgegengenommen.

19

Als Florian durch das Nadelöhr ihren Blicken entschwunden war, stand Mumtaz noch lange regungslos und starrte auf die Pforte, die sie von ihrem Geliebten trennte. Sie achtete nicht der Drängenden, die an ihr vorbei hasteten und sie unachtsam anstießen. Ihre Hand hielt das kleine Buch umschlossen, am Finger spürte sie den Ring, auf ihrer Stirne prangte der leuchtende Punkt aus dem Tempel ihrer Götter.

Nichts zeigte wie es in ihr schrie und schluchzte vor zehrender Sehnsucht, nicht einmal der Spiegel ihrer Seele, ihre großen dunklen Augen.

Plötzlich wendete sie sich und lief aus der Halle in die kühle Nacht, über den großen Platz, hinüber in den Park mit dem mageren Gras auf lehmigem Boden. Unter einem der Bäume sank sie zusammen. Die Scheinwerfer der vorbeifahrenden Autos glitten über ihre stille Gestalt.

Zehn Minuten später vernahm sie das Fauchen, Brausen und Donnern der startenden 747 der Lufthansa und sah sie mit eingeschalteten Scheinwerfern steil in den Himmel steigen. Das Blinken der Positionslichter war noch zu erkennen, als das Dröhnen schon lange verklungen war.

Da weinte sie zum ersten Mal, aber nicht lange.

* * *

Sie dachte so intensiv nach, daß für Tränen kein Platz blieb. Was sie tun mußte wußte sie, nur der Weg zu ihrem Ziel lag im Dunkel. Gleichviel. Nichts würde sie abhalten können. Im Laden des frommen Juweliers und später im Tempel der Götter war ihr klar geworden, was sie zu tun hatte. Über das Wie galt es nun nachzudenken.

Es war kalt, um 3 Uhr morgens. Mumtaz spürte es nicht, so vergraben war sie in ihre Gedanken. Erst als die Sonne aufging und sie sich erhob, um zum ersten Bus zu gehen, fühlte sie ihre erstarrten Glieder und die beißende Kälte.

* * *

Sie fuhr ins Spital und schleppte sich mit müden, steifen Beinen die Treppe hinauf zum Schwesternzimmer. Dort erschien, von Kolleginnen tuschelnd geholt, die englische Oberschwester mit dem schmalen Mund und der spitzen Nase.

„Sieh da – welche Überraschung. Niemand hier hätte erwartet, Sie jemals wiederzusehen, young Lady. Wo haben Sie sich herumgetrieben, die ganze Zeit?"

Mumtaz war zu erschöpft um zu lächeln. Höflich und demütig bat sie: „Bitte entschuldigen Sie, Ma'm, aber ich mußte –"

„– den Deutschen privat weiterpflegen. Das ist uns klar. Nur, daß Sie uns so plötzlich die Ehre erweisen, wieder zu erscheinen?"

„Es tut mir leid, daß ich ohne Entschuldigung fortgeblieben bin. Ich hatte Angst, Sie verweigern mir den Urlaub."

„Diese Angst hatten Sie zu Recht. Aber die Geschichte hat ein gutes Ende. Wir haben eine ausgezeichnete junge Dame gefunden, die ihren Job übernommen hat."

Mumtaz starrte sie an. Sie hatte so etwas erwartet, es aber nicht wahrhaben wollen. Die Gestrenge schnitt jede Erwiderung ab: „Good bye ist alles, was noch zu sagen bleibt. Den restlichen Lohn können Sie an der Kasse abholen und dann befreien Sie uns, bitte, von Ihrer Gegenwart. Ich möchte nicht, daß Ihr Beispiel bei meinen Schwestern Schule macht."

In Mumtaz' Augen schossen Tränen. „Madam! Sie dürfen mich nicht hinauswerfen. Bitte! Ich habe meine Arbeit immer gut gemacht – Sie selbst haben das oft gesagt –"

„Tut mir leid. Wer aus persönlichen Gründen zwei Wochen unentschuldigt fehlt, hat in unserem Beruf nichts verloren. Ich kann nichts mehr für Sie tun. Ich kann Sie nicht einmal anderswohin empfehlen. Vielleicht versuchen Sie's in einem Nachtclub. Dort kommt es auf die Zuverlässigkeit der Damen nicht so sehr an. Ich wünsche Ihnen trotzdem alles Gute!"

*　*　*

Gegen das Verdikt der Oberschwester gab es keine Einrede. Die Alte war tüchtig und hielt ihre 200 Schwestern wie ein tadellos exerzierendes Regiment Soldaten mit Freundlichkeit und Strenge in Trab. Wer funktionierte, hatte es gut. „Keine Nachsicht mit indischen Mädchen", war ihr Motto, „sie sind tüchtig, aber man muß sie zwingen, es zu jeder Stunde zu sein."

166

Als Mumtaz zum letztenmal aus dem vertrauten Tor schritt, war Flori schon über der Türkei. Sie blieb auf der Straße stehen und überlegte, welchen Weg sie wählen solle. Zurück in ihr winziges Zimmer in der lauten, übervollen Wohnung in Alt-Delhi? Eine neue Arbeit suchen, für die kurze Zeit, die ihr blieb?

Sie überlegte gewissenhaft. Dann ging sie in eine andere Richtung. Heimzu.

20

Kapitän Bongers setzte in Frankfurt den Jumbo hart auf die Landebahn, weil ein eisiger Querwind über das Feld fegte. Bei Crosswind von 28 Knoten sind die beliebten butterweichen Landungen zu riskant. Eine plötzliche Böe unter der Tragfläche könnte den Riesenvogel aus dem Kurs reißen. Da ist sauberes, hartes Aufsetzen geboten. Die Stelzbeine der Riesenräder halten die 333 Tonnen schon aus.

Die Passagiere blickten grämlich auf das graue Winterwetter. Sie kamen aus warmen Ländern und waren entsprechend leicht gekleidet. Seit Delhi hatten sie zwei Mahlzeiten bekommen, einen Film gesehen und geschlafen, während sie über Täler und Berge, Wüsten und Städte flogen. Kaum einer hatte hinausgesehen. Kaum einer das Wunder des Fliegens bedacht.

* * *

Es war alltäglich geworden, hunderte von Menschen und Tonnen von Fracht in einem Gerät von 70,51 Metern Länge, 19,33 Meter Höhe, auf Flügeln von 59,64 Metern Spannweite zu befördern. Für die 6121 km ab Delhi hatte es 8 Stunden 21 Minuten benötigt und pro Stunde 14 000 Liter Kerosin für seine vier Triebwerke verbraucht.

119 000 Liter! Damit könnte ein Mittelklassewagen über eine Million Kilometer weit fahren, einmal zum Mond, zurück und wieder hinauf. Welche Verschwendung!

Nun, für jeden Passagier wurden 258 Liter verbraucht. Für 6121 Kilometer. Rechnet man den Transport der 18 Tonnen Fracht hinzu, gar nur die Hälfte. Drei Tankfüllungen des Mittelklassewagens, von Delhi nach Frankfurt, 129 Liter pro Nase.

※ ※ ※

Gelenkt und gesteuert von jenem Typus Computer, der auch die Mondlandungen ermöglichte, finden die Flugzeuge nach eingegebenen Längen- und Breitengraden ihren Weg über Meere und Kontinente. Ohne Hilfe eines Funkfeuers. Nach tausenden von Kilometern weichen sie höchstens ein paar hundert Meter ab, denn der Computer registriert laufend Wetter, Wind, Temperaturbarrieren und korrigiert ständig den Kurs. Die Piloten füttern ihn. Sie müssen erst wieder eingreifen, wenn es etwa gilt, ein Gewitter zu umfliegen. In einem Gewitterturm, einem „CB", der vom Boden bis in die Stratosphäre reichen kann, herrschen Kräfte, denen kein Flugzeug gewachsen wäre. Da ist der Mensch vonnöten. Das Wetterradar, dessen Antennen in der schwarzen Nase des Flugzeugs verborgen sind, zeigt die „CB's" an. Der Autopilot wird ausgeschaltet, die Schwerarbeit im Cockpit beginnt. Gottlob ist das selten.

※ ※ ※

In den Luftstraßen fliegen sie, nach Anweisung, in verschiedene Höhen gestaffelt. Manchmal sieht man einen Kollegen über oder unter sich den gleichen Kurs ziehen. Auf der Strecke ist es meistens ruhig. Erst nahe den großen Flugplätzen, wenn „viel Blech in der Luft ist", wie sie sagen, heißt es aufpassen mit allen Nerven und Sinnen.
Der Jumbo fliegt sich leichter als ein Sportflugzeug, sagt Bongers oft. Er muß es wissen. Er hat nahezu alle Arten Fluggeräte in Händen gehabt. Romantik des Fliegens? Vorbei, sagte er. Das ist ein technischer Job geworden, manchmal ein

wenig eintönig und allzu kommod. Nur in entscheidenden Minuten, wenn etwas nicht so geht wie geplant, weiß man, wofür man sein Geld bekommt. Dann allerdings ganz genau.

* * *

Acht Tage war Bongers mit der Crew unterwegs gewesen. Vor ihm lagen fünf Tage Pause, in der leeren Wohnung in Sachsenhausen. Michaela hatte er nicht treffen können, neulich. Ihr Dienst war geändert worden. Sie mußte, als „standby", für eine Kollegin einspringen, die Blinddarmschmerzen bekommen hatte. Weg war sie.

Umlauf auf Kurzstrecke. Frankfurt – Hamburg – Düsseldorf – Paris – München – Hamburg – Stuttgart – München – Athen und so weiter, innerhalb von vier Tagen. Starten, landen, rauf, runter, kaum Zeit für Service, nervöse Paxe, und immer wieder durch die gleiche Wetterfront am Main hindurch, wo alles wackelte. Die Knochenmühle der Kurzstrecken, für die sie, zumeist alle zwei Monate, mit einem Langstreckenflug entschädigt wurden.

Morgen wollten sie sich treffen. Sie war gestern zurückgekommen. Nach der Landung wollte Bongers sie anrufen. Vielleicht gab es einen gemeinsamen Tag, Gespräche, elegantes Abendessen und einen Theaterbesuch. Bongers hatte zwar keine Lust, sich in einem großen Theater durch eine progressivsozialistische Inszenierung gesellschaftlich verändern und belehren zu lassen, daß Besitz und Bürgertum die wahre Pest auf Erden seien. Er konnte aber ins kleine „Theater am Zoo" oder noch besser in Liesl Christs „Volkstheater" gehen. Dort war man vor Weltverbesserung sicher.

* * *

Während der Jumbo zum „Finger" rollte, sah Flori hinüber zur Werft. In diesen riesigen Hallen würde er bald wieder arbeiten, ehe ein neuer Auslandsdienst begann. Als er dann den heimischen Betonboden betrat, durch die zugige, nasse

Kälte in die Riesenhallen des verbauten Flughafens lief und dem Ausgang zustrebte, dachte er nur noch: dort – keine hundert Meter von dir, wartet Gisela!

Er wollte hinausstürmen und sie umarmen. Als er aber mit seinem Koffer der Zollhalle zustrebte, sah er schon von weitem, wie sich der Blick eines Uniformierten auf ihn richtete. Immer ich, dachte er. Was habe ich nur an mir, daß die Zöllner sich aus einem Strom von vierhundert Leuten immer mich herausfischen?

Ein Wink, die Frage, Koffer öffnen und Beamtenfinger mit abgekauten Nägeln wühlten in seiner Habe. Aha! Die Geschenke werden herausgeholt. Die Silberketten, die Kleider für Gisela. Sie muß sie waschen, ehe sie sie anzieht, dachte Flori. Die beiden Thankas. Flori hatte sich natürlich Rechnungen geben lassen, aus denen der geringfügige Wert hervorging. Das Ganze nahm Zeit. Formulare, Eintragungen, Quittung. 31 Mark 12 waren zu entrichten. Während er zahlte, berechnete Flori die mutmaßlichen Gehalts- und Personalkosten dieser anachronistischen Berufsgruppe, die, wie zu Zeiten mittelalterlicher Wegelagerei, als die Städtchen die Reisenden schröpften, um Silberbatzen zu ergattern, imaginäre Grenzen bewachte. Dieser Blödsinn hat sich ins Computerzeitalter fortgesetzt. Milliarden kosten diese grünen Boys mit ihren Formularen. Und was nehmen sie ein? 31 Mark 12. Cui bono? Die Welt wird eng, Entfernungen schrumpfen, ein Volk reist zum anderen, wohnt beim anderen, flieht zum anderen – und die stehen immer noch da! Erhaltung von sinnlosen Arbeitsplätzen, dachte Flori. Fehlte nur noch, daß sie Hellebarden hätten, die sie vor den Delinquenten kreuzen. Es lebe der voll durchorganisierte Ordnungsstaat.

* * *

Endlich losgekommen, trat er durch die automatisch sich öffnende Milchglastüre. Die wenigstens war 20. Jahrhundert. Sein Blick suchte ihr Blond. Kein Blond weit und breit. Dort

stand Giselas Mutter und rief den deutschen Gruß: „Hu-uu!".
Sie eilten aufeinander zu und umarmten einander.

„Daß du nur wieder da bist, mein Junge!"

„Wo ist denn Gisela?"

„Na, in der Schule, was denkst du denn? Zehn Uhr vormittags, da muß sie doch Unterricht halten. Hattest du einen schönen Flug?"

„Für mich sind alle Flüge schön." Florian konnte seine Enttäuschung nicht verbergen.

„Das mußt du doch verstehen", sagte die Mama.

Florian antwortete heftiger als er es wollte: „Nein. Ich bin von den Toten auferstanden, ich komme früher zurück als der Arzt es erlaubt, ich freue mich wie verrückt –"

„Aber Jungchen." Mama redete zu ihm wie zu einem Zwölf-jährigen, der nicht einsieht warum man ihm die elektrische Eisenbahn weggesperrt hat und dann auch noch erwachsenes Verständnis von ihm erwartet. „Sie kann doch nicht einfach aus privaten Gründen vom Arbeitsplatz wegbleiben. Wo kämen wir denn da hin, wenn jeder seine Pflicht vernachlässigen würde –"

„In dem besonderen Fall –"

Mama hängte sich begütigend bei ihm ein und zog ihn mit sich. „Nun komm erst mal nach Hause und nimm ein schönes Bad. Das ist doch das erste, wenn man aus so dreckigen Ländern kommt. So kannste deine Gisela ja gar nicht umarmen. Wenn du dann sauber und proper bist, dann kommt deine Kleine ja. Nur Geduld."

Sie bestiegen Mutters kleinen Honda mit der Ladeklappe („wo ich doch immer das ganze Zeug aus dem Supermarkt heim-schleppen muß, wie soll ich das sonst machen"). Vater fuhr einen Audi und Gisela liebte ihren VW-Golf. („Man braucht eben ein eigenes Auto, sonst ist man kein Mensch, auch wenns nicht billig kommt –")

Mama fuhr den Heimkehrer zunächst zu seiner eigenen Wohnung. Durch Straßen mit streng säumenden Bordsteinen,

171

glatten, ampelgespickten Fahrbahnen, Einbahnstraßen, Richtungsweisern, weißen Linien, Verbotsschildern für Parken, Wenden, Halten, Abbiegen, Einordnen. Durch graue Kälte, vorbei an vermummt hastenden Hunterttausenden, an blanken Geschäften mit erleuchteten Schaufenstern, eilig klingelnden Straßenbahnen und allgegenwärtigen Reklameschildern.

* * *

Zur gleichen Stunde wanderte Mumtaz heimwärts, ihrem Dorf, ihrer Familie zu. Die Hitze des Mittags begann dem kühlen Abend zu weichen. Um sie waren alte Fahrzeuge, Eselkarren und Kamelgänger, die unendliche Zahl rastlos Wandernder, unter Bäumen Ruhender. Um sie sangen Millionen Singvögel, über dem Lande kreisten mit stillem Flügelschlag die Geier, Bussarde, Falken und Raben.
Neun Stunden hatte sie zu gehen, bis sie die Vorhalle des einfachen Hauses erreichte, in dem vor ein paar Tagen Flori zu Gast gewesen war. Neun Stunden, mehr Zeit, als ihr Geliebter in den anderen Kontinent unterwegs war.
Sie konnte sich nicht vergegenwärtigen, wo er jetzt wohl sein könnte, auch nicht, wenn sie die Bilder in dem kleinen Buch betrachtete.
Durch Welten getrennt war jeder wieder an seinem Platz, in der zugehörig-vertrauten Umgebung, der man unabänderlich angehörte, auch wenn einem die Lebensumstände dort Sorgen und Mißbehagen brachten. Mehr, als ein fremder Ort, an dem man nur Gast war und nicht in die Ungereimtheiten einbezogen wurde, die Menschen stets verursachen.
Bei ihrer Familie fand Mumtaz an diesem Abend wenig Verständnis für ihr Tun und ihr Geschick. Zu Tode erschöpft zog sie sich in einen Winkel zurück, ein eigenes Bett hatte sie zu Hause schon lange nicht mehr, und schlief augenblicklich ein.

* * *

Giselas überschäumendes, forderndes Temperament war über Flori zusammengeschlagen. Wie die tobenden Wasser der Partnach in seiner Heimat, fand er. Sie lächelte ihn an. „Ich bin doch recht beruhigt", sagte sie.

Er verstand nicht gleich. „Was meinst du?"

„Nun – die Schlange hat dir nicht entscheidend geschadet." Sie schmiegte sich liebevoll an ihn und empfand den sonnenbraunen jungen Körper des Burschen so recht als ihr Eigentum.

DRITTER TEIL

1

Bis zu den schrecklichen, schicksalhaften Tagen sollten noch acht Wochen vergehen.

Der Alltag begann Florian Hopf zu umklammern. Zunächst begegneten die Verwandten und Freunde ihm rücksichtsvoll, wie einem Kranken. Als sie aber fanden, er sei gesund, beanspruchten sie ihn täglich mehr, in gewohnter Weise. Flori mußte sich ihre Sorgen und Klagen anhören, wurde in Querelen einbezogen, Erledigungen, Besorgungen und Dienste („du hast doch im Moment nichts zu tun") wurden erwartet. Man spannte ihn vor den Karren der täglichen Hetze. Der Firmenarzt untersuchte ihn und war zufrieden. Einige Werte lagen noch ein wenig über oder unter der Norm, der Pankreas zeigte Labilitäten und die Schwächung des linken Knöchels ließ ihn dann und wann, kaum merklich, hinken. Nach zwei Wochen Schonung könne er normalen Dienst tun, hieß es, Auslandseinsätze unter erschwerten Klimabedingungen sollten die nächsten sechs Monate vermieden werden.

* * *

Er versuchte die freien Wochen zu nutzen. Er hatte eine Idee, wie man die Wartung und den Austausch der EDP, jener Pumpe, bei deren Reparatur er verunglückt war, vereinfachen könnte. Die Firma zahlte für Verbesserungen Prämien, ein paar hundert oder gar tausend Mark. Ein zusätzlicher Impetus zur Bastlerfreude.

„Fein", sagte Gisela. „Konstruier mal schön. Das Geld können wir gut gebrauchen. Für die Hochzeitsreise, mein Liebling – hm?" Sie bemühte sich, ihn ins vertraute Leben zurückzuführen, bestand auf Abendessen in kleinen Feinschmeckerlokalen, schleppte ihn zu alten und neuen Bekannten und ins Theater.

174

„Bißchen Kultur schnuppern", sagte sie, „nachdem du so lange in der Wildnis warst." Beispielhaft fand sie eine Goethe-Aufführung, in der die Darsteller in Jeans und die Darstellerinnen oftmals nackt auf einer Schutthalde von Sperrmüll die Verse in halsigem Norddeutsch nuschelten. Eine moderne, unserem Zeitgeist adäquate Interpretation, fand sie. Als Florian daran kein rechtes Gefallen fand, hielt sie ihm einen langen Vortrag – sie gab in ihrer Schule auch Deutsch und Kunsterziehung – demzufolge Kunst stets einen engen Bezug zu den Gegebenheiten der Gegenwart haben müsse. Sie steigerte sich in eine Philippika gegen alles Museale hinein. „Ich bin ein moderner Mensch", sagte sie. „Ich will nicht in ollen Ruinen wühlen. Ich muß auch im Theater spüren, in welchem Jahr ich lebe!"

Florian aber hatte sich gelangweilt und die Nacktheit war ihm peinlich. Die meisten Mädchen hatten krumme, kurze Beine, dicke Hüften, keine oder hängende Busen mit übergroßen Warzenhöfen, und ihre Schamhaare sahen schmutzig und verklebt aus. Er hatte Mitleid mit diesen Geschöpfen, die stolzgebläht, in forcierter Liberalität, ihre Defekte zur Schau stellten. Ihre Gesichter waren auch nicht eben ansprechend. Flori sagte aber nichts weiter, weil Gisela gar so begeistert war.

* * *

Er saß meist in seinem Appartement, ordnete, rechnete und zeichnete an dem Verbesserungsvorschlag. An Mumtaz dachte er oft, aber ihr Bild wurde mit jedem Tage unwirklicher, wie eine verblassende Fotografie. Er hatte ihr ein paar Zeilen ins Hospital geschrieben, zwei Tage nach seiner Rückkehr. Von ihr kam nichts, obwohl sie die Adresse der Werft wußte.

Als er mit Gisela einen Ballettabend besuchte, war Mumtaz ihm plötzlich gegenwärtig. Gisela hatte als Kind Ballettunterricht gehabt. Sie kannte sich aus, erläuterte fachkundig und voll Erziehungseifer Feinheiten und kniff Flori bei besonderen

Tanzfiguren oder Gruppierungen in den Arm. Seine Gedanken aber glitten ab, zu den indischen Tänzerinnen, die er vor dem Unfall gesehen hatte. Dies hier war noble Artistik. Dort hatte er urtümliche Stilisierung erlebt und ungleich größeren Reichtum an Ausdruck. Da war ihm plötzlich Mumtaz' Bild, Mumtaz' Wesen greifbar deutlich. Er spürte Sehnsucht nach ihrem Duft und ihrer Zartheit. Als Gisela ihn wieder begeistert in den Arm zwickte, lehnte er sich nach der anderen Seite. Gisela aber rückte nach und setzte ihr pädagogisches Kneifen fort.

* * *

Seltsam – sie hatte fast nicht nach seiner Krankheit gefragt. Sein klinischer Tod und die Wiedererweckung schienen sie nicht zu interessieren. War es Takt oder Interesselosigkeit an einer ausgestandenen Sache? Oder hatte ihr am Ende jemand von Mumtaz berichtet? Nein, da würde sie anders reagieren. Sie würde schäumen.

Flori würde ihr die Affäre niemals beichten. Er haßte indiskretes Schwatzen. Vor Jahren hatte er, recht hilflos, ein schönes Mädchen geliebt, das ihm in einer Mischung aus Schuldbewußtsein und Sensationsgier alle ihre Seitensprünge in Einzelheiten erzählte. Anschließend bereute sie dann, stets unter Tränen. Seit damals war Florian allergisch gegen das Ausplaudern von Herzensangelegenheiten und Bettgeschichten. Es ist pervers, einen Liebenden damit zu quälen, fand er, es widert mich an. Sollte Gisela von Mumtaz erfahren, würde ich alles bagatellisieren und als Tratsch hinstellen. Nicht um zu lügen, nein. Mumtaz ging nur ihn an. Diese Kostbarkeit würde er nicht fremdem Haß aussetzen.

Wie tragisch sein Lavieren zwischen zwei Frauen enden sollte, ahnte er damals nicht.

* * *

Nach zwei Wochen tat er wieder Dienst in der Werft, in der riesigen Halle, in der vier Jumbos und zwei 727 gleichzeitig

Platz fanden. Die Flieger wurden durch gewaltige Tore hereingeschleppt, man fuhr Montagegerüste heran und die Arbeit konnte beginnen. Nach 170, 700 und 2800 Flugstunden waren Inspektionen zu machen. In der Hamburger Werft wurden sie alle zwei Jahre in ihre Bestandteile zerlegt und erneuert. „Safety first." Man ersetzte nicht nur Defektes. Dem Verschleiß unterworfene Teile wurden nach bestimmten Zeiten in jedem Fall gewechselt.

Berger wies Flori leichte Arbeit zu. Der protestierte: „Tut doch nicht, als wär ich Invalide." Aber Berger sagte: „Immer schön langsam. Den strammen Max markieren kannst du in vier Wochen immer noch. Sei friedlich!"

Flori liebte die glatten Werkstücke, mit denen er zu arbeiten hatte. Sie lagen kühl und fest in der Hand. Ihre Zweckmäßigkeit gab ihm immer wieder ein Gefühl von Klugheit und Ordnung. Das war 20. Jahrhundert und kein provisorischer Murks. Er hatte ein nahezu sinnliches Verhältnis zu Dingen, die das Wunder des Fliegens möglich machten. Wäre der Mensch von Boeing gebaut, gäbe es weniger Probleme auf Erden, hatte er einmal im Scherz, auf einem Kursus, gesagt. Er fühlte sich behaglich, wenn etwas logisch funktionierte.

Das liebte er auch an Gisela, daß ihre Pläne realisierbar und ihre Wünsche im Bereich des Möglichen waren. Ihr Kopf funktionierte. Nur selten verfiel sie in jene weibliche Verwirrung, in der das Gegenteil von dem, was eine Frau nicht will, durchaus nicht das ist, was sie will.

* * *

Sie hatte nicht viel Zeit für ihn. Die Schule schien sie aufzufressen, aber sie beklagte sich nie. Auch nicht über läppische, alltägliche Differenzen und Kränkungen, denen jeder Mensch im Beruf ausgesetzt ist. Auch diese Contenance schätzte Flori an ihr. Wenn sie beisammen waren, wurden Pläne geschmiedet, gehörte die Zeit dem Schönen im Leben – der Liebe und der Kunst. Der Alltag blieb draußen.

177

Mit jedem Tage war sie ihm näher. Er konnte sich in ihrer Gegenwart geben, wie er war, und sagen, was er dachte. Manchmal gab es einen Streit mit Worten, daß die Fetzen flogen, aber stets kam Einigung zustande. In nachgebendem Konsens, nicht im Bett, wie bei so vielen Paaren. Was ihnen das Bett bedeutete, war ohnedies klar. Die Gemeinsamkeit aber reichte weiter.

Floris Empfindung für die Gefährtin der Leidenstage in Indien wurde mit jedem Tage umso blasser, je stärker Gisela auf ihn einwirkte.

✳ ✳ ✳

„Warum ziehst du nicht endlich zu mir? Diese blöden zwei Wohnungen! Ich mag nun einmal deine Studentenbude nicht. Bei meinen Eltern ist so viel Platz, in der großen Wohnung –"

„Ich bin gern noch ein bissel frei", quengelte Flori. „In deinem Schlepptau bin ich noch lange genug."

„Freiheit ist eine innere Einstellung und hängt nicht von der Wohnung ab, mein Schatz, – von einer großen schon gleich gar nicht. Gib zu, du liebst mich nicht, du erträgst meine Anwesenheit nicht, ich bin nur ein Spielzeug für dich, ein Lustobjekt, ein ausgebeutetes." Sie lächelte funkelnd.

„Du hast es erraten", ging Flori auf ihren Ton ein. „Ich bin ein Pascha und fröne meinen Gelüsten und halte dich nur als Leibsklavin."

„Ich wußte es vom ersten Augenblick an. Du bist ein schlechter Charakter, ein ganz mieser sogar –"

„Das bindet uns ja so aneinander", sagte er und küßte sie. Sie stürzten sich aufeinander.

Aber in seiner Wohnung blieb Flori weiterhin.

2

Den Kollegen war es nicht gelungen, Mumtaz wiederzusehen. Bei Anrufen im Hospital wurde geantwortet, Mumtaz – ihr wirklicher Name lautete anders, Mumtaz war ein Kosename – sei nicht mehr zu erreichen, sie habe den Dienst quittiert, eine Adresse oder eine neue Arbeitsstätte seien nicht bekannt.
Den Namen von Mumtaz' Heimatort hatte sich niemand gemerkt. Man hätte sich ins Auto setzen und das Dorf suchen müssen. Aber auch des Weges konnte sich kein Kollege so genau entsinnen. Man tröstete sich mit der Annahme, sie würde sich gewiß melden, wenn sie über den ersten Trennungsschmerz weg war.
Es kam anders.

✳ ✳ ✳

Eines Spätnachmittags saß Rheto Kääbi am Lesegerät für Mikrofilme. Eine anfliegende Maschine hatte den Ausfall einer elektrischen Funktion gemeldet. Rheto hatte den Fall aus dem Handbuch gesucht und übertrug eben die Detailzeichnungen des Reparaturverlaufs von Mikrofilm auf Fotokopie, als Schröter gerannt kam, außer Atem und aufgeregt.
„Jetzt haben wir den Salat!"
Kääbi drehte sich gelassen um: „Welchen Salat bitte, und was schnaufst du so?"
„Sie sitzt unten, zum Abflug bereit."
„Wer?"
„Mumtaz. Sie fliegt nach Frankfurt, zu Flori".
Kääbi hielt das für einen von Schröters Scherzen. „Ist erster April heute, oder was hast du vor mit einem seriösen Schweizer Bürger?"
„Sie hat alles verkauft was sie besaß, hat sich was gepumpt, ihre Familie scheint ihr auch geholfen zu haben, wahrscheinlich die Brüder. Sie hat einen billigen Flug gebucht, auf Umwegen, mit Linien, von denen wir uns immer wundern, wie sie ihre Flieger

noch heil vom Hof kriegen, sie macht Zwischenstops, was weiß ich wo – aber in anderthalb Tagen ist sie in Frankfurt!" Kääbi konnte nicht folgen. „Was zum Teufel will sie dort? Ihn nochmal pflegen? Er hat sie doch nicht eingeladen. Sie kommt ihm am Ende ungelegen, vermute ich."

Schröter war ein wenig verzweifelt: „Da vermutest du richtig. Das ist ja die Katastrophe! Er hat ihre Familie besucht, hat ihr einen Ring gekauft, war mit ihr im Hindu-Tempel und all das andere –! Sie betrachtet sich als seine Frau – oder Braut, was weiß ich!"

„Als seine Frau?!", schrie Rheto. „Ja, Gottverdori – das ist doch der blanke Wahnsinn!"

„Andere Mentalität. Was kannst du machen." Er setzte sich.

„Wir sollten aber etwas machen. Der Flori –"

„– steht kurz vor der Hochzeit. Wenn jetzt sein Flirt ins Haus kommt, dann gute Nacht. Ich kenne doch seine Gisela. Das gibt Mord und Totschlag."

„Auf was warten wir noch", schrie Kääbi. „Wir müssen sie zurückhalten!" Er ließ alles liegen und rannte mit Schröter in die Wartehalle.

✳ ✳ ✳

Tatsächlich – da saß sie. Sie trug ein Reisekostüm, enge Hosen mit einer langen Bluse, und hatte Gepäck bei sich. Sie sah klein, zart und ernst aus.

Schröter blieb stehen. „Eigentlich ist sie so entzückend und hübsch, daß man sie ihm vielleicht nicht vorenthalten sollte."

„Bist du meschugge? Es geht um Leben oder Tod!"

„Ich weiß nicht recht –" zögerte Schröter. „Geht uns das was an? Vielleicht ist sie ihm bestimmt?"

„Bestimmt nicht!" sagte Rheto energisch und stiefelte auf Mumtaz zu, die sich bei seinem Anblick, erfreut lächelnd, erhob.

„Haben Sie die Adresse, Rheto?" fragte sie.

Rheto wußte nicht, was sie meinte. „Welche Adresse?"

Schröter erklärte ihm in deutsch: „Floris Privatadresse. Ich habe ihr gesagt, du hast sie."

„Wieso ich? Bist du bei Trost?"

„Das war eine Ausrede, Mensch, um Zeit zu gewinnen. Wenn Flori ihr die Privatadresse nicht gegeben hat, will er auch nicht, daß sie sie kriegt, verstehst du nicht? Er hat ihr nur die Werft angegeben!"

„Ich hab die Adresse nicht", sagte Rheto, dessen redliches Berner Gemüt ob des Tricks verärgert war. „Außerdem geht es nicht um die blöde Adresse, es geht darum, sie hier zu behalten."

„Was du nicht sagst, danke für den Hinweis", höhnte Schröter beleidigt. „Und wie halten wir sie? Fällt dir was ein?"

Rheto dachte angestrengt nach: „Nein".

Mumtaz blickte erstaunt von einem zum andern. Schröter wollte, in einem plötzlichen Einfall, ihre Flugscheine sehen: „Soll ich mich erkundigen, ob die wirklich o.k. sind? Darf ich die Tickets mal haben?"

Mumtaz gab sie nicht aus der Hand. Das hilflose Spiel der Freunde endete damit, daß sie erklärten, den Vertreter der Billigfluglinie konsultieren zu wollen, ob die Buchung wirklich in Ordnung sei, denn bei diesen Behelfslinien könne man nie wissen –. Dann liefen die beiden Männer um die nächste Ecke und beratschlagten hastig.

„Die Wahrheit ist an sich immer das beste", meinte der Schweizer. „Sollen wir ihr nicht schonend beibringen, daß Flori verlobt ist und daß alles halt nur eine Episode war? Das wird ihr zuerst weh tun, aber es ist die einzige Möglichkeit, nicht gleich drei Beteiligte unglücklich zu machen."

Schröter widersprach zunächst, aus Mitleid mit dem schönen Mädchen. Dann sah auch er keinen anderen Weg. Die Freunde liefen zu Mumtaz zurück. Aber der Sitz war leer. Sie war, offenbar beunruhigt vom seltsamen Betragen der Männer, davon.

* * *

Kääbi und Schröter fanden sie erst auf dem Vorfeld wieder, als sie aus dem Bus stieg, der neben der abgeschabten Maschine, einer alten Turboprop einer schwarzafrikanischen Linie, hielt. An Bord waren farbige Stewardessen, im Cockpit saßen drei Weiße. Mumtaz winkte den belämmert und ratlos Grinsenden mit den Flugscheinen: „Das Ticket ist o.k. Danke für eure Bemühungen!"

Die alte Mühle hob ab und gewann langsam an Höhe. Mumtaz würde über Zentralafrika und den Mahgreb, auf Kurzstrecken mit langen Wartezeiten, erst morgen ankommen. Es blieb also noch Zeit, Florian zu warnen.

Schröter und Kääbi bastelten lange am Text des Telex. Es durfte nur für Flori verständlich sein, falls es in unrechte Hände, oder gar auf dem Dienstwege an Vorgesetzte geriet. Schließlich einigten sie sich. Schröter zog den Fernschreiber an sich heran und tippte:

florian hopf / fra / mumtaz unterwegs fra. ankunft 16. mittags vermutlich air maroc. sorry for troubles. die truppe.

3

Die füllige Sekretärin der Abteilung Berger kam ratlos zu ihrem Chef. „Herr Berger (sie sagte ‚Bersche') da ist ein Fernschreiwe gekomme an den Florian Hopf und der is doch net da, der hat zwei Tag frei – was solle mer mache? Soll ich's 'm durchtelefoniere?"

Berger las und grunzte. Er war einer der Wenigen, die sich von Florian Genaueres über seine indischen Erlebnisse hatten erzählen lassen. Die Meisten, denen der von Eindrücken übervolle Flori hatte berichten wollen, zeigten kein Interesse, langweilten sich nach wenigen Minuten und ließen so den Erzählenden rasch verstummen. Eigenartig – niemand in diesem emsigen Lande interessierte sich für andere Weltgegenden. Dabei verstand es Flori, spannend zu berichten.

„Mumtaz", brummte Berger und die Sekretärin fragte neugierig: „Was ist denn das, ein Mumtaz? Ein Tier?"
„Nein, nein." Berger mußte lachen. „Lassen Sie mal – ich
besorg das schon." Es war noch ein Tag Zeit bis zur Ankunft
des Mädchens. Er würde das Fernschreiben in ein Dienstku-
vert stecken und es in Florians Briefkasten werfen. Er wohnte
ja im gleichen Hause.

∗ ∗ ∗

Berger war entgangen, daß Flori die letzten Wochen nur selten
in seine Bude kam. Gisela hatte ihn dazu gebracht. Nur wenn
etwas zu holen oder zu bringen war, kam er gelegentlich in sein
Appartement. Hätte Berger das gewußt, er hätte Flori das
verhängnisvolle Telex gewiß auf anderem Wege zugestellt.
Floris Bude lag auf dem Wege zu Giselas Schule. Sie hatte den
Schlüssel zum Briefkasten und holte täglich die Post ab. Im
offenen Kuvert der Werft vermutete sie eine Änderung des
Dienstplans. Flori war in seinen beiden freien Tagen zu seinen
Eltern nach Garmisch gefahren. Sie müßte also die Nachricht
telefonisch an ihn weiterleiten. Deshalb zog sie die Mitteilung
aus dem Umschlag.
Als sie den Namen Mumtaz las, war er ihr wie ein Schlag in die
Magengrube. Frauen können mit ihrem sechsten Sinn, der sie
bei realen Dingen oft im Stich läßt, aus einem Mosaikstein sich
ein komplettes Bild imaginieren. Den Namen Mumtaz kannte
sie. Flori hatte ihn einmal erwähnt.
Sie wußte augenblicklich: die Krankenschwester kommt. Das
ist eine Liebesgeschichte. Die Rivalin reist an.
Ein unbeherrschbares, wütendes Gefühl der Eifersucht ergoß
sich über sie, als habe man ihr einen Kübel Wasser über den
Kopf geschüttet. Kein von der Lauge Eifersucht trockener
Faden war an ihr.
Im Auto zerriß sie den Zettel und ließ die Fetzen über
Kilometer aus dem Fenster fliegen. Diese Nachricht sollte
Flori nie erreichen! Und was seine offenbare Untreue anging,

für die würde die Stunde der Aufrechnung kommen! Sie raste unachtsam die Straße entlang.

Nur einen Augenblick lang dachte sie an die Sylvesternacht in Garmisch, mit dem angetrunkenen Tölpel. Würde der ihr nachreisen? Nein, den sähe sie nie wieder. Und wenn, wäre er fremd, würde mit Sie angesprochen und kein Lidschlag könnte ihn an die kurze Stunde erinnern. Wahrhaftig, das hatte nichts bedeutet und war nicht zu vergleichen mit der Inderin.

Ein alles umgreifender Haß auf den Geliebten stieg in ihr auf, der Nacht für Nacht in ihren Armen lag, dem sie sich vertrauensvoll, sich aufgebend öffnete, und unter dessen Ungestüm sie sich verströmte. In gleicher Weise hatte er auch diesem Stück Dreck beigewohnt, dieser Schlampe, die die Hilflosigkeit seiner Krankheit begierig ausgenutzt haben mußte. Gisela begann zu weinen, angesichts der Demütigung und der Verlogenheit ihres feigen Geliebten. Ich werde mich rächen. Ich muß mich rächen. Ich will ihn verletzen und quälen, will ihm eine Wunde mit Worten und Schikanen schlagen, von der er sich nicht erholt!

❊ ❊ ❊

In den nächsten Minuten erstarrte der Tornado der Empfindungen zu Eis. Ich werde mich in kleinen Dosen rächen, so, wie man Gift täglich in die Speisen streut. Er soll leiden. Ich werde kühl und überlegen bleiben. Keine Aufwallung, kein Geschrei. Ob ich ihn anrufe und ihm sage, er habe noch weitere Tage frei, er solle in Garmisch bleiben? Das würde ihm bei der Firma schaden. Man würde sagen, er sei unzuverlässig. Ich könnte mich herausreden, ich hätte den Dienstplan falsch gelesen. Wenn der Schaden geschehen ist, werde ich ihn flehentlich um Verzeihung bitten. Das ist gut. Er gilt als unzuverlässig. In einer so großen Firma fragt niemand, wie es dazu kam. Ich bringe ihn weg von seiner geliebten Fliegerei! Eine Minute später kam ihr diese Idee so kindisch vor, daß sie lachen mußte. Nein, das ließ sich feiner einfädeln. Soll er diese

Inderin doch treffen! Dann ertappe ich ihn „in flagranti" und stehe als Rächerin da. Wäre das nicht das Beste?

Sie verwarf auch diese Idee. Sie nahm sich vor, genau zu überlegen. Bis morgen Mittag hatte sie Zeit. Sie mußte die Situation souverän meistern.

Dann kamen wieder die Tränen. Sie fühlte, die Achtung vor dem Geliebten, das Vertrauen waren unwiederbringlich dahin. Auch wenn sie um ihn kämpfen und gewinnen würde, trauen könnte sie ihm nie, nie wieder!

Trotz aller Überlegungen, Verzweiflung und Tränen schlief sie gegen Morgen schwer und traumlos ein, dem Tage, den sie für entscheidend hielt, entgegen.

4

Flori hatte die Freude der Eltern über den wiedergewonnenen Sohn genossen. Es war schön zu Hause.

Er versuchte ein wenig von seinen Erlebnissen zu erzählen. Sie hörten höflich zu. Der Vater haßte das Reisen. Sogar Schloß Linderhof, 32 km entfernt, hatte er nur ein einziges Mal besucht. Seit Jahren verschob er die Fahrt nach Neuschwanstein, 100 km, obwohl ihm die Tankstellenkunden bei ihren Fragen nach dem Weg immer davon schwärmten. Später einmal, sagte er, in zwei Jahren, wenn ich sechzig bin. Der Rußlandfeldzug war mir Reise genug. Fotos vom Taj Mahal und anderen Kostbarkeiten machten ihm wenig Eindruck.

Flori versuchte den Eltern zu sagen: „Wir leben falsch. Wir legen zu großes Gewicht aufs Materielle. Wir sollten auf unsere Instinkte hören und uns Zeit zum Nachdenken nehmen. Es gibt nichts Wichtigeres!"

Der Vater wollte nur den Alltag begreifen. Die Auflagen des Mineralölkonzerns, die Fluktuation der Kunden, die Geschehnisse im Ort. Die Fußball-Bundesliga fand seine fachliche Begeisterung. Ob Bayern München oder Borussia Dortmund siegten, konnte ihn eine Woche fröhlich oder grämlich stimmen.

Die gute Mutter hatte zwei wirkliche Interessen: immer neue Kochrezepte, (wobei sie alles Exotische vermied) und die Geschehnisse in der Bannmeile. Wer es mit wem trieb, wer ein Kind von wem bekam, was sich die und die anschafften und wie sies bezahlten, die Zuzügler aus dem Norden, und die meist leeren Zweitwohnungen der Rheinländer – das war ihre Welt. Sie las illustrierte Periodika zuhauf und lebte innig mit dem Schicksal der restlichen Fürstenhäuser dieser Erde. Von den Erzählungen des Sohnes interessierte sie vornehmlich das Leben der Moguln und ihrer zahlreichen Gattinnen.

Unerschöpflich für die ganze Familie war das Thema Fernsehprogramm und wie schlecht es geworden sei. Man könne das alles nicht mehr anschauen, sagten sie, während sie alles anschauten.

⁂ ⁂ ⁂

Flori sprach justament über Indien, auch wenn er wenig Echo fand. Seine Eltern mußten doch begreifen!

„Vielleicht hast du recht", sagte der Vater schließlich. „Vielleicht sind uns Besitz und Geld und Ordnung zu wichtig. Aber das ist für uns halt die richtige Lebensweise, so haben wirs zu was gebracht. Schau, wie wir dastehen in der Welt – und dein Indien verhungert."

Florian wechselte das Thema.

⁂ ⁂ ⁂

Zwei Begegnungen mit der Vergangenheit, mit seiner Jugendzeit, stimmten ihn noch nachdenklicher.

Ein alter Lehrer vom Gymnasium, bei dem er Deutsch und Geschichte stets gern gelernt hatte, weil der stämmige Bajuware diese Fächer spannend darzustellen verstand, kam auf seinem Spaziergang vorbei. Er wollte den ehemaligen Schüler sehen, der so Abenteuerliches erlebt hatte.

Florian begleitete ihn. Sie wanderten durch die Zoeppritz-straße, an der Villa von Richard Strauss vorbei, zum Ort hinaus.

Flori konnte endlich, von einem Thema zum anderen springend, von seinen Eindrücken berichten und schließlich sagen: „Die sind uns überlegen. Denn sie haben die Verbindung zum Natürlichen nicht verloren, so wie unser alter Kontinent."

„Der alte Kontinent? Vergiß nicht, Flori, was er der Welt gegeben hat. Lebensformen, Recht und Gesetz, die gesamte technische Entwicklung! Und wie er die Weltkultur beeinflußt hat! Europa hat das Gesicht des Globus geprägt. Wenn man ‚modern' sagt, meint man noch immer ‚europäisch'! Vergiß das nicht!"

„Professor", suchte Flori höflich dieses Vorurteil zu korrigieren, „glauben Sie mir, die haben ihre eigene Kultur, ihre eigene Geschichte –"

Der Alte schüttelte widerspenstig den Kopf. „Denen fehlt die Kontinuität. Ich habe mich mein Leben lang mit Geschichte befaßt. Es ist so: überall, auch in deinem Indien, gibt es Blütezeiten. Die dauern ein paar Dutzend Jahre, oder auch hundert, und dann versinkt alles wieder in Lethargie und Barbarei. Das bis dahin Erreichte verschwindet völlig aus dem Bewußtsein der folgenden Generationen. Übrig bleiben ein paar Monumente, so wie deine Grabmäler der Moguln, alles andere ist weg! Vergessen, als sei es nie gewesen! Das ist der Unterschied."

„Ist das bei uns anders? Was haben unsere arbeitenden Massen, heute, noch mit der Kulturblüte von 1914 zu tun? Das haben Sie uns in der Schule selber klargemacht, Herr Professor."

Der hob die Stimme: „Trotzdem! Jedes Jahrhundert in Europa hat seinen Stil, seine Kunst, seine Philosophie dem nächsten weitergereicht. Das hat es sich dann hergerichtet, modifiziert, passend gemacht, aber es hat nichts gänzlich vergessen! Eines baut auf dem anderen auf. Ich rede nicht von der blöden Tagespolitik, von den Kriegen um Macht und Grenzen und

den eitlen Fürsten. Ich rede vom Extrakt der Zeiten, von der Summe. Darin tuts uns kein anderer Kontinent nach.
Freilich hats auch bei uns Rückschläge und Barbarei gegeben. Dann aber kam stets die Besinnung. Die Renaissance, die Italien zum schönsten Land der Erde gemacht hat, war die Idee der Wiedergeburt der Antike. Hast du alles vergessen, was ich euch beigebracht habe? Daß unsere Erfinder auf Leonaro da Vinci aufbauen, unsere Gesellschaftsform auf der englischen Demokratie, auf Macchiavell, Plato – Europa, Bub, das ist Kontinuität. Zu mehr sind Menschen mit ihren verwirrten egoistischen Schädeln nicht fähig. Glaub mir!"
In diesem Punkt mußte Flori dem Alten recht geben. Indische Tradition? Zufälligkeiten. Die Reste großer Zeiten ragen als vereinzelte Stockzähne in einem leeren Mund.

* * *

„Vielleicht sind wir jetzt am Ende", setzte der Professor fort. „Die Europäer Hahn, Einstein, Fermi, Teller und wie sie alle heißen, haben das Zündholz gebastelt, das unseren Globus in die Luft sprengen kann. Und man wird es benutzen."
„Glauben Sie?"
„Man kennt die Beschränktheit derer, die über Krieg und Frieden entscheiden. Noch nie in der Geschichte ist ein möglicher Krieg vermieden worden. Warum diesmal? – Aber das ändert nichts daran, daß Europa der Quell war, aus dem die Welt trank und trinkt."
„Und Amerika? Und Rußland?"
„Amerika? Eingewanderte Europäer und ihre Nachkommen. Die haben dort das Bleibende gemacht, und die Plastiktüten auch. Und Rußland? Bis zum Ural ist es ethnisch noch Europa. Kennst du kirgisische oder kasachstanische Gelehrte? Die Glühbirne und das Telefon haben sie jedenfalls nicht erfunden und einen Petersdom haben sie auch nirgends gebaut."
Flori wußte nichts dagegen zu sagen. Er setzte nur hinzu: „Ich habe aber in Indien eine ungeheure Lebenskraft gespürt, eine

weise Ruhe, kluge Bescheidenheit, den Sinn fürs Mögliche."
„Die Welt geht weiter durch Leute, die das Unmögliche
möglich machen. Mein lieber Flori, deine Schwärmerei klingt
mir zu sehr nach Touristenglück. Habs gern, dein Indien, aber
denk daran, daß es nur dein persönliches Bild von Indien ist.
Ein Eidylion, ein Idyll. Das Wort ist griechisch und heißt
‚kleines Bild'. Klein! Entschuldige, daß ich eine so hohe
Meinung von Europa habe, das ist der Lokalpatriotismus eines
Mannes, der seine Reisen nur mit dem Finger auf der
Landkarte gemacht und aus Büchern gelernt hat, was er zu
wissen glaubt."
„Ich habe gefunden, daß dort alles ganz anders ist, als man
hierzulande glaubt. Aber sicher haben Sie objektiv gesehen
recht."
„Zum Teufel mit der Objektivität", schrie der Alte. „Aufs
persönliche Erleben kommts an. Gewiß hast du recht und ich
bin ein Depp!"

✳ ✳ ✳

Die zweite Begegnung fand wenige Stunden vor Floris Rück-
reise nach Frankfurt statt. Er besuchte seine Jugendliebe, die
Reiter Liesl, die inzwischen die Frau seines Schulkameraden
Max geworden war. Er fand eine glückliche Familie mit einem
vierzehn Monate alten Stammhalter, dessen Krähen ruhige
Gespräche unmöglich machte.
„Wir sind nicht mehr lange da. In zwei Monaten gehts los, nach
Neuseeland. Dort gibt es auch wunderbare Berge und Schnee.
Und unser Klima."
„Was? Ausgerechnet ihr wollt weg, ihr zwei Bilderbuchbay-
ern? Warum?"
„Weil sich was zusammenbraut", sagte der Max ruhig. „Die
Leute werden jeden Tag böser und gehässiger. Sie haben kaum
mehr Kontakte miteinander. Jeder hockt da, eingekapselt, und
nimmt übel. Die Jungen lehnen sich gegen alles auf – nichts
paßt ihnen. Sie ‚stellen alles in Frage' und möchten alles kaputt

machen. Sie hassen jede Arbeit und nennen sie Ausbeutung. Aber jeder Luxus, jede Bequemlichkeit ist ihnen selbstverständlich. Mir kommts vor, als hätte die Welt einen Bazillus erwischt, der alles auflöst und zu Matsch macht. Ich möchte nicht, daß mein Sohn in so einer Umgebung aufwächst."

„Du merkst das vielleicht nicht so –" setzte die Liesl fort. „Du bist viel im Ausland. Aber hier nimmts einem die Luft. Wie ein böses Gestrüpp, das einen überwuchert. Du kannst das nicht so nachfühlen –."

„Doch", sagte Flori. „Aber grad weil ich draußen war, weiß ich, daß man seine Wurzeln nicht einfach ausreißen und anderswo einpflanzen kann."

„Der Schaller Sepp aus unserer Klasse ist schon drüben", sagte der Max. „Er schreibt, es ist hundsfad und man muß Vieles entbehren – aber man kann frei atmen und braucht auch keine Angst vor dem nächsten Krieg zu haben."

„Wir probierens halt", sagte die Liesl. „Es wird schon gehen. Wenns nicht zum Aushalten ist, kommen wir reumütig zurück. Aber ich glaube nicht, daß wir wiederkommen –."

* * *

Am Sonntag vormittag geriet Flori in ein großes Volksfest. Der Trachtenzug marschierte hinter der Blasmusik mit den blankgeputzten Instrumenten. Ein kleiner Bub hieb voll Lebensernst auf die große Pauke.

Burschen und Dirndl, blitzsauber und elegant herausgeputzt, in neuen alten Trachten. Blumen, Bänder, Mieder, weiße Hemden, weiße Blusen, lederne Hosen, kurz, oder als Bundhosen übers Knie, Adlerflaum und Gamsbart auf den zu kleinen, schief aufgesetzten Hüten. Gepflegte Bärte. Dicke rotbackige Gesichter, vollsaftig und zu fett. Schön geschmückte Tafelwagen, von feinsten Pferden gezogen, von arschbackenmächtigen Bräugäulen.

Auf dem Festplatz das riesige Zelt. Lärm, rücksichtslos rempelndes Durcheinander. Trinken, Essen, Fressen, Saufen.

Schießbude knallen, Glückshafen, Lose, dumme Gewinne. Teddybären. Haut den Lukas. Kraft, Genuß, Saturiertheit, pralles „Mir-san-mir."
Flori kannte jeden Dritten und fühlte sich doch fremd. Fremder noch, als die blasierten Kurgäste und hochmütigen Norddeutschen, für die man dieses Spektakel veranstaltete. War Flori zu Hause schon nicht mehr daheim?

5

Es war der zweite Flug in Mumtaz' Leben, so kurz nach dem ersten, mit Flori nach Agra. Sie wurde nicht müde, aus dem Fenster zu schauen. Nachts die winzigen Lichter in der Ebene und die Spinnennetze der Städte, tags die Vielfalt der Wolken, die schnell, so schnell vorbeizogen und immer wieder das Land dort unten in seinen zarten Pastellfarben, in Dunst und Blau freigaben. Die scharfen Linien der Küsten, weiße Punkte auf dem Meer, Schaumkronen, scheinbar regungslos.
Die kleine, weite Erde.
Vier Zwischenlandungen, viermal umsteigen. Orte in Schwarzafrika, in der Wüste und endlich am Rande des Mittelmeeres. Den richtigen Warteraum finden für den Anschlußflug. Wen von den gleichgültigen Leuten hinter den Schaltern sollte man fragen? Waren die Auskünfte in seltsamem Englisch auch richtig?

* * *

Mumtaz war Charly Dörr sofort aufgefallen, als sie, auf der letzten Etappe, in Tanger, im Transitraum saß. Sie lümmelte nicht, wie die anderen alle, sie saß konzentriert, als würde sie meditieren. Sie hatte auch nicht jenen selbstbewußt kokettierbereiten Ausdruck schöner Mädchen. Er sprach ein paar Sätze mit ihr. Sie schien aus tiefen Gedanken aufzufahren, antwortete höflich und senkte wieder den Blick.

Charly Dörr, Pressefotograf, Globetrotter, zaundürr, mit grobem Gesicht, hielt sich für einen Weiberfachmann. Unzählige Girls hatten vor seinen Kameras posiert. In Abendkleidern, Tagesmoden, Badeanzügen oder nackt. Auch pornografische Serien hatte er schon aufnehmen müssen. Manchmal konnte er die Weiber nicht mehr ertragen, ihre gemalten Augen, stetigen Einreden, ihre alles bestimmende Gefallsucht und ihre Bereitwilligkeit, sich in Posen zu verrenken.

Dann begab er sich auf Fotojagd, durchstreifte heiße, ferne Länder, einsame Gegenden, knipste Tiere, Stimmungen, häßliche Ausdrucksvolle, das, was er das „wirkliche Leben" nannte. Von einer solchen Reise kam er eben zurück. Er hatte eine Jagdgesellschaft in die Gebirge Marokkos begleitet.

Das klapprige Flugzeug von Tanger nach Frankfurt war voll mit Schwarzen, Dunklen und Armen. Mumtaz saß zwei Reihen seitlich von ihm, am Fenster. Charly beobachtete sie. Sie hielt ein kleines Buch über Frankfurt in der Hand und blätterte manchmal darin. Die meiste Zeit sah sie aus dem Fenster. Gelegentlich glitt ein zartes Leuchten über ihr Gesicht, dessen eigener Reiz sie so sehr von den Puppen, Larven und bewußt Originellen unterschied, mit denen er meist zu tun hatte.

Mittags fiel das Licht der Sonne in einem so günstigen Winkel ein, daß sie von einer Aura umgeben schien. Charly Dörr, der nie einem Bild widerstehen konnte, zog seine alte Leica, die er stets an einem abgegriffenen Riemen von der Schulter baumeln hatte, herauf und schoß in schneller Folge einige Portraits. Sie merkte nichts. Ich werde ihr meine Karte geben, dachte er. Vielleicht brauche ich diesen Typ, gelegentlich.

Der Flug wurde unruhig. Eine Wetterfront trennte den warmen Süden vom winterlichen Norden. Der Service mußte eingestellt werden, die Anschnallzeichen brannten bis Frankfurt. Dort verlor Charly Dörr das Mädchen aus den Augen, ohne mit ihm gesprochen zu haben. Es war ihm auch nicht sehr wichtig. ＊ ＊ ＊

Im Frankfurter Flughafen-Labyrinth irrte Mumtaz lange umher, ehe sie den Mut fand, sich zu erkundigen, wo sie ihr Gepäck bekäme. Man wies sie unfreundlich und präzise. Als sie die Ausgabe erreichte, kreiste das Band leer. Die Passagiere waren schon fort.

Ihr mit einer Schnur gesicherter Koffer war nirgends zu entdecken. Mumtaz wartete lange, ehe sie einen vorüberkommenden Mann zu fragen wagte. Der verstand kein Englisch und schickte sie in ein Büro. Rückfragen ergaben, daß kein übriges Gepäckstück des fraglichen Fluges auf Lager war. „Beim vielen Umsteigen wird er wohl irgendwo in Afrika hängengeblieben sein. Da ist das nicht alles so, wie – Sie verstehen." Man gab Mumtaz einen Beleg. Sie sollte ihre Adresse dalassen.

Adresse? Sie wußte keine. „Fragen Sie telefonisch nach, heute abend oder morgen. Wenn Name und Bestimmungsort draufstehen, kriegen Sie ihn wieder. Es geht selten etwas verloren. Waren Wertsachen drin? Haben Sie eine Gepäckversicherung? Aha." Die Menschen bewegen sich so hastig und plump. Man läßt mir keinen Augenblick, um Mut zu fassen, dachte sie.

* * *

Flori wird helfen, dachte sie und trat in die Märzkälte hinaus. An den Wegrändern lag, was sie nie vorher gesehen hatte, Schnee. Der eisige Wind nahm ihr den Atem. Ihr warmer Mantel war im verlorenen Koffer. Sie wickelte sich in ihr großes Umschlagtuch und ging so schnell sie konnte.

Die Werft? Sie fragte. Es war schwierig, die Antworten zu deuten. Tor 21, twenty-one? Sie geht über Asphalt und Beton, an Gittern vorbei, an Schranken und Umzäunungen. Um sie das Brausen und Dröhnen von Autos. Niemand geht zu Fuß. Allein und frierend stapft sie auf Umwegen zu Floris Arbeitsstätte. Das Handgepäck ist schwer. Mißtrauisch hatte sie alles Wesentliche bei sich und nicht im Koffer.

Werde ich dort drüben telefonieren müssen? Am Telefon bin ich verloren. Die fremde, harte, schnelle Sprache.

Da ist Tor 21, umzäunt, der Eingang mit einer Schranke verschlossen. Pförtner mit grauen Dienstmützen, Feldwebel der Sicherheit, zwischen Haufen schmutzigen Schnees.

„Halt! Wohin! Anmelden bitte!"

Die Pförtnerloge. Eine Theke, Schlüsselbretter, Zeitstempel, Formulare. Mumtaz wartet. Hastiges Kommen und Gehen.

„Mr. Florian Hopf? Moment, please –"

Verzeichnisse wälzen, nachsehen, Stechuhr kontrollieren.

„Nicht im Hause."

„Nicht? – Könnte man vielleicht fragen –?"

„Moment." Telefon, ein Gespräch das sie nicht verstehen kann, Rückfragen, Antworten.

„Sie sollen zu Herrn Berger kommen. Er hat Sie schon in der Ankunftshalle erwartet, aber Sie haben ihn anscheinend verfehlt", sagt der Mann in hartem Englisch. „Ihren Paß, bitte. Das da ausfüllen. Bitte unterschreiben. Danke. Das ist Ihr Passierschein, den müssen Sie von Herrn Berger unterschreiben lassen. Mit Uhrzeit. O.k. Geradeaus, dann rechts, immer geradeaus. Sie sehen schon. Die große Halle. O.k.?" Der Mann ist freundlich und forsch.

＊ ＊ ＊

Die große Halle? Alle Hallen sind groß. Auf dem Betonfeld stehen große Flugzeuge und wirken klein. Mit heulenden Triebwerken rollt eben eine DC-10 herein. Draußen starten und landen in kurzen Abständen die Linienmaschinen. Aller Herren Länder sind vertreten. Auch eine „Air India" erhebt sich röhrend in die Lüfte. Blaugelbe Dienstautos preschen vorbei, als sie tapfer voran stapft. Die Entfernung zur letzten großen Halle dort scheint sich nicht zu verringern. Sie friert erbärmlich.

Die größte Halle. Wo ist der Eingang? Riesige Tore, versperrt und verschlossen. Sie geht an zwei Seiten den Koloß entlang,

194

ehe sie die kleine Pforte entdeckt. Grauer Beton. Alles ist glatt und ordentlich. Nichts bröckelt, nichts bröselt.

Innen ist es warm, wenn man aus der Winterkälte kommt. Man sieht nicht mehr den Atem vor dem Gesicht. Vier Flugzeuge stehen da, weiß-blau-gelb, Lufthansa. Gerüste um sie. Einige wenige Männer in Overalls arbeiten daran. So wenige? Flori ist keiner von ihnen? Nein. Er ist nicht da, hat der Mann an der Pforte gesagt. Ich soll einen Herrn Berger suchen.

※ ※ ※

„Herr Berger? Moment."

Der freundliche junge Mann verschwindet hinter einer der Bürotüren. Ein Bürotrakt im Inneren dieser Halle. Ein Haus im Hause. Lustige Zeichnungen, an die Wände geheftet. Alles sauber und geordnet. Jedes Ding auf seinem Platz. In den Büros brennt Neonlicht, Schreibtische stehen eng aufeinander. Pläne, Diagramme an gelben Wänden. Die Leute dort drinnen, Monteure in Overalls, Chefs in Zivil, bunte Sekretärinnen, reden miteinander oder telefonieren. Man kann ihre Stimmen nicht hören. Man könnte sie auch nicht hören, wenn es keine Glasfenster zur Halle gäbe, denn dort herrscht ein beständiges, lange hallendes Brausen, eine Brandung der Arbeit, ein geschäftiges Fauchen.

※ ※ ※

Ein freundlicher Mann mit zerfurchtem Gesicht kommt auf sie zu. „Miß Mumtaz?"

Sie nickt.

„Ich hatte versucht, Sie am Gate abzufangen, aber da kamen so viele Inderinnen heraus –. Drei von ihnen habe ich gefragt, ob sie Mumtaz heißen." Er lacht. „Hatten Sie einen guten Flug?"

Einen guten Flug? Welch eine Frage.

„Unser Florian ist leider nicht da. Er hat keinen Dienst, er ist frei, Sie verstehen." Ein forschender Blick, weil sie nicht reagiert. Sie sieht ihn nur angstvoll an. „Sie verstehen mich doch?"

Ich muß Ja sagen, denkt Mumtaz. Flori ist nicht da. Warum grinst dieser alte Mann so vertraulich?

„Ich weiß auch nicht genau, wo er sich heute aufhält. Ich kann versuchen, ihn telefonisch zu erreichen, wenn Sie möchten."

Mumtaz will nicht, daß er telefoniert. Sollen sich fremde Menschen zwischen Flori und sie drängen? Sie fragt: „Seine Adresse, bitte?"

Der freundliche Mann zögert. „Darf ich nicht so ohne weiteres. Das ist Vorschrift, verstehen Sie. Ich kann nicht wissen, ob es ihm recht ist."

Berger sieht ihre Augen schwarz werden vor Enttäuschung. Mein Gott, denkt er, ich weiß doch, was geschieht, wenn die da Gisela über den Weg läuft. Ich müßte erst Flori fragen, ob er sie sehen will und darf.

Und Mumtaz denkt: ob es meinem Geliebten recht ist? Was sind das für Menschen? Sie beginnt sich zu fürchten. Die Halle, das Brausen, der Lärm, man versteht kaum das eigene Wort.

Berger ruft ihr etwas zu, läßt sie stehen, geht in den gläsernen Verschlag zurück, nimmt das Telefon. Er ruft Flori an. Gleich wird er mich hereinholen, damit ich selbst mit ihm sprechen kann.

Aber nein. Er sagt nichts, er hängt, ohne gesprochen zu haben, ein, und wendet sich an die dicke Frau dort. Jetzt sieht sie zu mir her. Er weiht sie ein, er verrät ihr Floris und mein Geheimnis. Das kann ich nicht ertragen. Fort! Sie läuft, sie gleitet auf Öl am Boden aus, sie stürzt, rafft sich auf und rennt weiter, als wären Dämonen hinter ihr.

* * *

Berger hat seine Sekretärin gefragt, wo Flori wohl zu finden sei. Bei Gisela kann er nicht anrufen. Das geht nicht. Was kann man tun?

Das fremde Mädchen soll hier warten, bis wir ihn irgendwo aufgabeln. Morgen hat er Frühdienst. Die Inderin kann in unserer Kantine essen. Kein Geld? Das wird uns Mumtaz doch wohl wert sein.

„Mumtaz? – Ach, ist das die von dem Telex? Sowas!"
Als Berger sich umsieht, ist Mumtaz fort. Er ruft den Pförtner
an, aber der hat sie nicht gesehen. Sie ist samt Passierschein
weg. Aber ihr Paß? Sie mußte doch ihren Paß als Pfand an der
Pforte lassen?! Der Paß ist noch da. Na also – dann kommt sie
bald. Verständigen Sie mich? Danke.

6

Der Schulleiter, den Gisela strebsam und tüchtig vertreten
hatte, war genesen. Sie war die übergroße Arbeitslast los und
hatte mehr Zeit für Flori. Wie gut. Eben jetzt!
Als er aus Garmisch zurückkam, holte sie ihn am Flughafen ab,
just zur gleichen Stunde, da Mumtaz vor Berger stand. Sie
fuhren in die Stadt, sie machten Besorgungen, dann brachte sie
ihn in ihre Wohnung. Verlogener Schurke, dachte sie zwischendurch, Betrüger, gemeiner hinterhältiger Kerl, wie liebe
ich dich!
Daß sie den Schulleiter vertreten hatte wußte Flori. Von den zu
erwartenden Konsequenzen hatte sie ihm noch nichts gesagt.
Heute sollte er es erfahren. Heute werden Weichen gestellt,
dachte sie.

* * *

Flori kramte zwischen Büchern. Giselas Zimmer war eng
geworden, seit viele seiner Sachen hier untergebracht waren.
Gisela setzte sich in Positur.
„Flori, ich muß mit dir reden."
„Bitte", sagte er unaufmerksam, nahm einen Band nach dem
anderen in die Hand und warf ihn ärgerlich beiseite.
„Das Ministerium", sagte sie mit gedämpftem Stolz, „war sehr
zufrieden mit der Art wie ich den Direktor vertreten habe."
„Fein." Er hörte nicht recht zu.

„Sie haben mir in Aussicht gestellt, daß ich eine eigene Schule kriege. Ich soll Neulengenbach übernehmen, die Grundschule, acht Klassen. Der Ort hat über achzehntausend Einwohner und viel Umland. Eine fantastische Stelle, für mein Alter. Im Ministerium haben sie mirs als Auszeichnung hingestellt. Ist auch eine." Sie nickte befriedigt.

„Neulengenbach?" Flori dachte nach. „Das ist doch über hundert Kilometer von hier? Wie kommst du da hin? Jeden Tag um 4 Uhr aufstehen, oder wie?"

„Wir müßten hinziehen."

„Wir? Ich auch, meinst du?"

„Es gibt dort eine Maschinenfabrik. Tüchtige Ingenieure werden überall gebraucht. In einem kleinen Ort kann man besser Karriere machen als in der Großstadt."

Florian hielt im Suchen inne. „Wie stellst du dir das vor? Ich soll weg von der Fliegerei und mich in ein Kaff setzen –?"

Gisela war ganz Güte und Vernunft. „Dieser Fliegerjob zersplittert einen Menschen nur. Willst du noch fünfunddreißig Jahre lang Flugzeuge reparieren? Irgendwo auf der Welt? Ohne Bindung, ohne Heimat, ohne Karriere? Was kannst du dort schon werden. Aus Neulengenbach kommst du als Direktor zurück, da bist du wer. Du hast genug von der Welt gesehen. Ein Schlangenbiß genügt. Willst du dir noch Malaria einhandeln und Tropenkrankheiten?"

Flori hatte keine Lust zu diskutieren. Auf dem Heimflug war ihm eine gute Idee für seine Arbeit an der EDP gekommen. Nun brauchte er das technische Handbuch mit den Tabellen über die Belastbarkeit verschiedener Metallegierungen. Und ausgerechnet das war nicht da.

Gisela wurde ärgerlich. „Was kramst du da herum? Hör lieber zu!"

„Ich suche ein Buch, aber das ist anscheinend in meiner Wohnung drüben. Ich fahrs rasch holen –"

Gisela wollte ihn um keinen Preis allein lassen. „Ich fahr dich, mein Schatz", sagte sie zärtlich. „Mein Wagen steht noch vor dem Haus. Im Auto können wir weiter reden. Du kapierst anscheinend noch nicht, daß Entscheidungen für unser ganzes Leben auf dem Spiel stehen. Freust du dich nicht?"

„Ich freu mich für dich", sagte er und küßte sie flüchtig auf die Stirn. Dann griff er nach einem Pack Bücher. „Das Zeug da – das brauch ich nie. Das kann drüben sein. Ich nehms mit."

„Wie du möchtest. Ich sag ja immer: zieh zu uns. Die Eltern räumen dir das Eßzimmer, da hast du Platz für deinen ganzen Kram. Du brauchst nur zu wollen."

„Ja, ja", sagte Flori ungeduldig. „Ich zieh schon mal um – später. Jetzt möchte ich noch alles lassen, wie es ist. Ich werde dem Berger meinen zweiten Wohnungsschlüssel geben. Da kann er mir in die Werft mitbringen, was ich brauche."

Gisela schwieg. Es kränkte sie, daß er auf seinem Eigenleben bestand. Mehr noch ärgerte sie aber, daß er auf das Thema Neulengenbach offenbar nicht eingehen wolle. Sie forcierte das Gespräch nicht. Mit der lauernden Geduld eines entschlossenen Weibes würde sie warten, bis der rechte Augenblick käme. Diese Taktik wurde sublimiert durch das qualvolle Mißtrauen, das ihr das Herz zerriß, seit sie von Mumtaz' Kommen erfahren hatte.

* * *

Sie hielten vor Floris Haus. Im Aussteigen sagte er: „Ich bring dem Berger den zweiten Schlüssel gleich rauf."

„Gut", erwiderte sie. „Dann hol ich inzwischen die Bücher. Wo find ich sie?"

„Liegen auf dem Tisch, ganz obenauf. Zwei Stück sinds."

Er hantierte an dem widerspenstigen, ewig klemmenden Schloß der Haustüre. Täglich beschwerten sich Mieter, aber bis die Hausverwaltung einen Schlosser bestellte und der Zeit hatte –. Der Pack Bücher, den er unter den Arm geklemmt hatte, fiel polternd zu Boden.

„Sei nicht so nervös, mein Schatz", sagte Gisela ungerührt, während er sie aufhob und dabei mit dem Fuß zu verhindern suchte, daß die Türe wieder zufiel. Flori dachte einen Augenblick an Mumtaz, wie sie schweigend Heruntergefallenes aufgehoben hatte. Gisela ließ sich noch die Türe aufhalten. Sie fuhren mit dem Lift hinauf. Flori in den dritten Stock, zu Bergers Appartement. Gisela stieg im zweiten aus.

※ ※ ※

So spät am Abend war niemand zu sehen im hallenden, kahlen Treppenhaus und den endlosen fahlen Korridoren im matten Sparlicht. Hinter allen Türen rumorte es. Radio und Fernsehlärm tönte aus den Wohnungen, undeutliche Stimmen, Hundegebell, ein Brei aus Geräuschen. Es roch fade nach Kohl und Gekochtem in dieser Wohnburg der hundert Familien. Hier wollte Flori seine Freiheit behalten? Gisela schüttelte den Kopf. Was für eine Freiheit sollte das wohl sein?
Sie bog, aus dem Lift kommend, um die Ecke in den langen Korridor ein, von dem Türen in Wohnungen führten wie Türen zu Gefängniszellen.
Da erschrak sie zu Tode.
Es gab ihr einen Stich, tief in der Magengrube. Ihr Herz begann zu hämmern. Dort – am Ende des Korridors, vor Floris Wohnungstüre hockte auf dem Boden eine dunkle Gestalt. Mumtaz.

7

„Das ist doch unmöglich!" Flori war wie vom Donner gerührt. Berger zuckte die Achseln. „Ich habe selbst mit ihr gesprochen. Ich habe dich angerufen, da ist sie plötzlich fortgerannt. Sie war verschüchtert und ziemlich verwirrt."
„Eine schöne Bescherung", schnaufte Flori. „Was soll ich machen? Wo find ich sie? Meine Adresse hier hat sie nicht. Sie weiß nur die Werft."

„Dort taucht sie sicher wieder auf", versuchte Berger den Aufgeregten zu beruhigen. „Soll ich ihr sagen, wo du wohnst?"

„Ja, natürlich", sagte Flori spontan. Er hatte einen roten Kopf bekommen und schnaufte erbärmlich. Zögernd setzte er hinzu: „Allerdings – ob es gut ist, wenn sie Gisela begegnet? Die weiß doch nichts von ihr."

„Doch, die weiß", sagte Berger. „Ich hab einmal, ganz ahnungslos, von einer jungen Krankenschwester gesprochen, die dir das Leben gerettet hat. Ob die beiden sich allerdings begegnen sollen –?"

„Keinesfalls", sagte Flori rasch. Berger grinste und meinte mit verständnisvollem Vorwurf: „Du hast zwei Feuer angezündet – sowas geht nie gut."

Flori verzog gequält das Gesicht und schüttelte den Kopf: „Mein Gott, ich war ihr dankbar – sie hat sich aufgeopfert für mich. Und wir hatten eine schöne Zeit miteinander. Sowas kann doch vorkommen. Aber daß sie mir nachreist, daß sie alles gleich so ernst nimmt, daß sie –"

Berger grinste und zitierte im Hamburger Singsang den alten Scherz: „Wie sagte des Pastors Töchterlein? – Annere Meechen: jeden Tag. Ich, einmal – bums!"

Flori war nicht nach Lachen zumute. „Wie hat sie das nur geschafft? Das teure Ticket. Sie muß zuhause alles aufgegeben haben –"

„Offenbar."

„Diese Orientalinnen sind immer gleich so übertrieben in ihrer Devotion."

Berger stupste ihn mit dem Zeigefinger an. „Wünscht man sich das nicht, als Mann und Pascha? So eine ergebene Sklavin?"

Flori lächelte matt. „Theoretisch ja. Aber wenn mans bekommt, weiß man nicht recht, was man mit so viel Unterwürfigkeit anfangen soll."

„Das ist dein trouble." Berger hielt den kleinen Wohnungsschlüssel hoch. „Ich paß inzwischen auf deine Bude auf und

halte dir die Daumen, daß du klarkommst, mit deinen beiden
Damen, du Gauner."

* * *

Sekundenlang stand Gisela wie angewurzelt und starrte auf die
kleine dunkle Gestalt. Weglaufen, war ihr erster Gedanke,
Florian packen und fliehen! Während sie das dachte, begannen
ihre Füße wie von selbst zu gehen, langsam, den Korridor
entlang. Ihre Schritte hallten wie kleine scharfe Schüsse, tak –
tak – tak –
Ich muß die Bücher holen, ich kann nicht davonrennen. Mit
diesem fremden Ding dort werde ich schon fertig. Sie sieht
müde aus, so, als säße sie hier schon viele hoffnungslose
Stunden. Das ist keine Gegnerin. Dieses Häufchen erfordert
keinen Kampf.
Zwei große Augen starrten Gisela entgegen. Mein Gott,
dachte sie, ein kleines Tier. Gleich wird es miauen und
wegrennen, wenn ich ihm zu nahe komme. Mit jedem Schritt
wurde sie selbstsicherer und wütender. Da hockt diese kleine
Hure. Ein Häufchen Nachgiebigkeit in brauner Haut. So
etwas zieht Flori mir vor? Eine Beleidigung! Das ist ein
willenloses Tierchen, das sich wohltun läßt. Vielleicht hat er
sie mit Geschenken und Vergünstigungen bezahlt, hat ihr ein
Flugticket schenken und versprechen müssen, ihr eine neue
Existenz aufzubauen! Ja, so wird es sein. Er hat sie nachkommen lassen, um den mächtigen Mann zu markieren und sich in
ihrem dankbaren Schoß auszureiben. Pfui Teufel!
All das denkt sie, wild durcheinander, während sie den Blick
fest auf das Bündel richtet, das sich erhebt und sie anstarrt.
Kuhaugen, denkt Gisela, dumme, sentimentale Kuhaugen. Sie
herrscht das Bündel an: „Was tun Sie da?"
Das Bündel versteht nicht. Es weicht einen ängstlichen Schritt
zurück an die Wand und kann sich die Feindseligkeit nicht
deuten. Es schüttelt den Kopf und sagt: „Sorry, Ma'm, I don't
understand."

Deutsch versteht sie nicht, denkt Gisela. Braucht sie auch nicht. Ich werde die Bücher holen und sie dann wegjagen. Sie sperrt die Türe auf und geht hinein. Tauscht die Bände aus. Zwei Bücher, hat Flori gesagt? Da liegen so viele. Sie packt fünf Bände ohne zu schauen. Im Nacken spürt sie die zwei Augen, die durch die halb offene Türe lugen. Giselas Herz hämmert stärker. Sie überlegt.

Plötzlich fällt ihr ein: Flori kann jeden Augenblick kommen! Wenn Berger nicht zu Hause oder kurz angebunden ist, kommt er und trifft unversehens die indische Hure! Gisela packt die Bücher, läuft aus dem Appartement und schlägt die Türe zu. Das Bündel – sieh da, es hat Tränen in den Kuhaugen.

„Please, Madam – Mister Hopf –? Where can I find him, please. Probable you are his sister?"

Gisela antwortet ihr englisch. „Nein, er hat keine Schwester. Er ist nicht in Frankfurt. Er ist in Ferien. Er hat geheiratet und ist auf Hochzeitsreise. Es hat keinen Sinn auf ihn zu warten."

Sie sieht befriedigt die Wirkung ihrer Worte. Unter dem Peitschenhieb ‚he is married' zuckte das Bündel zusammen. Es steigt schwarz in ihren Augen auf, wirklich, die Kuhaugen wurden dunkel vor Entsetzen, bravo. Sie soll leiden für ihre Unverschämtheit.

„Married?" stammelte sie ungläubig. „Wann –? Wann hat er geheiratet?"

„Kurz nachdem er aus Indien zurückkam. Verschwinden Sie! Fahren Sie nach Hause! Sie haben keine Chance." Ohne die Wirkung ihrer Worte abzuwarten, rennt sie den Korridor entlang zum Lift. Sie blickt nicht um, sie stürmt voran, um zu verhindern, daß alles anders kommen könnte, als sie es will. Da ist Flori! Eben steigt er aus dem Lift. Sie wirft sich ihm entgegen, drängt ihn in die Kabine zurück und drückt auf den Knopf. Abwärts. Nur fort! Sie sucht ihre Atemlosigkeit, ihre namenlose Erregung zu verbergen, so gut sie kann. Aber es gelingt nicht. Flori denkt, warum sie gar so schnauft und funkelt, und fragt: „Was hast du?".

„Dich lieb –!" sagt sie, umarmt und küßt ihn, krallt sich an ihn. Flori ist Temperamentsausbrüche und Gefühlsumschwünge gewöhnt und denkt, sie spinnt halt wieder einmal.

* * *

Vor dem Hause, beim Auto sieht er, welche Bücher sie ihm brachte. „Das sind die falschen, herrje", stöhnt er. „Die ich bräuchte liegen daneben. Na –" Er wendet sich um und will zurückgehen.

Mit einem Satz ist sie wieder bei ihm. „Ich hol sie dir. Entschuldige. Ich war in Eile, ich wollte dich nicht warten lassen." Sie sucht ihm die Bücher zu entwinden, zerrt und will statt seiner ins Haus laufen, diensteifrig und gehorsam. Aber Florian läßt die Bücher nicht los.

„Jetzt hole ich sie mir selber. Sei doch nicht so aufgeregt! Was hast du nur?"

Warum ist sie so hektisch? Bekommt sie ihre Tage? Weiß sie am Ende etwas von Mumtaz? Ausgeschlossen. Woher denn. Sie kennt ja nicht einmal den Namen. Er klemmt die Bücher unter den Arm und geht ins Haus zurück.

„Geh nicht", ruft sie ihm nach. Ihre Stimme klingt weich und kindlich. „Laß mich sie holen – wenn du mich liebst. Bitte –" Sicherlich ist sie so verrückt, weil ich auf ihr blödes Neulengenbach nicht reagiert habe. Jetzt spielt sie die demütige Magd, nachdem sie mich aus meinem Beruf katapultieren wollte und merkte, daß ich Widerstand leistete. Das ist ihre Masche, denkt er, winkt wortlos ab, geht zum Lift, wartet und sieht sich nach ihr um. Dort draußen steht sie und schaut her. Hilflos, ratlos. Sie tut ihm leid. Ich werde freundlich über ihre Pläne reden, beim Heimfahren. Es ist ja wirklich eine Auszeichnung für ihre Tüchtigkeit, in so jungen Jahren schon Schulleiterin zu werden. Das muß ich anerkennen und ihr gratulieren. Sie ist eben tüchtig. Ich wünsche mir zwar meine Frau lieber weniger tüchtig, aber das ist eben so, heutzutage. Meine Mutter ist auch tüchtig. Die war aber immer zu Hause und hat dort ihre Arbeit getan. Gisela wird die Hälfte ihres Lebens außer Haus sein. Und wenn wir, gottbewahre, Kinder bekommen –?

Da steht sie und starrt, das geliebte verrückte Huhn. So exaltiert hab ich sie selten gesehen. Sicher fühlt sie sich unterschätzt. Wenn ich sie lobe, wird sie gleich wieder normal. Sie meints ja gut. Sie will immer alles recht machen.

Der Lift kommt. Flori fährt in den zweiten Stock. Er biegt um die Ecke, geht den langen Korridor hinunter und schließt seine Wohnungstüre auf.

Da liegen die gewünschten Bücher.

※ ※ ※

Gisela steht neben ihrem Auto. Vor Wut, Scham und Ratlosigkeit steigen ihr Tränen in die Augen. Sie muß etwas tun. Im Auto liegen Floris Zigaretten. Sie raucht fast nie. Jetzt zündet sie sich eine an.

Ein Betrunkener, der offenbar in diesem Hause wohnt, kommt gewankt und „macht sie an", wie dies in sozialproletarischem Neudeutsch genannt wird: „Na, Blondie – so allein heute Abend? Keinen gefunden? Soll ich dir meine Briefmarkensammlung zeigen? Ein Riesending! Komm, ich wohne dort oben. Wär doch schad, wenn so ein Sexygirl die Nacht alleine ist –"

Gisela reagiert nicht. Sie hört nicht.

※ ※ ※

Gleich darauf sieht sie durch die Glastüre, wie innen Mumtaz mit ihrem Gepäck die Treppen herunterrennt und zur Haustüre läuft. Ihr erster Gedanke ist: Sie ist Florian begegnet, und er hat sie davongejagt.

Dann kalkuliert sie blitzschnell: nein, Flori konnte mit dem Lift noch nicht oben gewesen sein. Sie ist ihm nicht begegnet. Sie wollte mein Weggehen abwarten, jetzt rennt sie heulend in die Nacht. Ich habe sie verjagt. Recht geschieht ihr.

Mumtaz stürzt aus dem Hause und steht vor Gisela, die, hoch aufgerichtet, die Zigarette rauchend, sie ansieht wie eine Schlange, die zuschlagen will. Die beiden Frauen blicken einander einen hypnotischen Augenblick lang in die Augen, dann rennt die Inderin in die Dunkelheit.

Der Betrunkene blökt ihr ein „Hey, Mäuschen, wo willste hin, mitten in der Nacht, ohne mich –" nach, merkt, daß keine der beiden Frauen auf ihn „einen Bock hat", wie die deutsche Gegenwart dies, ästhetisch hochwertig, zu bezeichnen liebt, und wankt mit einem „Scheißweiber" ins Haus.

* * *

Gisela hätte sich sicherlich vor diesem Landsmann geekelt, wäre sie zu einem anderen Gedanken fähig gewesen als dem einen: Ist Florian dem Mädchen begegnet? Sie pafft ihre Zigarette und fühlt das Nikotin lähmend durch ihre Glieder rieseln. Eine Ewigkeit verstreicht. Flori tritt aus dem Lift und kommt auf sie zu. An der Art wie er geht, sieht sie: er ist ihr nicht begegnet, er weiß nicht, daß seine Schlampe auf ihn wartet. Ich habe sie verjagt, es ist gelungen. Nun muß ich sie weiterhin von ihm fern halten. Ich werde ihn keine Minute mehr aus den Augen lassen. Sie fühlt sich leicht und froh. Die Rivalin war davongestürmt. Die Gefahr schien gebannt. Zunächst.

„Na, hast du die richtigen Bücher gefunden, mein Schatz", lächelt sie ihm entgegen. Flori ist verwundert. Wie konnte sie sich binnen Minuten verändern. Hektik und Hysterie schien es nie gegeben zu haben. Sie war nun nachgiebig, freundlich und fraulich verständnisvoll, als sie ins Auto stiegen.

„Was war denn los, vorhin?" fragt er.

„Nichts" – lächelt sie. „Mir ist nur dieser Appartementschuppen mit den Küchengerüchen und den tausend wildfremden Leuten auf die Nerven gegangen. Und du warst so ärgerlich und ungerecht – nur wegen der falschen Bücher – mein Schatz."

206

Sie lenkt den Wagen vom Parkplatz und gibt Gas. Flori will etwas antworten, aber sie begütigt ihn: „Sag jetzt nichts. Wir sind beide heute in einer unguten Stimmung. Wir wollen nicht streiten. Wir lieben uns doch so sehr, nicht? So sehr wie sich zwei Leute überhaupt lieben können. Oder?"

„Freilich", sagt Flori.

8

Giselas Eltern saßen im Wohnzimmer. Vater Pelletier las in der Sonntagszeitung einen Artikel über Indien, in dem der Korrespondent namenloses Elend schilderte. Über Verhungernde und Millionen, die am Rande des Existenzminimums vegetieren, die darniederliegende Wirtschaft und die Unfähigkeit jeglicher Regierung, das Land aus der Demütigung der Unterentwicklung zu führen.

Flori erzählt was anderes, dachte der Vater. Hat er die nicht sehen wollen, die armen Leute dort? Die müßten mal wirtschaftlich aufgeforstet werden. Paar tüchtige Manager hin, dann würde das rasch besser. Der Artikel klagte auch über das schreckliche Kastenwesen, das zwischenmenschliche Kontakte unmöglich mache. Wieso erzählte Flori, daß es hochgestellte Parias, Unberührbare gibt, denen Brahmanen, also ganz feine Leute, untergeben sind? Was hat man dem Jungen für Bären aufgebunden? Flori hatte wohl nur gesehen, was er sehen wollte.

Die Mutter stopfte Vaters, an den großen Zehen durchgebohrte Strümpfe. Sie weigerte sich stets, sie wegzuwerfen und neue zu kaufen. Krieg und Notzeiten, Kinderkarte und Spinnstoffpunkte lebten in ihr fort. Wer weiß, was für Zeiten kommen. Sie haßte jegliche Verschwendung.

✳ ✳ ✳

Neben diesem Idyll plätscherte der Fernsehapparat wortreich seine „Tagesthemen". Von Wichtigkeit geblähte Männer analysierten kritisch und prophetisch die gesamte politische Lage in fernen Ländern. Welcher Staatsmann mit welchem Staatsmann im Geiste welcher Freundschaft, auf dem Hintergrund der permanenten internationalen Krisen, die beide Völker betreffenden Fragen erörtert hatte, wurde ausführlich geschildert. Wer sich besorgt über was geäußert hatte, detailliert kommentiert, wachsende Spannungen in Krisengebieten und die Zerrissenheit der Dritten Welt, die sich seltsamerweise ausschließlich aus Ländern mit heißem Klima zusammensetzt, kühl bemitleidet. Vater Pelletier hätte gern gewußt, wer eigentlich die „Erste" und die „Zweite" Welt seien, aber das wurde nie erklärt. Sogar manche Nato-Länder, wie etwa die Türkei, schienen zur Dritten zu gehören und das war verwirrend.

Die guten Eltern hörten dem Politgeplapper selten aufmerksam zu. Es war ja immer das gleiche. Gab es nicht gerade ein Attentat auf eine Berühmtheit, waren alle Nachrichten einer Woche beliebig austauschbar. Trotzdem schalteten sie täglich ein und fühlten sich umfassend und unparteiisch informiert. Sie wußten genau, was man von den einzelnen Ländern zu halten hatte. Die kühlen Engländer lassen sich von den Gewerkschaften ruinieren, die Holländer sind disziplinlos, die armen bedrängten Israeli und die schreckliche PLO. Und diese besessenen Japaner – man kannte das alles ganz genau. Vom Fernsehen. Zweifel an der Richtigkeit des vermittelten Bildes kamen nie auf.

Draußen ging die Türe.

„Aha", sagte die Mutter, ohne den Blick von den Socken zu heben. „Da sind sie".

„Wetten, daß die nicht mal reinkommen, guten Abend sagen?"

Die Eltern sahen Licht hinter der Milchglasscheibe der Türe, hörten Schritte und Stimmen und warteten.

„Die Gisela läßt den ja keine Minute mehr aus den Klauen, die letzte Zeit", sagte die Mutter halblaut.

Vater nickte: „Da stimmt irgendwas nicht."

„Er ist verändert, seit er zurück ist. Wer weiß, was das für ein Schlangengift war."

„Quatsch." Vater faltete geräuschvoll die Zeitung.

„Na? –", verteidigte die Mutter ihre Ansicht. „So ein Nervengift kann doch eine Persönlichkeit verändern, meinste nicht?"

Das Licht auf dem Korridor erlosch, die Türe zu Giselas Zimmer fiel ins Schloß. Vater hatte recht behalten. Sie waren nicht einmal hereingekommen um guten Abend zu wünschen.

„Meinst du, er liebt Gisela nicht mehr so wie früher? Ist er nicht mehr so verrückt nach ihr?"

„Nee", sagte die Mutter mit kraus gezogener Nase.

„Sie ist aber auch ein Aas. Wenn die nicht ihre Umwelt kommandieren kann –"

„Wie sprichst'n du von unserer Tochter?!"

„Ist doch wahr. Liegt wie eine Katze auf der Lauer und wenn was nicht nach ihrem Kopf geht, auf einmal – schwapp – schnappt sie zu und hat, was sie will. Was sie sich einbildet, muß sie kriegen. Vielleicht pariert der Flori nicht mehr so ganz?"

Die Mutter wollte das nicht hören. „Sie ist tüchtig und fleißig und nu hörste auf."

„Aber ein Aas is sie auch", sagte der Vater.

Der Bildschirm berichtete soeben über die finanziellen Probleme eines Frauenhauses, in das sich geschlagene Frauen vor brutalen Männer flüchten konnten.

„Die Gleichstellung der Frau –", sagte die Sprecherin.

※ ※ ※

Vor dem Einschlafen kam es noch zu einem Streit zwischen Gisela und Flori. Beide waren gereizt, waren unsicher ob Mumtaz' Anwesenheit. Keiner wußte, ob der andere etwas von Mumtaz wußte. Die Zumutung, daß Flori seine geliebte Fliegerei einer obskuren Maschinenfabrik wegen aufgeben sollte, bildete den Anlaß.

„Zumutung ist köstlich", giftete Gisela. „Wenn ich dir helfe Karriere zu machen, hochzukommen, was zu werden, redest du von Zumutung!"

„Ich mach meine Karriere allein! Ich brauch keine Hilfe", blaffte er.

„Das sieht man ja, bei deinem jetzigen Job. Schau dir doch mal deine Kollegen an, diese Boofkes. Die sind vielleicht gute Monteure, aber was haben sie im Hirn? Fußball und Toto, Kegelabend und Weiber. Und auf dieses Niveau wirst du auch heruntersinken. Interesse für nichts mehr – und deine Anlagen verkümmern."

„Und in Neulengenbach wachsen sie?" höhnte er.

„Verlaß dich drauf. Ich paß schon auf, daß du kein Bierdimpfl wirst."

„Jawohl, Frau Lehrerin. Ich werde meine Aufgaben schon ordentlich machen", ärgerte sich der Bevormundete. „Ohne dich brächt ich's zu überhaupt nichts, wenn man dich so hört. Nur was ich eigentlich will, ist dir gleichgültig. Danach wird nicht gefragt."

„Bitte – was willst du?"

„Glücklich sein und ich selber sein, verdammt nochmal! Ich will keine Ehefrau, die mich managt und schubst und anordnet: tu das und tu jenes – sind deine Fingernägel sauber, hast du den Herrn Direktor höflich gegrüßt! Tob deinen Ehrgeiz in der Schule aus, aber laß mich in Ruhe. Es gibt mehr im Leben als Tüchtigkeit und Strebertum!"

„Was denn?! Was denn?!"

„Liebe, Glücklichsein, Gemeinsamkeit, Harmonie – zum Beispiel!"

Gisela wechselte den Ton. Sie sprach sanft, eindringlich, zärtlich: „All das haben wir doch und wollen es behalten, Flori. Hör mir doch mal ruhig zu. Schau, zwei Leute müssen gemeinsam etwas aufbauen und erreichen, müssen sich plagen und ein bißchen kämpfen, dann ist das Leben schön. Man ist glücklich, wenn man sich Wünsche verwirklichen kann, wenn

210

man etwas aus sich macht – alles andere, von dem du träumst, kommt dann von selber, glaub mir."

„Siehst du – genau das glaub ich eben nicht", sagte Flori ebenso ernsthaft und ruhig. „Die Liebe zwischen Mann und Frau ist ein Zusammenmüssen und einander vertrauen, sich nicht trennen können –"

Sie unterbrach ihn. „Flori, wie alt bist du? Hm? Liebe ist doch nur die Voraussetzung für eine Gemeinsamkeit, der Anlaß und später die Basis! Ehe ist Partnerschaft! Nur so kann man zusammen leben. Wir zwei sind ideale Partner. Zugegeben, ich bin ein bißchen ehrgeizig. Aber für wen denn? Doch nur für uns beide! Sieh das doch ein!"

Flori ging diese sanfte Rede gegen den Strich. Mumtaz war auf ihn eingegangen. Bei ihr konnte er sein, wie er war. Sollte er bei Gisela nie von der Schulbank herunterkommen?

„Gisela – ich kenne solche Partnerschaften zur Genüge. Schau sie dir an, diese Zweckverbände. Sie verhauen ihre Kinder gemeinsam, sie wäscht ihre Wäsche, er wäscht seine Wäsche. Er hat die Küchenschürze um, er saugt, staubt ab, spült und kocht –"

„Na und?", sagte sie gereizt. „Und? Wenn die Frau im Beruf steht und ihren Beruf liebt?"

„Sie soll den Mann lieben und nicht den Scheißberuf, diese Geldverdienbeschäftigung!" schrie er, leise, damit die Eltern nicht gestört würden, die zwei Zimmer weiter schliefen.

„Was wird dir das schon schaden wenn du ab und zu mal kochst? Und auf die Kinder aufpaßt, wenn ich in der Schule bin? Ich gebe meinen Beruf nicht auf und ich gehe nach Neulengenbach! Und wenn du dich auf den Kopf stellst. Ich will mich verwirklichen –!"

„Doch, das tu! Bitte, verwirkliche dich! – Genau so hab ich mir die Ehe immer vorgestellt!"

„Wieso? Was möchtest du denn?"

Flori sah sie streng und ernst an. „Gemeinsamkeit ohne Dressur möchte ich! Mit jemandem leben, der einem gut ist.

Der einem nicht dauernd ein schlechtes Gewissen verursacht, weil man seine Aufgaben nicht gemacht hat, der einen permanent hinter der Leistung herhetzt! Ich will nicht nur tun müssen was nötig und nützlich ist, was Geld bringt. Ich möchte meine Ruhe und möchte Liebe. Alles andere findet sich."

Er schnaufte tief durch.

Das ist der Einfluß dieser Kuh, dachte Gisela grimmig. Wahrscheinlich hat sie sich zu seinen Füßen zusammengerollt wie ein Köter, das gefällt den Männern ja, diesen dummen Gockeln, diesen plumpen, instinktlosen Kerlen. Sie sagte aber: „Gut, wenn es dir so contre coeur geht – es ist ja nichts entschieden mit Neulengbach. Ich kann ablehnen. Ich kann ja auch hier, an meiner Schule, etwas erreichen. Und wenn wir verheiratet sind und du möchtest hier bleiben – gut. Chancen gibts immer wieder und vielleicht denkst du eines Tages anders. Ich will um alles in der Welt nicht, daß du dich dressiert oder gehetzt fühlst. So gut solltest du mich kennen, daß ich das nicht will."

Aller Wind war aus den Segeln. Flori schwieg. Er wollte ihr für ihr Einlenken nicht danken. Er dachte an Mumtaz und die Selbstverständlichkeit der Gemeinsamkeit mit ihr.

Sie lagen noch lange wach, im dunklen Zimmer. Jeder spürte die Wärme des anderen. Beide dachten an die kommende Ehe. Mumtaz' Augen schienen auf beide zu blicken.

Nach langem Schweigen warf Gisela sich plötzlich herum, schlang ihre Arme um ihn und hielt ihn fest.

„Was hast du?", fragte er leise.

„Angst", sagte sie. Er konnte fühlen, daß sie lautlos weinte.

„Ich auch", sagte er rauh.

Zwei Zimmer weiter schnarchten Giselas Eltern. Sie waren in diesem Jahr 37 Jahre verheiratet. Sie hatten keine Angst mehr.

9

Mumtaz lief durch die langen, geraden Straßenzeilen, über ordentliche Bordsteine, auf vorbeirasende Autos und Verkehrsampeln nicht achtend. Es war bitter kalt. In ihr tobte der bohrendste Schmerz.

Flori ist verheiratet!

* * *

Christen haben nur eine Ehefrau. Die Nebenfrau nennen sie Freundin, oder Geliebte. Sie wird geächtet, sie hat keine Ehre, keine Chance. Der Verheirateten stehen alle Rechte zu, so hatte man ihr erklärt.

Wirklich? Immer und überall? Gab es nicht auch Ehefrauen, die eine Nebenfrau schätzten? Oder wenigstens duldeten?

Die blonde Frau mit dem weißen Gesicht und den harten Augen, die sie für seine Schwester hielt, war also seine Ehefrau. Flori hatte nie von ihr erzählt. Freilich – von wem waren damals die Briefe und die Blumen ins Spital gekommen? Mit wem hatte er alle paar Tage telefoniert? Ich dachte immer, er spräche mit seinen Eltern.

Flori ist verheiratet.

* * *

Sie lief den hellsten Lichtern nach, wenn sie um eine Straßenecke bog. Sie wollte mitten in der Stadt einen Platz zum Ausruhen finden. Vielleicht am Bahnhof. Auf der Straße konnte sie sich nicht zur Ruhe legen, wie bei ihr zu Hause. Auf diesen kalten Straßen schliefen nur Autos, eines dicht am anderen. Menschen müssen sich in Häuser verkriechen, sonst erfrieren sie. Sie kommen nur heraus, um so fleißig zu sein, daß sie hinter diesen dicken Mauern in Pracht und Wärme leben können.

Niemand kümmerte sich um das Mädchen mit der schweren Tasche. Auf den Gehsteigen waen auch nur wenige Leute zu

sehen. Die meisten rasten in einer endlosen Kette von Autos
daher. Schneller und aggressiver als in ihrer Heimat. Sie tosten
und rasten und bremsten schrill an jeder Ecke, vor der roten
Ampel, um kreischend und heulend wieder anzufahren.
Wohin? Es war Nacht. Was trieb sie, eilig wie am Tage?
Der Bahnhof ist die ganze Nacht offen, hat man mir gesagt.
Dort wird es wärmer sein. Kann man dort schlafen und
warten? Warten? Worauf? Alles ist zu Ende, alles ist sinnlos.
Flori ist verheiratet.

✳ ✳ ✳

Der große Fluß. Wie heißt er doch? Ich habe den Stadtplan oft
studiert. Er hat mir auch geholfen Florians Wohnung zu
finden. Es war ganz leicht. Er hatte das Kreuz genau an die
Stelle gemacht, wo das große Haus stand. Nach zwei Fragen –
„Lufthansa – Mr. Hopf" wies man mich richtig zum Eingang
mit den vielen kleinen Namensschildern.
Wir haben in Indien keine solchen Schilder, keine solchen
Klingeln. Über einer stand „Hopf".
Ihr Herz hämmerte laut, als sie läutete. Warten. Nichts rührte
sich. Dann dieses Mädchen, das aus dem Hause kam und
freundlich die Türe aufhielt, das Eintreten, das Suchen in den
endlosen finsteren Korridoren. Jedes Namensschild lesen und
endlich – „Hopf". Abermals Klingeln und Stille. Die Überle-
gung, draußen ist es zu kalt zum Warten, also hier niederhok-
ken. Viele Stunden vergingen, bis die blonde Frau kam.
Flori ist verheiratet.

✳ ✳ ✳

„Main" heißt der Fluß, es fällt ihr wieder ein. Die Kirche dort –
sie ist in der Dunkelheit nicht gut zu erkennen – ist es nicht die,
die sie vom Bilde kennt? Florian sagte, er wolle sie ihr zeigen,
damals, als sie das kleine Buch im Krankenhaus zum erstenmal
durchblätterten. Sie geht langsam auf das Portal zu. Es wäre
gut, jetzt in einen Tempel gehen zu können, zu den Göttern zu
schreien, zu Wischnu, Lakshmi –.

214

Aus der Kirche dringen Musik und dünner Gesang. Was muß man tun, wenn man einen Christen-Tempel betreten will? Muß man auch, rechts beginnend, den Bau umschreiten, dann durch die Pforte treten und die Glocke anschlagen, um den Gott aufmerksam zu machen? Steht dort der Mann, der die Opfergaben entgegennimmt, der dich geleitet und dir für ein paar Sekunden den Blick ins Allerheiligste gewährt, den winzigen Raum mit den Bildnissen des Gottes, über dem sich der Turm erhebt? Liegt auch hier das Allerheiligste stets unter dem Turm?

Sie denkt an das kleine Bildnis Wischnus in ihrem Gepäck. Sie braucht keinen Tempel, sie kann überall zu ihren Göttern rufen. Es wäre aber schön, sich in solch einem hohen, erhabenen Bau niederhocken zu können. War dieser Christus nicht auch nur eine der Inkarnationen des ewigen Erlösers Wischnu, der in immer neuen Gestalten zur Erde zurückkehrt, wenn die Menschen in Not sind? Wischnu war Kalki, war Buddha, war Moses und in seiner zehnten Inkarnation Christus.

Sie steckt vorsichtig den Kopf durch die Türe. Der düstere, hohe Raum. Trübe elektrische Lampen und nur ein paar Kerzen brennen. Wenige Leute hocken in den Bänken, meist alte Frauen. Sie singen schleppend, jeden Ton lange genießend. Die Orgel spielt noch. Dort vorn, ein Mann im Ornat.

✳ ✳ ✳

Mumtaz starrt auf die brennenden Kerzen, ins Feuer, ins Licht. Sie denkt an den Fakir, den Fremdenführer am Taj Mahal, den Vogelhals, der ihr die schreckliche Warnung verkündete.

Sie denkt an Holi, den Liebesgott. Für ihn entzündet man Flammen beim Lichterfest. Kennen die Christen den Liebesgott, der es wagte, Shiwa beim Meditieren zu stören? Da öffnete Shiwa sein drittes Auge, das sonst in sein Inneres gerichtet ist, und dieser Blick verbrannte Holi zu Asche. Die Liebe war aus der Welt, war tot.

Nun hat Shiwas drittes Auge mich angeblickt, denkt sie, und mich zu Asche verbrannt. Die Liebe ist tot.

Sie geht auf leisen Sohlen zu den Kerzenflammen. Da ist die Reinheit, die Läuterung. Was hat ihr der Fakir am Taj prophezeit? Es waren schreckliche Worte, schreckliche –.

Holi, der Liebesgott durfte auferstehen. Götter und Menschen weinten um ihn, da erbarmte sich Shiwa und ließ die Asche zum Leben erwachen. Weil Mitleid es wollte, kehrte die Liebe zurück in die Welt. Weil Götter und Menschen ihrer bedürfen. Nun entzündet man Lichter zum Feste des Holi und jubelt.

Und meine Liebe? Ich möchte zu Shiwa schreien, flehen und bitten. Wo ist die Glocke, die ich anschlagen kann, ihn aufmerksam zu machen auf meine Not? Wem soll ich die Opfergabe überreichen? Dem Mann dort vorne, im Ornat? Er steht erhöht auf dem kleinen Balkon an der Säule und redet auf die Zuhörer ein, auf ein paar alte Weiber. Seine Stimme klingt ärgerlich. Schilt er sie?

* * *

Sind Priester hier nicht Amtspersonen, ernannt, haben ein Staatsamt, werden befördert? Unsere Priester werden nicht ernannt. Einer fühlt sich auserwählt, geht in den Tempel und ist es. Andere erben die Priesterarbeit vom Vater, leben im Tempel, nehmen die Opfergaben entgegen und reichen sie, im Allerheiligsten unter dem Turm, den Göttern dar.

Mumtaz steht an einer Säule und blickt hinauf zu den Bildern der Christengötter. Weiße Gesichter, goldene Ringe um die Häupter. Der dort, am Kreuz, ist Wischnu in seiner zehnten

Inkarnation. Wird er meiner achten, auch ohne den Ton der Glocke?

Sie kniet nieder, beugt sich tief, starrt auf den leuchtenden Punkt der Flamme und sieht nichts als sie. Die Umwelt schwindet aus ihrem Bewußtsein. Sie versenkt sich, wie sie es seit ihrer Kinderzeit getan. Hören und Sehen schwinden ihr. Sie sucht Wischnu in sich.

Zwei Frauen in der hinteren Bank schauen erstaunt auf die kleine fremde Gestalt an der Erde. Der Pfarrer hat seine Predigt beendet. Die Orgel setzt ein, man singt noch etwas, dann ist der Abendgottesdienst zu Ende. Die Leute gehen fort. Der Kirchendiener löscht die Kerzen und blickt immer wieder mißtrauisch auf die Zusammengesunkene, Regungslose. Dann latscht er zu ihr: „Fräulein – wir schließen! – Hören Sie nicht?"

Mumtaz schreckt auf, stürzt in die Wirklichkeit zurück, sieht den verwachsenen Kerl, das häßliche Gesicht, springt auf und flieht hinaus in die Nacht, in die Kälte.

* * *

Am Ende des eisernen Stegs über den Main blickt sie zurück zur Kirche. Von dieser Stelle aus ist das Foto im kleinen Buch aufgenommen. Flori ist wieder in allen Gedanken. Die Versenkung vor den Göttern hat ihr ein wenig Hoffnung gegeben, aber keine Linderung.

Flori ist verheiratet.

* * *

Sein Horoskop trägt sie bei sich. Die Daten hat sie aus der Kartei des Spitals geholt. Der alte Astrologe am Silbermarkt, der das zweite Gesicht haben soll, hat es berechnet. Es sagt vollkommene Harmonie in allem aus, nennt aber auch den großen dunklen Widerspruch. Die Wahrheit der Prophezeiung ist offenbar.

Flori ist verheiratet.

* * *

„Hüte dich", hatte der mit dem Vogelhals am Taj Mahal zu ihr gesagt. „Ich kann deine Aura sehen. In ihr brennt ein Feuer, das dich töten wird, deine unsinnige Liebe. Folge deiner Vernunft und den Göttern."

Die Aura. Das zweite Gesicht. Sehen, was um einen Menschen ist. Nicht nur Europäer machen sich darüber lustig und nennen es Humbug, auch viele Landsleute spotten solcher Propheten. Mumtaz weiß, daß auch sie solchen Gesichtern manchmal nahe ist, daß sie im voraus weiß, was geschehen wird. Sie fürchtet solche Visionen.

Bei Floris Abschied in Delhi konnte sie nicht weinen, weil sie wußte, daß sie ihm folgen würde, auch wenn am Ende des Weges das Feuer brannte. Damals fühlte sie keine Angst. Jetzt schrillt sie in ihrer Seele.

10

Mumtaz gerät in einen Strom von Menschen, der auf dieser Seite des Mains daherhastet. Ist hier der Weg zum wärmenden Bahnhof? Sie läßt sich in der Menge treiben.

Polizeiautos mit blau blinkenden Lichtern kommen daher. Die Polizei. Ob man den Diebstahl schon bemerkt hat? Mumtaz hatte gestohlen. Das Geld wollte für den Flugschein nicht reichen. Der Vater und einer der Brüder gaben widerstrebend. Der andere, wohlhabendste Bruder warf sie hinaus. Sie fand die Stelle als Verkäuferin in dem großen Trödelladen. Andenken, Stoffe, Spielzeug, Kaugummi, Touristenkram und Uhren. Sie sparte jede Rupie. Es reichte nicht.

Da nahm sie eine goldene Uhr. Auf dem Tibetmarkt gab ihr ein finsterer Bursche Geld dafür. Nicht viel, doch genug, um die Summe für den Flugschein voll zu machen. Tags darauf ging sie wieder ins Geschäft, als sei nichts geschehen. Sah man ihr nichts an? War der Diebstahl schon entdeckt? Die Angst drohte sie zu erwürgen.

Die beiden letzten Tage vor dem Abflug blieb sie fort. Sollen sie mich suchen, ich komme nie mehr zurück.

* * *

Nie mehr zurück – das hatte heute einen anderen, schrecklichen Sinn. Nie mehr nach Hause. Nicht nur weil ich nie das Geld haben werde um die Heimreise zu bezahlen. Da war der Diebstahl. Selbst wenn er nicht entdeckt worden war, vor meine Eltern kann ich nie mehr treten. Ich bin auf einem fremden Stern gelandet. Ich muß hier leben. Ich werde hier sterben.

Sterben?

Sie sah Floris Sterben, damals im Spital, vor sich, sein wächsernes Gesicht mit den toten, schlaffen Lippen. Sie spürte den Ring am Finger, dachte an die gläsernen Augen von Wischnu und Laksmi im Tempel der Vereinigung, an die Hand des Alten, der den roten Punkt des Glückes auf ihrer beider Stirnen drückte.

* * *

Es hat keinen Sinn mehr, etwas zu wollen, auf etwas zu warten. Mein kleiner Lebenskreis ist ausgeschritten. Es war kein gutes Dasein. Diesmal wird mir keine höhere Sphäre zuteil.

Mein Schicksal war damals schon besiegelt, in der glühend heißen Nacht, als ich 12 Jahre alt war, als es geschah. In dieser einen Stunde ging ich dem Leben verloren und war nicht mehr wert, bei meiner Familie zu bleiben, ihren Ratschlägen zu folgen, mich ihnen anzuvertrauen. Ich mußte von zu Hause fort, in die Stadt, mußte allein leben –

Ich habe versucht Gutes zu tun, Leben zu retten, Leiden zu lindern. Meine Schuld konnte ich nicht auslöschen. Der Kreis ist ausgeschritten, ich muß nicht weiter. Ich darf nicht weiter. Es war diese eine drückend heiße Nacht der Schuld. Dann kam eines aus dem anderen, die Fäden liefen durch den Webstuhl, ich konnte nichts tun. Nun bin ich in der Fremde, allein. Die letzte Hoffnung ist zunichte. Der Faden muß reißen.

* * *

Mumtaz war, wie man so sagt, nicht bei Sinnen. Sie bemerkte kaum was sich um sie begab. Erst als sie von ferne dumpf skandiertes, rhythmisches Heulen und das Klirren von Glas vernahm, blickte sie auf.

Der Strom von Leuten zog sie mit sich. Die meisten trugen abgeschabte Jeanskleidung, andere waren in Leder, manche hatten Tücher vors Gesicht gebunden. Mumtaz sah wütende Augen unter zottigen Haaren. Oft war nicht zu unterscheiden, ob Mann oder Frau.

Die Menge kam ins Stocken. Ein Dutzend Burschen und Mädchen, teils vermummt, teils offenen Gesichts, hatten sich zu einer Kette untergehakt, skandierten einen brüllenden Text, den sie nicht verstand, und stürmten auf die nächste Straßenecke zu. Mumtaz wurde mitgerissen. Die Kette trieb sie vor sich her.

Sie stolperten auf einen großen Platz. Dort schien der Teufel los. Junge Leute in großer Erregung hasteten wild durcheinander. Viele trugen Gegenstände. Kantige Konservenbüchsen, Steine. Mumtaz konnte es nicht genau erkennen.

Die Mitte des großen Platzes, vor der brüllenden Rotte, war leer, ein Niemandsland.

Drüben, auf der Gegenseite, vor kreisenden blauen Lichtern die Mauer der Uniformierten, behelmt, Plastikschilde vor den Körpern. Sie standen und sahen herüber. Sie bewegten sich kaum.

＊ ＊ ＊

Aus einer Seitenstraße wälzte sich ein weiterer Zug von Leuten in Jeans und olivfarbenen Mänteln. Sie trugen auf Stangen handgemalte Transparente. Mumtaz konnte nichts entziffern. Die Kette der Wilden drängte nach vorne, brodelnd und brüllend. Vergebens suchte Mumtaz nach der Seite zu entkommen und eines der großen Häuser zu erreichen. Sie konnte nicht aus, sie wurde mitgerissen.

Vor ihr bogen sich Burschen zum Wurf. Sie schleuderten Steine und Kantiges hinüber zum graugrünen Kordon der Polizei. Wo die kantigen Büchsen aufs Pflaster schlugen gab es eine kleine Stichflamme, dann begann es zu brennen.

Nahe vor ihr packten Burschen ein parkendes Auto und stürzten es johlend um. Es knirschte, gleich darauf gab es eine Explosion, die Menge wich zurück, eine Flamme fauchte heraus, das Auto brannte. Das Fauchen mischte sich mit beständigem Klirren von Glas.

Mumtaz geriet in Panik. Sie vergaß die Last der schweren Umhängetasche und des kleinen Koffers, sie suchte zu fliehen. Neben ihr schlugen schwere Steine in Schaufenster, droschen Leute mit Eisenstangen und schweren Ketten. Klirrend sanken die Gläser. Wieselflink waren andere Gestalten da und errafften aus den geborstenen Fenstern, was sich fassen und tragen ließ. Schmuck, Uhren, kleine Geräte. Rannten fort und verschwanden in der wütend vorwärts drängenden Menge.

* * *

Vom Kordon der Polizei dröhnten Lautsprecherrufe, breit gezogen und brüllend. Die Angesprochenen jaulten höhnisch zurück. Da hoben die Polizisten die Schilde und klappten Visiere aus Glas vor die Gesichter. Ihre starre Reihe begann zu wanken, als immer mehr Steine auf sie fielen.

Ein schwer gepanzertes Monstrum rollte langsam um die Ecke und fuhr auf die Meute der Werfer und Brüller zu. Steinwürfe prasselten auf das eckige Fahrzeug, das plötzlich Wasser zu schießen begann. Die vordersten Werfer wurden zu Boden gespült.

Bewegung kam in den Kordon. Die Polizisten griffen an, schlugen mit Stöcken, faßten Einzelne, jagten Werfer.

Ein zweiter wasserspeiender Drache bog ein und bedrängte die Tobenden von der anderen Seite. Zwei Stichflammen – zwei weitere Autos waren umgestürzt worden. Sie verbrennen nicht Tote, dachte Mumtaz, sie verbrennen das Leben. Was haben Autos damit zu tun? Ein großes wildes Heulen hallte über den Platz.

* * *

Mumtaz begriff nicht. War Krieg? Sie rannte, stürzte, raffte sich auf, bekam Tritte und Schläge und sah nicht von wem und woher. Polizisten jagten, mit dem Knüppel wild um sich schlagend daher. Vor ihnen, mit haßverzerrten Gesichtern die Verfolgten.

Mumtaz gelang es zur Seite zu weichen, ehe einer im vollen Lauf auf sie prallte. Ein Schlag des Polizeistocks streifte ihre Schulter. Das tat so weh, daß ihr der Koffer aus der Hand fiel. Sie konnte den Arm nicht mehr heben. Sie versuchte, geduckt an den Häusern entlang, zu entkommen. Über Scherben hinweg, an klaffenden Schaufenstern vorbei.

Da griff aus einem Hausgang plötzlich eine Hand, packte sie und zog sie ins Dunkle.

* * *

Sie war zu Tode erschrocken. Ein Mann, sie konnte ihn im Dunkel nicht erkennen, schlug die Haustüre zu.

Eine rauhe, atemlose Stimme sagte in ihrer Muttersprache, in Hindi, mit dem harten Akzent, der an der pakistanischen Grenze in der Provinz Aujerat gesprochen wird: „Was willst du hier? Du gehörst doch nicht zu uns!"

„Ich weiß doch nicht, was hier geschieht. Plötzlich war ich mitten im Chaos", heulte sie.

Der Mann stemmte sich gegen die Haustüre. Niemand mehr sollte herein. Draußen kochte der Lärm. Schreie, Brüllen, Klirren, Dröhnen der Lautsprecher, Zischen der Wasserstrahlen.

Im Hausflur bargen sich ein Dutzend keuchende Menschen. Mumtaz konnte sie nur ahnen, auch als sich ihre Augen an das Dunkel gewöhnten.

„Ich hab dich laufen sehen", sagte der Mann. „Um ein Haar hätten dir diese Schweine, die Bullen, den Schädel eingeschlagen. Woher kommst du?"

„Aus Delhi", sagte sie. „Ich bin erst einen Tag hier. Was ist das? Ein Krieg?"

„Unsinn. Eine Demonstration gegen die Kapitalisten, die Ausbeuter, die Verbrecher, die uns unterdrücken."

Mumtaz wußte nicht was sie antworten sollte. Der Lärm draußen schwoll an. Der indische Landsmann sprach deutsch mit den Übrigen. Sie antworteten hektisch. Mumtaz konnte Wut aus ihren Stimmen hören.

„Wir müssen weg. Sie werden die Häuser durchsuchen", sagte der Inder. „Komm." Mumtaz gehorchte mechanisch. Sie gelangten durch eine Hintertüre in einen Hof und kletterten über eine Mauer auf ein Garagendach. Von oben, aus den Häusern, schimpften Leute herunter. Mumtaz' Arm schmerzte. Langsam kehrte das Gefühl zurück, aber die Hand war kraftlos. Der Inder hob sie vom Dach der Garage. Dann rannten sie um Winkel, durch Türen und Korridore, stiegen in den Keller eines Hauses, brachen ein Kellerfenster auf und kamen auf eine Straße, in der Demonstranten liefen, gejagt, einzeln, oder in Gruppen. Polizei war nicht zu sehen.

„Wo wohnst du?" fragte der Inder.

„Ich weiß noch nicht", sagte Mumtaz.

„Hast du Geld?"

„Nicht viel. Ein paar Mark. Achtundzwanzig, glaub ich."

„Du hast ja Nerven. In diesem verstunkenen kapitalistischen Ausbeuterstaat ohne Geld? Das ist Selbstmord. Ich kann dich nicht mitnehmen. Ich wohne nicht hier. Wir sind nur zur Demonstration gekommen, in Bussen. Aber vielleicht kann ich dich bei einem Bekannten lassen. Komm –"

Mumtaz folgte und fragte nicht, wohin er sie bringen würde. Es war gut, die eigene Sprache zu hören, wenn der Mann auch nicht eben vertrauenerweckend aussah und offenbar der niedrigsten Kaste angehörte.

11

Die Gruppe zerstob wortlos nach allen Seiten. Mumtaz sah, als sie hinter ihm Schritt zu halten suchte, eine tiefe Wunde am Nacken ihres Landsmanns. Das erstarrte Blut klebte den offenen Hemdkragen an den Hals.

„Du bist verletzt."

„Red nicht", sagte er, „wir müssen weg, ehe die Bullen die Gegend absuchen."

„Ich bin Krankenschwester, ich kann dich verbinden –"

Er antwortete nicht. Sie liefen um ein paar Ecken in einen Bezirk mit wohlhabend und prächtig aussehenden alten Häusern. Mumtaz hatte so etwas bisher nur in Floris kleinem Buch gesehen. In Delhi gab es keine Wohnhäuser von solcher Pracht. Sie schienen leer zu sein. Die Fenster waren dunkel. An den Hauseingängen prangten glänzende große Schilder. Waren das wirklich nur Bürohäuser, die tagsüber genutzt, nachts leerstanden?

Diese Deutschen konnten es sich wahrhaftig leisten, Wohn- und Arbeitsstätte zu trennen.

* * *

Der Inder fluchte auf die Polizei, die er stets „Bullen" nannte, auf die deutschen Behörden, die Ausländer schikanieren und auf die übrige Welt. „Sie wollen uns nicht als politische Flüchtlinge anerkennen. Ich komme aus Pakistan –."

„Du sprichst aber wie ein Inder aus Ahmahabad."

„Egal. Das liegt an der Grenze zu Pakistan. Die Behörden hier kennen sich da nicht so aus." Er wischte den Einwand weg.

„Bisher konnten wir unsere Familien anstandslos nachkommen lassen. Sie haben uns dafür sogar Geld gegeben und unsere Kinder in Schulen geschickt. Jetzt wollen sie uns los sein, uns abschieben – sie zahlen nicht mehr, diese Schweine. Das ist der Dank, daß wir für sie geschuftet haben!"

„Was hast du geschuftet?"

„Ich? – Ich war in einem Hotel in der Bahnhofsgegend, bis sie mich rausgeworfen haben. Da sind sie radikal. Razzia, einsperren, Papiere und Abschiebung. Aber ich bin ihnen davon! Ich bin nicht so blöd und lasse mich in ein Flugzeug setzen und nach Pakistan deportieren. Ich bin ausgebrochen und mit meiner Familie untergetaucht." Er lachte. „Gar nicht weit von Frankfurt, aber sie finden mich nie. Und jetzt werd ichs ihnen zeigen!"

* * *

Während sie durch die Straßen eilten, erzählte er ihr unaufhörlich von der Ungerechtigkeit in diesem Lande, in dem so viele Menschen reich sind. Erzählte, daß Millionäre und Spekulanten Häuser leeren, um sie abzubrechen und neue zu bauen, die höhere Mieten erzielen. Er habe sich den Hausbesetzern angeschlossen. Damit könne man die Deutschen am empfindlichsten treffen.

„Man muß ihre Demokratie zerschlagen und Freiheit und Gleichheit für alle erreichen. Das Privateigentum, diese verdammte Ausbeutung, muß abgeschafft werden – die Errungenschaften des Sozialismus müssen siegen!"

Mumtaz verstand nicht recht, wovon er redete. Sie dachte, während sie mit kleinen, schnellen Schritten neben ihm ging, an ihren verlorenen Koffer, der auf dem Schlachtfeld geblieben war. Manchmal sah sie ihn von der Seite an. Er war vermutlich wirklich ein Pakistani. Einer von jenen aktiven, vitalen Männern des anderen Stammes, der seit Urzeiten kämpfte und sich von den stilleren Menschen ihrer Heimat so deutlich unterschied.

„Ich bin in Pakistan geboren", erzählte er. „Meine Familie mußte nach Indien fliehen. Aber auch in den Fabriken in Ahmahabad haben sie uns Kommunisten verfolgt, die reaktionären Schweine. Es wird ihnen nichts nützen. Wir werden siegen. Die Welt ist reif für den Sozialismus. Der Kapitalismus verreckt, du wirst es erleben!"

Ein Fanatiker, dachte Mumtaz. Unsere Kommunisten daheim sind nicht so radikal. So einen habe ich noch nie getroffen, stolz und hart. Ein imponierender Mann. Sie hastete neben ihm her. Die Straßen waren ruhig. Der wilde Krieg auf dem großen Platz war fern. Nur die rasenden Autos mit den grellen Scheinwerfern brachten Unruhe und Lärm.

„Das Geld für unsere Kinder streichen – denen werden wirs zeigen. Sie wollen uns los sein. Aber wir bleiben und kämpfen!" Er sagte immer wieder das gleiche.

Mumtaz wußte nie, was sie erwidern sollte. War dies die Kehrseite der Sauberkeit, der Ordnung, der festen stolzen Häuser und der Pracht der Schaufenster in diesem kalten Lande, daß man die Menschen schikaniert? Sind die Deutschen nicht gütig und hilfreich? Flori ist gütig, dachte sie –. Im Chaos der letzten Stunde hatte sie nicht an Flori und die blonde Frau gedacht. Nun fuhr ihr wieder ein Messer durch den Leib.

Flori ist verheiratet.

✳ ✳ ✳

Ihre Schritte wurden kleiner. Sie spürte, daß sie seit einer Ewigkeit nicht mehr gegessen und nicht geschlafen hatte.

„Komm, komm", trieb er sie an. „Wir sind gleich da. Ich kenne den Boß, er ist mir verpflichtet. Wenn ich es ihm sage, muß er dich aufnehmen."

Die Bahnhofsgegend, die Elbestraße. Musik und Lärm aus den Lokalen. Bunte Neonlichter zeigten „Sex – Sex – Sex", Umrisse von Mädchen, aus Leuchtröhren geformt, und grelle Ornamente. Ihr Licht spiegelte sich matt in den dunklen Fensterscheiben der Häuser. Schaukästen mit Bildern von geschminkten Nackten in Tänzerposen. Über die Brustwarzen und die Scham waren Papiersterne geklebt.

Mumtaz war zu müde, um sich etwas zu denken. Als Krankenschwester war sie Nacktheit gewohnt. In Indien gab es keine solchen Bilder und keine Schaustellung des Sex. Dort

226

war die Liebe in der Öffentlichkeit nur ein heiteres Tändeln. In Deutschland war das anders. Sie hatte schon am Flughafen ähnliche Bilder gesehen, an Zeitungskiosken.

Der Mann schob sie in ein kleines Lokal. Es war berstend voll. Glitzernd gekleidete Mädchen, schwere dicke Deutsche mit Hemd und Krawatte oder in Arbeitskluft. Rauchschwaden und feuchte Hitze nahmen einem den Atem, wenn man aus der Kälte der mitternächtlichen Straße kam. Popmusik brüllte aus den Lautsprechern. Man konnte sich nur schreiend verständigen. Die meisten Gäste standen stumm an der Theke.

Mumtaz blieb neben der Türe stehen. Sie war zu müde, um die Umgebung zu beachten. Ihr Landsmann sprach mit einem athletischen Kerl, unter dessen Hemd Muskeln spielten, wie sie nur Bodybuilder haben, die täglich jeden einzelnen Strang trainieren.

Der Athlet grinste den Pakistani an. „Du hast Nerven. Vor zehn Minuten waren die Bullen da. Wenn die dich hier schnappen –"

„Ich hau gleich wieder ab. Ich komme nur zufällig vorbei, wegen der da." Er deutete auf Mumtaz. Sie sah den Blick der Beiden und versuchte ein freundliches Lächeln.

„Laß sie hier schlafen, heute."

„Schlafen?" grinste der Athlet. Der Freund wurde heftig: „Sie ist heute aus Indien gekommen und es geht ihr dreckig. Gib ihr was zu essen und laß sie in Ruhe. Nächste Woche komm ich und kümmere mich um sie."

„O.k.", grinste der Athlet. „Sie ist dein Pferdchen. Ich laß sie in Ruhe."

※ ※ ※

Mumtaz spürte erst als sie die dicke saure Suppe aus Bohnen zu essen begann, wie hungrig sie war. Der Pakistani war fort. Er hatte ihr gesagt, sie könne hier ein paar Tage bleiben, er käme zurück und würde weiter für sie sorgen. Sie war kaum mehr bei sich. Auch ihr unnennbarer Schmerz schien müde geworden zu sein.

Sie folgte dem Athleten die Treppe hinauf, in eine Kammer unters Dach. Daß an der Decke und den Wänden Spiegel waren, nahm sie nicht mehr wahr. Sie legte die Kleider ab und schlief augenblicklich ein.

12

Die Fotos von der Jagdgesellschaft in Marokko waren lebendig und originell geworden. Charly Dörr, der Fotograf mit dem groben Gesicht, empfand sich wieder einmal als einen wahren Künstler in seinem Metier. Von Kunst aber kann man nicht leben. Es blieb ihm, dem ständig verschuldeten Junggesellen, wieder einmal nichts übrig, als Klinken zu putzen, Aufträge zu suchen, Werbeagenturen und Pressedienste zu mobilisieren, um sie alle zu überzeugen, daß er, Charly Dörr, ein Spitzenmann und ein immer noch unterschätztes Genie sei.
In seinen Bilderserien waren auch die Fotos der schönen Inderin im Flugzeug von Tanger nach Frankfurt. Schon im Kleinformat schienen sie ihm ausnehmend gelungen. Der Zauber des Lichtes und der Ausdruck des Mädchens waren von eigenartigem Reiz. „Die ist mal kein Klischee", sagte er vor sich hin. „Vielleicht muß ich mal ein Buch über Indien machen, oder eines über schöne Frauen. Da krieg ich das los. Jedenfalls kann ich Staat machen damit, so hübsche Bilder liefert nicht jeder Fotograf."
Am nächsten Morgen zog er von Agentur zu Agentur. Er kam meist nicht über die Vorzimmer hinaus, wurde vertröstet oder abgewiesen. Es gibt so viele Fotografen. „Jagdbilder, danke nein, der Markt ist übersättigt. Wir haben ja Ihre Adresse, wenn mal so ein spezielles Thema gebraucht wird. Wir werden Sie verständigen –"

* * *

Der Einzige der ihn empfing war ein Schulfreund aus alten Tagen, Gruppenleiter in einer der größten Werbeagenturen.

Zeitungen, Fernsehen, Plakate. Nervös, vergrämt und gehetzt saß er hinter seinem modernen Schreibtisch und jammerte. „Ich bin praktisch am Ende, Charly. Es kann einem nichts mehr einfallen. Alles war schon mal da. Kein Slogan prägt sich mehr ein, kein Bild ist mehr attraktiv. Porno ist auch vorbei. Vor ein paar Jahren konnte man den Kunden wenigstens noch Nackedeis verkaufen. Jetzt hängt ihnen das auch zum Halse heraus. Ich weiß nicht mehr weiter. Irgendwann hau ich in den Sack, zieh in mein Häuschen in der Toscana, bau meinen Kohl und sie können mich alle –. Das ist kein Leben mehr."

„Hast du irgend ein spezielles Produkt, im Moment? Kann ich was tun?"

Der Schulfreund seufzte. „Produkte genug. Da sitzt mir einer auf der Pelle mit so einer Gesichtsschmiere für Weiber, die soll ich auf vornehm und exclusiv verkaufen. Vogue-Stil, aber für die breite Masse. Harpers Bazar für Bloßfüßige. Und der Kunde hobelt sich einen ab – ich will was ganz besonderes! Der Idiot. Heutzutage! Da – schau – die Weiber da hab ich ihm alle vorgeschlagen."

Er schob Charly einen Packen Fotos hinüber. Charly sah sie rasch durch. Hundert Gesichter. Schöne Mädchen, doof-schöne, aparte, freche, kesse, emanzipierte, zaundürre mit harten Visagen, solche mit Zottelhaaren und männlicher Aggressivität im Blick. Angezogen und nackt. Abendkleid und Porno-Pose.

„Will er alles nicht", stöhnte der Schulfreund und goß sich Whisky nach. „Ist ihm alles zu dick, zu mager, zu kess, zu klischeehaft –"

„Ich hätte eine für dich", sagte Charly und zog die farbigen Vergrößerungen der Mumtazbilder aus seinem Musterkoffer. „Da – ganz frisch, gestern, auf dem Wege von Tanger hierher."

Der Schulfreund sah lange auf die Bilder. Er schien nicht eben begeistert. „Na ja", sagte er schließlich, „– exotisch mit europäischem Gesichtsschnitt, ganz hübsch – bißchen apart. Das Grinsen steht ihr ganz gut. Vielleicht fährt der Kunde auf sowas ab. Mach ein paar Serien mit ihr, dann schlag ich sie vor –"

Charly schnaufte und sagte: „Das ist ja der Mist! Die find ich nicht mehr. War ein Schnappschuß. Hab keine Adresse und weiß keinen Namen."

„Was?" Die Augen des Schulfreundes leuchteten, sein Gesicht war heiter, amüsiert und glücklich. Die Seligkeit der Schadenfreude, der reinsten aller menschlichen Regungen, stand auf seinen Zügen. Er lachte schallend. „Kein Name, keine Adresse – typisch mein Charly! – Dein Pech, mein Junge – mit der hättest du, vielleicht, eine Menge Geld verdienen können. Haha!"

Charly fand es nicht so komisch, doch er lachte mit. Man soll Freunden, von denen man abhängig ist, stets beipflichten.

13

Mumtaz schreckte hoch, als jemand sie berührte. Es war Nacht. Neben ihr, auf dem Bett, saß der Athlet.

„Na, ausgeschlafen?" fragte er freundlich.

„Danke, ja", sagte sie. „Wie lange hab ich denn –"

„Die Nacht und den ganzen Tag. Es ist wieder Abend. Biste nun frisch und fit, Sweetheart?" Er grinste sie an. Hinter ihm sah Mumtaz zwei Männer stehen, einen Neger und einen finster aussehenden, unrasierten jungen Kerl, der offenbar angetrunken war. Mumtaz sah die freundlichen, funkelnden Blicke der Männer und erschrak.

„Bist ne süße Maus", lächelte der Athlet, schob die Bettdecke zurück, streichelte mit seiner großen Hand ihre Brüste und glitt rasch an ihrem Körper hinunter. Mit einem peitschenden Ruck fuhr sie auf. Hockte, an die Wand gepreßt, im äußersten Winkel, die Beine schützend angezogen und schlug wild nach der großen Hand, die mit unüberwindbarer Kraft nach ihr langte.

„Zieh hier keine Schau ab, Sweetheart", sagte er und versuchte sie zu streicheln. Sie schlug abermals zu. Da griff er sie blitzschnell mit beiden Händen. Daß sie sich wand und schrie, biß und schlug, blieb ohne Wirkung. Was ihren Körper bedeckte, wurde heruntergefetzt. Der Neger packte ihren Kopf und hielt ihr den Mund zu.

Die Kraft ihrer Glieder wurde geknickt, wie man Blüten oder Halme knickt, im Vorübergehen, ohne Mühe. Zwei der Männer hielten sie fest, während der dritte über ihr war. Sie erschlaffte in Minuten, die Männer taten ihr weh, die Verkrampfung tat weh, der Widerwille tat weh und der unsagbare Schmerz der Demütigung.

Den Zweiten ärgerte ihre Regungslosigkeit. Er schlug ihr ins Gesicht. Die drei sprachen deutsch miteinander. Kurze, harte, leise bellende Laute. Ein Wort kam immer wieder vor. Sie sagten: „die Sau". Sie waren nicht unfreundlich. Sie streichelten ihren kleinen Leib während sie ihn im eisernen Griff hielten und sich gütlich taten. Sie lächelten dazu.

Der Athlet sagte ihr leise ins Ohr: „Sei doch wach, Sweetheart, du bist jung, du hast eine Goldgrube zwischen den Beinen. Wir wollen dir nicht weh tun. Ich weiß, heute ist das noch unangenehm, aber verlaß dich drauf, bald machts dir Spaß. Du kannst hier wohnen, ich paß auf dich auf, und wenn die Polizei was möchte, wegen Ausländergesetz, ich erledige alles für dich. Du mußt nur 'n bißchen nett sein zu uns. Glaub mir, hier kommen nur prima Kerle herein. Und wenn du einen mal nicht magst, na, dann denk eben an was anderes – dauert ja nicht lange. Und wenn einer dir mies kommt, schaff ich ihn raus und schick dir einen, der dir gefällt. Du wirst ein prima Leben haben, Sweetheart, ne Masse Geld und keine Sorgen. Nutz die blöden Männer aus –"

* * *

Seine Worte gingen ins Nichts. Mumtaz konnte ihn nicht hören, sie war nicht gegenwärtig. Der scharfe Schmerz in ihrer

Mitte entzündete hinter ihren geschlossenen Lidern ein Feuer, als habe sich Shiwas drittes Auge geöffnet. Sie konzentrierte sich auf den Anblick der Flamme und begann ihren Körper zu verlassen. Zuerst war ihr noch, als würde sie bei lebendigem Leibe operiert, dann erkannte sie: das bin nicht mehr ich, da wird ein gestorbener Leib geschunden, aus dem sich die Seele gelöst hat. Ich betrachte alles von fern.

* * *

Als Kind schon hatte sie versucht es dem Vater gleichzutun, der sich so versenken konnte, daß sein Atem stockte und sein Herz nur noch wenige Schläge in der Minute schlug. Man hätte ihn lebend begraben können, wie einen Yoghi, einen Fakir, er hätte das Grab nach Tagen lebend verlassen, wie diese. Dem Kind Mumtaz war die Versunkenheit stets nur ein wenig gelungen, bis zu jener glühend heißen Nacht, die über ihr Schicksal entschied, als sich der fremde Mann auf sie stürzte, auf das Kind, das sie war, und sein keuchendes Werk begann. Damals, als sie den ersten großen Schmerz ihres Lebens erfuhr und sich, so wie heute, nicht zu wehren vermochte, fiel sie vor Scham und Pein zum erstenmal in jene Trance, in der sich die Seele löst und erhebt.

Ihr Vater erfuhr, was ihr geschehen war. Der Kerl wurde gefaßt, aber der Vater konnte die Tochter nun nicht mehr mit dem ihr bestimmten Manne verheiraten. Sie war nicht mehr rein. Der Vater und die Ihren waren gütig und änderten ihr Betragen nicht. Aber sie war nichts mehr wert, war aussätzig, auch ohne sichtbare Narben.

Sie waren froh, als ich fortging, in die Stadt. Meine Schwestern wurden verheiratet. Sie durften den Männern angehören, die ihnen die Sterne bestimmten. Ich hatte Glück, daß man mich im Holy-Family-Hospital aufnahm, mich putzen, laufen, helfen und endlich zur Krankenschwester ausbilden ließ. Ich war eine gute Schwester, ich habe Leben gerettet und Leiden gelindert.

232

Was meinem Leib geschieht, spüre ich nicht, erlebe ich nicht. Es geschieht nicht, weil ich es nicht geschehen lassen will. Ich schwebe über mir und sehe den Männern nicht einmal zu. Es ist wie damals, nach der ersten Gewalttat, als sie mich fanden und heimtrugen. Ich war starr, war in Trance.

※ ※ ※

„Die ist steif wie ein Brett", sagte der Neger. „Ob die ohnmächtig ist?" Sie reagierte nicht auf einen Schlag ins Gesicht. Ihr Kopf pendelte zur Seite und wieder zurück.
„Mensch – die geht dot –", sagte der dritte. „Lassen wir sie. Sie ist ohnedies langweilig. Da isses ja spannender, wenn ich mir selber einen runterhole." Sie ließen sie liegen und gingen aus der Kammer.
Mumtaz merkte es nicht. Aus der rotglühenden Flamme taumelte die schwarze Nacht auf sie zu und hüllte sie ein.

※ ※ ※

Als sie aus der Ohnmacht erwachte und ihren schmerzenden Körper wieder spürte, begann sie zu überlegen. Sie erhob sich, suchte ihre Sachen zusammen und beschloß zu fliehen. Durch das Fenster, hoch am Dachfirst, konnte sie nicht entkommen. Es gab keinen Halt. Drei Meter weit über den Abgrund aufs Nebendach zu springen, war zu riskant. Die Türe war von außen versperrt.
Sie stellte ihre restlichen Habseligkeiten in die Nähe der Türe, um sie rasch greifen zu können, wenn sich Gelegenheit zum Entwischen bot, setzte sich auf den einzigen Stuhl und wartete.
Von allen Seiten warfen die Spiegel ihr Bild zurück. Mumtaz sah sich nicht an. Sie empfand sich nur mehr als einen dunklen Fleck, ein geschundenes Nichts. Ein drittesmal darf es Gewalt nicht mehr geben, dachte sie. Vorher stürze ich mich aus dem Fenster dort.

233

Sie erhob sich und öffnete die Flügel. Die Nachtluft war feucht und kalt. Sie dachte an Flori und spürte keine Verzweiflung. Er war ihr gegenwärtig wie eine Kindheitserinnerung, wie etwas, was lange zurückliegt. Ich habe die Liebe, das eins sein mit dem Anderen erlebt. Von diesem Reichtum darf ich träumen. Mehr wird mein Leben nicht bringen, aber ich bin Holi dankbar, dem Liebesgott.

* * *

Die Türe wurde aufgesperrt. Der Athlet erschien mit einem dicklichen jungen Mann mit niederer Stirn und eng beisammenliegenden Augen. Weich und schwammig tappte er auf X-Beinen herein.

„Na? – alles wieder o.k., Sweetheart? Sieh mal, was ich dir für einen netten Jungen bringe. Er spricht kein englisch, aber ihr braucht ja nicht zu reden. Den wirst du mögen, der steht auf die sanfte Tour. Du mußt ihn ausziehen wie eine Mutti und dann streng sein mit ihm und ihn ein bißchen hauen. Mehr will er wahrscheinlich gar nicht, kapiert? Viel Spaß!"

Er grinste, zwinkerte und ließ sie mit dem Riesenbaby allein. Der lächelte blöde und begann sein Spiel, indem er, als sei er ängstlich vor der mütterlichen Autorität, in die Zimmerecke zurückwich. Mumtaz sah ihre Chance. Sie begann das alberne Spiel, drohte, schimpfte und zog seine Kleider herunter. Der Dickliche lallte alberne Laute. Seine Hose verwickelte sich so über seinen Füßen, daß sie ihn beim Laufen behindern würde. Da wendete sich blitzschnell, griff ihr Eigentum, lief zur Türe hinaus und drehte den Schlüssel um. Der lüsterne Idiot konnte ihr nicht folgen.

* * *

Sie huschte die Treppe hinunter, an geschlossenen und offenen Zimmertüren vorbei, durch das verwinkelte alte Haus, begegnete spärlich bekleideten, grell geschminkten Mädchen. Sie beachteten die Fliehende nicht. Stockwerk um Stockwerk eilte Mumtaz hinunter.

234

Im Parterre zögerte sie. Diese Türe da, das wußte sie von gestern, führte ins Lokal. Dort würde sie ihren Peinigern in die Arme laufen. Sie suchte einen Hinterausgang und fand ihn nicht. Sie saß in einer Falle, jeder Weg schien versperrt.

Da nahm sie allen Mut zusammen, riß die Türe zum Lokal auf und lief, ohne sich umzusehen, durch den Lärm der Musik, vorbei an trinkenden, lümmelnden Gästen, hinaus auf die Straße.

Sie war frei. Sie rannte so rasch sie konnte.

※ ※ ※

Nach ein paar Metern hörte sie harte Schritte hinter sich. Sie kamen näher. Dann packte die eisenharte Faust ihren Arm. „Ei, davonlaufen –" knurrte der Athlet. „Das wär ja noch schöner!" Mumtaz schrie und schlug um sich. Ohrfeigen knallten in ihr Gesicht, Fußtritte trafen sie am Körper und an den Beinen. Eisenfäuste zerrten sie ins Lokal. Kein Straßenpassant sah her, keiner machte auch nur die geringsten Anstalten, dem Mädchen zu helfen.

Im Lokal fing sie nochmal Ohrfeigen, links und rechts, vor allen Gästen. Sie taumelte und schlug hin. Die Gäste lachten. Ein solches Schauspiel schien hier nicht ungewöhnlich.

14

Flugkapitän Bongers erwachte und ärgerte sich. Heute war sein 57. Geburtstag. Wieder ein Jahr näher an der unvermeidlichen Pensionierung. Heute Abend würde er ein Dutzend Gäste bei sich sehen und sich ausnahmsweise ein wenig betrinken, obwohl er sich den Alkohol, des Berufs wegen, nahezu abgewöhnt hatte.

Der gestrige Abend fiel ihm ein. Michaela. In den vergangenen acht Wochen hatten sie sich dreimal getroffen. Zweimal war sie hier gewesen, in der Wohnung, einmal hatte sie bei ihm übernachtet. Der gute Ton des Gesprächs von damals, in Hongkong, im Coffeeshop, war nicht mehr aufgekommen. Sie hatten Belangloses über den Beruf geplaudert, ein wenig Klatsch, ein wenig Beschwerden der Kabine übers Cockpit. Dann sank man sich, mangels anderer Themen, in die Arme. Bongers war trotzdem froh gewesen. Er war nicht mehr so lähmend allein, er konnte sich auf etwas freuen, konnte seinem Hang, hübsche Kleinigkeiten zu kaufen und zu schenken, wieder nachgehen. Er spazierte irgendwo in der Welt durch eine fremde Stadt, sah etwas und dachte: das könnte Michaela gefallen. Meist war die Schenkfreude größer als die der Beschenkten. Gleichviel.

✳ ✳ ✳

Gestern wollte er ein wenig als Gastgeber prunken. Er hatte die Wohnung aufgeräumt, Staub gesaugt, war zum besten Delikatessenladen der Stadt gefahren und hatte besorgt, was ihr schmecken könnte. Aus dem Disco-Center holte er noch zwei Platten mit paraguayanischer Volksmusik. Die liebte sie besonders.
Sie waren für sechs Uhr verabredet. Um halb sieben rief sie an und bat ihn, sich in der Stadt, in einem Café mit ihr zu treffen. Da wußte er schon. Er hätte gar nicht hinfahren müssen.
Sie gestand, wie erwartet. Ein junger Kollege, auf dem letzten Flug und plötzlich war man sich „irgendwie unheimlich nahegekommen – dann die zwei Tage in Rio, du mußt das verstehen, ich weiß auch nicht wieso, aber wir verstehen uns eigentlich in allem unheimlich gut. Bitte, Andreas, sieh ein –"
Andreas Bongers sah ein, lächelte, war Kavalier und souverän. Er fuhr sie noch zur Wohnung des neuen Platzhirschen, trotzdem sie erzählt hatte, er sei erst 33 Jahre alt.
Zu Hause aß er die gesamten Delikatessen auf, bekam Magendrücken, trank Alkohol und schlief unruhig. Nun erwachte er, allein, in dementsprechend übler Laune.

✳ ✳ ✳

Ihn umgab Luxus wie in Hollywoodfilmen. Ein Penthouse, um das ein Balkon lief, mit kleinen Bäumen und vielen Blumen bepflanzt. Jede erdenkliche Bequemlichkeit. In allen Räumen Kunstgegenstände aus aller Herren Länder. Volkskunst. Nicht wertvoll – geschmackvoll.

Geschmackvoll war auch seine geschiedene Marika, eine Frau von Kultur. Sie wollte darob stets bewundert sein. Bongers' kunstgeschichtliche Kenntnisse hatten das ihre zur Gestaltung der Wohnung getan.

Nun saß er trübsinnig in seinem Museum und dachte, daß in spätestens zwei Jahren endgültig Schluß sein würde mit der Fliegerei. Dann lebte er nur noch für – – und hier stockte er. Wofür? Irgendwelche Studien? Wie sollte sein Tag aussehen? Ein Leben allein, Freunde besuchen, Reisen? War er nicht genug gereist? Hatte das ewige Reisen nicht seine Ehe zerstört?

✳ ✳ ✳

Das Telefon summte. Die geschiedene Marika wollte die erste sein, die gratulierte, „härzlich, sähr härzlich, Andikam, hoffe du bist glicklich –" Sie fügte an, in den nächsten Tagen werde ein Brief ihres Anwalts kommen, den möge er, bitte, nicht übel nehmen, er sei nur aus juristischen Gründen so scharf gehalten. Putzikam.

Bongers wollte wissen, worum es ginge.

„Alläs wird teurer, Andikam, bissel mehr Geld mußt schon rausrücken in Zukunft. Schau dir an Gehaltsforderungen von IG-Metall und Preise von Fluglinien und was kostet der Modä jeden Tag mehr. Möchtest du, daß Leute sagen, große Jumbokapitän läßt sein Frau herumlaufen in alte Klamotte? Die geizige Hund? So muß juristisch bissel geltend gemacht werden. Bussi, Andikam, seret lek, wisantlataschro –"

✳ ✳ ✳

„Mistvieh", sagte Bongers, als gleich darauf das Telefon wieder summte. Er vermutete, Marika habe, wie immer, etwas zu sagen vergessen und riefe nochmal an.

237

Am Telefon war aber ein Polizeirevier. Ein Beamter wollte ihn sprechen. In vollmundigem Hessisch erzählte er eine verwirrende Geschichte von einer Schlägerei in der Elbestraße zwischen einem amtsbekannten Zuhälter und einem Mädchen. Anwohner hatten die Polizei alarmiert. Die Streife hatte zunächst den Zuhälter allein und leugnend angetroffen, dann sei aber das Mädchen eingesperrt aufgefunden worden. Nun sei sie befreit und säße hier, neben ihm, im Revier.
„Schön und gut, aber was habe ich damit zu tun?"
„Ei, die hat doch Ihr Visitekart mit der Adress in der Tasch. Die müsse Sie kenne, Aus Indien isse, hatse gesacht. Sie sacht net viel, sie weint die meiste Zeit."
Indien? Bongers überlegte.
„Krankeschwester, sacht se isse."
Da begriff er.
„Sie hat keine Papiere und erzählt Geschichten von emme Koffer, der verlore is – und ihr Paß soll am Tor von der Werft am Flughafen sein – und möglicherweise is des e Verstoß geche des Ausländergesetz, wenn Sie da net eingreife und für die Person bürge. Sie is ziemlich hübsch", setzte er, offenbar privat, hinzu.

* * *

Eine Stunde später brachte ein Streifenwagen ein verheultes Etwas. Verstockt, schweigend und teilnahmslos trat sie in die Prachtwohnung. Es schien ihr gleichgültig zu sein wohin man sie brachte. Bongers' freundliche Versuche, herauszufinden wie sie hierherkomme, blieben ohne Antwort. Erst als er sagte: „Weiß denn Florian Hopf, daß Sie hier sind?", senkte sie den Kopf und antwortete, wie nach langer Überwindung, leise und matt: „Flori ist verheiratet".
„Nein", sagte Bongers erstaunt. „Das wüßte ich. Wir haben uns ein bißchen angefreundet. Da gibt es eine Verlobte, soviel ich weiß, aber verheiratet ist er nicht."
Leben kam in die kleine Gestalt, Licht trat in die erloschenen Augen. „Nicht verheiratet?"

238

„Nein! – Wollen Sie ihn sehen? Ich gebe heute Abend ein kleines Fest. Soll ich ihn einladen?"

Das Licht wurde heller. Die Augen begannen zu glänzen. „Wird er kommen?"

„Na, das wär ja noch schöner. Wenn ich ihn persönlich einlade kommt er, verlassen Sie sich drauf." Er rief den Flughafen an, ließ sich mit der Werft verbinden, und hatte vier Minuten später Flori am Apparat. „Sie müssen kommen. Aus einem ganz besonderen Grund. Hier wartet nämlich eine Überraschung auf Sie!"

Mumtaz, dachte Flori sofort und sagte zu.

15

Mumtaz' Koffer aus Afrika war am Flughafen eingetroffen. Eine Nachfrage bei der Polizei ergab, daß auch ihr Handgepäck, das sie während der Demonstration eingebüßt hatte, gefunden worden war. Bongers ließ beides mit einem Taxi kommen.

Mumtaz verschwand eine Stunde im Bad. Als sie wieder auftauchte, schien eine Fee sie verwandelt zu haben. Sie glänzte in ihrem blauen Sari in jener Schönheit, die Bongers schon in Delhi entzückt hatte.

Ihre Depression war einer euphorischen Fröhlichkeit gewichen. Als gäbe es keine Verlobte des Flori, keine Blonde mit kalten Augen, als habe sie in den letzten Tagen nichts Demütigendes erlebt, plauderte sie und half bei den Vorbereitungen zur Party.

Zwischendurch tranken sie eine Flasche Sekt, zur Einstimmung auf den Abend. Bongers staunte über Mumtaz' Wißbegierde. Sie wollte alles über das Leben in Deutschland erfahren. Wie ist hier dieses und jenes, was denken und tun die Menschen hier?

* * *

Sie erzählte von dem Aufruhr, in den sie geraten war. „Was waren das für Leute? Worum ging es? Man hat mir nur gesagt, sie protestieren gegen Ausbeutung. Was ist damit gemeint?"

„Schwer zu erklären", meinte Bongers. „Diese Jugend haßt alles, was fest gefügt ist. Alle Reichen, alle, die Macht haben."

„Aber was wollen sie? Was haben die Autos getan, daß sie brennen müssen."

„Sie wollen daran ihre Kraft, ihre Macht beweisen. Auf sich aufmerksam machen, nennen sies."

„Aber was wollen sie erreichen?"

„Eine bessere Welt."

„Es geht ihnen besser als uns", sagte Mumtaz. „Soviel ich bis jetzt sehen konnte."

„Sicher. Sie haben Autos und Musik und immer zu essen und zu trinken. Und viel freie Zeit. Sie arbeiten nur wenn es ihnen paßt. Das alles halten sie für selbstverständlich."

„Man hat mir etwas erzählt von Gesetzen für Wohnungen und Geld für Kinder – ich verstehe das nicht. Haben sie kein Obdach? Müssen manche auf den Straßen schlafen, wie bei uns?"

„Nein, auf der Straße schläft hier niemand. Es gibt mehr Wohnungen als Leute. Aber jeder will eine eigene, möglichst große. Und die sind teuer."

„Wenn man mehr arbeitet, verdient man dann mehr Geld?"

„In der Regel."

„Dann können sie doch teuere Wohnungen bezahlen, wenn sie mehr arbeiten, oder nicht?"

Bongers wußte nicht, wie er ihr die Lage klar machen sollte. Sie ging von ihren, so gänzlich anderen Voraussetzungen aus.

„Mumtaz, wir haben 35 Jahre Frieden, übervölkerte Städte, Wohlstand, Luxus, Ansprüche. Aber die Menschen, die Gruppen, Stände, Kasten, Völker, hassen einander. Sie wissen, Krieg kann man nicht mehr führen. Atombomben, Gas und Seuchen würden alles ausrotten. Der Mensch braucht aber einen Feind. Er muß hassen und zerstören. Das ist ein

Naturinstinkt, ich weiß auch nicht warum. Also schafft er sich Feinde, mit tausend Ausreden und Vorwänden, wie ‚soziale Gerechtigkeit, Ausbeutung‘ und solchem Unsinn. Europa zerstört sich selbst durch Haß, Ansprüche und Faulheit. Es geht nicht um Kindergeld und teuere Wohnungen. Es geht auch nicht um Kommunismus und Kapitalismus. Das alles sind nur Vorwände für den urmächtigen Zerstörungstrieb in diesem alten, übervölkerten Kontinent.“

„Indien ist auch alt und übervölkert, aber wir denken nicht so. Ihr habt so viel Schönes und Nützliches, was wir uns wünschen würden. Aber bei uns werfen sie keine Autos um und zünden sie an –“

Bongers dachte nach. „Vielleicht ist nur glücklich, wer Wünsche hat. Vielleicht ist ‚alles Haben‘ die Hölle.“

Mumtaz blickte ihn an. „Haben Sie Wünsche?“

„Ja“, sagte Bongers.

„Sind Sie glücklich?“

„Nein. Aber ich zünde keine Autos an.“

„Nicht Hunger leiden, ein Obdach haben und gesund sein, ist die erste Stufe des Glücks. Die zweite, die wichtigere: daß man nicht allein sein muß.“

„Wem sagst du das.“ Bongers seufzte.

„Die dritte ist die wichtigste.“

„Eine dritte Stufe?“

„Ja. Die Waage in unserer Seele. In der einen Schale liegt das, was ist. In der anderen das, was sein kann und sein soll. Das muß gleichstehen. Das muß von uns selbst kommen. Da hilft kein Staat und keine Organisation. Da muß man die Götter bitten, uns Einklang zu gewähren zwischen dem was ist, und dem was wir wünschen.“ Sie sagte das so einfach und ernst, daß Bongers sein ironisches Lächeln unterdrückte.

„Ich kann mir unsere Chaoten nicht in Kirchen, um das Gleichgewicht der Seele bittend, vorstellen. Wahrscheinlich haben sie gar keine Seele und schon gar keine Waage. Haß und Neid haben alles in ihnen zerstört.“

„Sie tun mir leid", sagte Mumtaz ernst. „Ihnen fehlt das Wichtigste. Ihr habt nur einen einzigen Gott, nicht wahr? Hat er euch das nicht gelehrt?"

Bongers war gerührt.

„Kind", seufzte er. „Hast du eine Ahnung von den heutigen Europäern. Wenn du wüßtest, was aus den weißen Herren der Kolonialzeit geworden ist. Alle Spielregeln menschlichen Zusammenlebens lösen sie auf. Sitten, Fairneß, Anständigkeit, Ehrlichkeit, Strebsamkeit, etwas schaffen wollen. Alles vorbei. Ginge es nur um die Diktatur des Proletariats, gings uns allen gleich gut, oder gleich schlecht. Aber wir haben kein Ziel mehr. Die Saturiertheit hat uns aufgefressen, die Aggressionen sind übriggeblieben. Europa wird untergehen, in diesem Jahrhundert. Du wirst es erleben."

Mumtaz schüttelte heftig den Kopf. „So darf man nicht denken. So ist die Welt nicht eingerichtet."

Bongers schwieg betroffen.

* * *

Alles war für die Party gerichtet. Sie saßen wartend in behaglichen Sesseln. Bongers hatte sich einen Martini gemixt. Das Gespräch von vorhin beschäftigte ihn. „So darf man nicht denken?" Muß man in unserer kläglich modernen Zeit nicht so denken?

„Du bist sehr gläubig?", fragte er.

„Selbstverständlich. Woher sonst sollte man die Kraft nehmen zu überstehen?" Sie sah ihn fragend an. „Habt ihr in euren Schulen nichts gelernt über die Gefühle des Menschen?"

„Was gibt es über Gefühle zu lernen?"

„Nun – sie beherrschen uns doch. Wenn eines zu stark wird, gefährden sie unser Leben."

„So etwas lernt ihr in der Schule?"

Sie nickte und begann die Litanei aufzusagen, zählte dazu an den Fingern ab und suchte manchmal den englischen Ausdruck: „Es sind: Furcht und Mitleid – Zorn und Ekel – Spott und Staunen – Liebe und Mut."

„Acht sind es?" fragte Bongers.

Sie schüttelte den Kopf. „Neun. Das neunte ist das wichtigste. Ich weiß seinen Namen nur in unserer Sprache: ‚Shanti'."

„Shanti? Sagt mir nichts. Kannst dus beschreiben?"

„Wenn alle acht Gefühle in Harmonie sind, wenn keines überwiegt."

„Also – Ausgeglichenheit?"

Sie nickte. „Shanti rettet uns, wenn ein Gefühl übermächtig wird und uns zu beherrschen beginnt. Und das ist schlimm." Ihre Stimme war tonlos geworden. Ihre Augen wurden matt.

„Was ist, Mumtaz?"

„In den letzten Stunden war die Gnade des Shanti in mir. Jetzt drängen sich andere Empfindungen vor. Ich muß sie bekämpfen." Sie stand auf und hockte sich in einem Winkel, mit abgewendetem Gesicht, auf den Boden.

Bongers wußte nicht wie er sich verhalten sollte. Er trank seinen Martini aus und dachte: So etwas in der Schule lernen? Nicht nur Wissen und Äußerlichkeiten, Infinitesimal und die Entwicklung der Lurche, sondern das Eigentliche fürs Leben – seltsam.

Vor ihm auf dem Tisch lagen Tageszeitungen mit Fotos von den Krawallen am Römer. Hätte man diesen Radaubrüdern, als sie Kinder waren, Shanti vermitteln können?

Der Türgong. Der erste Gast. Mumtaz fuhr hoch und rannte, um zu öffnen.

* * *

Einer der Gäste war jener Mann aus der Werbeagentur, dem Charly Dörr die Fotos von Mumtaz gezeigt hatte. Bongers hatte sich vor Jahren, im Auftrag der Lufthansa, für Fotos vom wirklichen „Jet-set" zur Verfügung gestellt und war dabei mit diesem Mann und einem Fotografen um die halbe Welt gereist. Damals war man sich freundschaftlich näher gekommen.

Als Bongers ihm Mumtaz vorstellte, sagte er: „Die kenn ich".

Bongers lächelte: „Kaum. Es gibt noch ein paar schöne Mädchen auf dem Globus, die Sie nicht kennen."

Der Werber wollte sagen „doch" und die Geschichte von Charly Dörr erzählen. Er tat es nicht. Er sagte: „Vielleicht irr ich mich." Im ersten Augenblick hatte er Charly anrufen und herbestellen wollen: da siehst du, der Zufall ist doch der beste Regisseur, die Welt ist ein Dorf. Dann aber dachte er geschäftlich: mit der ist Geld zu verdienen. Warum soll der dumme Charly den Rebbach machen. Er kann ein paar Serien von ihr schießen, das ist dann sein Anteil. Das Marketing ist meine Sache.

Je länger er sie beobachtete, desto sicherer wurde er: die hat das gewisse Etwas, was sich in unserer Konsumgesellschaft vermarkten läßt. Keine Strahlezähne unter leerem Grinsen. Ein Mensch, kein Püppchen. Vielleicht beachtet sie unsere von Sattheit rülpsende Welt? Ich nehme sie exclusiv. In jeder Hinsicht.

* * *

Bongers besaß Platten mit indischer Musik. Mumtaz, die den Gästen aufmerksam servierte, war wie elektrisiert, als die erste Raga ertönte. Sie erzählte mit solchem Eifer von den Tänzen ihrer Heimat, daß man sie bat: „Tanzen Sie doch!"

Mumtaz erklärte ernst, sie kenne nur die Tanzposen, sie beherrsche sie nicht, sie sei nur imstande, einige Gesten anzudeuten.

Mit ausgestellten Beinen, die Knie geknickt und die Arme gestreckt, erklärte sie: „meine Hände und Füße bilden ein Viereck, sehen Sie? In dem führt man die Zeichen und Gesten der Tanzerzählung aus."

„Lebender Bilderrahmen, irre", sagte der Werbemann feixend und rechnete rasch durch, ob sich neben der Werbung auch Tanzveranstaltungen rentieren könnten.

Mumtaz schloß die Augen und überließ sich ihrer Sehnsucht. Sie begann sich zu bewegen, begann mit Gesten und Blicken anzudeuten, was sie empfand. Sie steigerte sich in einen Wirbel der Erwartung. Fingerhaltungen, Blicke, Aufstampfen der

Füße, Drehungen und kleine Schritte – ein improvisierter Tanz, an dessen Ende sie im Lotussitz, gesammelt und verschlossen, in bewegungslose Meditation versank. Wenn sie auch nicht so blitzschnell und gelenkig war wie indische Ballerinen, die Kraft ihres Ausdrucks riß sogar Damen zu begeistertem Applaus hin.

Mumtaz schien aus Trance zu erwachen, genierte sich ob der allgemeinen Begeisterung, stand auf und legte dankend die Handflächen zusammen. Dann zog sie ihre Schuhe wieder an und lief zu Bongers, der am längsten applaudierte und immer wieder sagte: „hinreißend – hinreißend –."

„Wo bleibt Flori", fragte sie bekümmert, als er ihr die Hand küßte. Alles Leuchten war aus ihrem Gesicht verschwunden. „Ich kann es mir auch nicht erklären", meinte Bongers und sah auf die Uhr.

16

Flori hatte einen harten Tag hinter sich. Zwei Kollegen waren grippekrank, die Inspektion der DC-10 mußte trotzdem termingerecht durchgeführt werden. Da hieß es doppelt arbeiten.

Bei Dienstbeginn hatte er Berger die Rohfassung seines Verbesserungsvorschlages übergeben. Der nahm ihn wortlos an und sagte erst beim Mittagessen in der Kantine, als sie mit ihren Tabletts an der Theke standen, nebenbei: „Sieht ganz gut aus. Ich geb's weiter. Freut mich, daß dein Hirn o. k. ist, trotz der vielen Schlangen."

Flori war stolz durch logisches Denken offenbar zu vernünftigen Schlüssen gekommen zu sein. An die Prämie dachte er nicht.

* * *

In der Kantine traf er Bernd Müller, den Kollegen aus Delhi, der kurz vor der Rückreise dorthin stand. Die beiden freuten sich über das Wiedersehen, sagten „Mensch" und klopften einander auf die Schultern.

Dann mußte Flori einen Pack Fotos des Stammhalters ansehen. Er war am 1. Januar zur Welt gekommen. Mutter und Kind waren wohlauf. Frau Müller war noch mehr in die Breite gegangen und das Baby sah so scheußlich aus wie alle Babies. Nur stolze Eltern und Großeltern können sie mit Genuß betrachten.

Bernd Müller freute sich: „Prima, daß du die Schlange überstanden hast. Hab schon gehört, von der ausgezeichneten Pflege dort – hm?" Er grinste. Flori grinste matt zurück.

※ ※ ※

Warum ließ Mumtaz nichts von sich hören? Flori wunderte und ärgerte sich. Immer wieder blickte er von seiner Arbeit, vom hohen Gerüst aus hinüber zum Besuchereingang der Mammuthalle, ob die kleine dunkle Gestalt nicht auftauche. „Versteh' nicht, daß sie sich nicht meldet", sagte Berger. „Sie war ein bißchen verstört und verwirrt – aber sie ist doch ein intelligentes Mädchen, was du so erzählst. Na, wird schon noch kommen."

Statt ihrer kam der Anruf von Bongers. Flori war klar, daß die Überraschung nur Mumtaz sein konnte. Wie war sie an Bongers geraten? Nun – er würde sie am Abend fragen können, wenn – ja, wenn er Gisela klar machen konnte, daß er allein hingehen müsse. Das gibt wieder ein Theater, dachte er. Seit Tagen geht sie mir nicht von der Falte, fährt mich zur Arbeit, holt mich ab – Belauert sie mich? Ahnt sie etwas? Wissen kann sie ja nichts –

※ ※ ※

Gisela wartete schon im Auto, öffnete die Türe und lächelte: „Guten Tag gehabt? Tut das Bein noch weh? War was Besonderes?"

246

Florian, zu phantasiearm zu konsequentem Lügen, erzählte ihr von der Abendeinladung.

„Ohne mich?" fragte sie rasch.

„Anscheinend", sagte er. Als sie schwieg, auf den dichten Berufsverkehr achtete und keine Regung, außer schweigender Eiseskälte zeigte, setzte er hinzu: „Da kommen Leute aus Delhi, die du nicht kennst. Die soll ich wiedersehen – deshalb die Einladung."

„Die Krankenschwester?" fragte sie.

„Ja", sagte er perplex. Sie wußte also. Woher? Weiter wurde nicht darüber gesprochen.

* * *

Das Abendessen mit den Eltern verlief dumpf und brütend. Der Fernseher war eingeschaltet, weil die Mutter die „Wetterkarte" sehen wollte. Man war nicht heiter. Man sprach Belangloses und mampfte lustlos das bekömmliche Essen, das es aus Rücksicht auf Floris gefährdeten Pankreas geben mußte. Flori spürte, wie sich bleierne Gewitterwolken zusammenzogen.

Nach dem Essen, im gemeinsamen Zimmer, als Flori sich umkleiden wollte, brach der Taifun los. So hatte er Gisela noch nie gesehen. Jede Faser an ihr vibrierte.

„Wenn du da hingehst, kannst du gleich für immer wegbleiben!"

„Übertreib doch nicht so –", versuchte er voll schlechten Gewissens einzulenken.

„Wenn du mich so demütigst, daß du kurz vor unserer Hochzeit eine deiner Huren triffst – gut, sie hat dir das Leben gerettet, das tun Huren manchmal!"

Flori schrie, sie solle diesen verdammten Sauherdenton gefälligst unterlassen. Sie schrie unter Tränen zurück: „Daß du nicht spürst, was das für eine Beleidigung ist, wenn du da allein hingehst –"

„Dann geh mit –!" brüllte er zurück. Sie aber antwortete in jener Logik, die Flori ewig verschlossen bleiben würde: „Ich denke nicht dran! Soll ich mir dieses aufdringliche, kuhäugige Stück Dreck auch noch anschauen –"

„Du kennst sie ja gar nicht. Geh mit und lern sie kennen, damit du siehst –"

„Ich kann sie mir vorstellen, ich will sie nicht auch noch sehen! Du – ich warne dich! Treibs nicht zum Äußersten!"

„Was treib ich –?!" Florian brüllte. „Ich geh zu einer Einladung mit vielen Leuten. Weder treff ich sie heimlich, noch –"

„Schrei mich nicht an!" schrie sie.

„Gut – ich sag ab – ich geh nicht hin – ich führe mich Bongers gegenüber schon auf wie eine Sau, nur damit du Ruhe gibst –"

„Ich verbitte mir diesen ordinären Ton! Prolet!", sagte sie.

*　*　*

Das Duell mit schweren Waffen endete so, daß Gisela weinend zusammenbrach, flehte und fluchte, und daß Flori endlich, spät nachts, gegen elf Uhr, schweren Herzens Bongers anrief und sich entschuldigte.

„Da wird Ihre Lebensretterin sehr enttäuscht sein", sagte der kühl.

„Bitte grüßen Sie sie herzlich, ich kann heute Abend beim besten Willen nicht fort, aber ich werde morgen – kann ich sie bei Ihnen erreichen?"

„Sie bleibt zunächst bei mir wohnen. Ich weiß aber nicht, ob sie Sie morgen so ganz gern sehen möchte –"

Flori war verzweifelt. Wortlos lag er neben der schluchzenden Gisela. Er fühlte kein Mitleid. Er nahm sie nicht in die Arme und versuchte nicht sie zu trösten.

*　*　*

Er erwog die unterschiedlichen Charaktere der beiden Frauen. Sie hat mich jetzt schon unter dem Pantoffel. Andererseits, mein Benehmen, weit fort, in Indien, ein Verhältnis anzufangen, war auch nicht gerade das, was die christ-katholische Morallehre verkündet.

Pantoffel? Sie tut alles, damit unsere Ehe ein Erfolg wird. Wenn sie mich schiebt, lenkt und leitet, kann mir das nützen. Allein schaff ich bestimmt weniger. Sie ist ein Motor – ein Triebwerk, Pratt-Whitney, nein, das General Electric CF 6-50 A, kompakt, mit 22 250 Kilopond Schub.

Andererseits – soll ich mich zum Affen machen lassen, der auf Pfiff pariert, über den die Leute kichern?

Da lag sie neben ihm und weinte leise. Die Nächte mit ihr? Die waren Ästhetik und Artistik, geben und nehmen. Gebenmüssen und Nehmendürfen. Ein ebenbürtiger zweiter Mensch, aber – eben ein zweiter. Nie eins.

Und Mumtaz? Die tiefe Empfindung vom Tage des Abschieds war noch vorhanden, auch wenn ihr Bild verblaßte. Wie wäre das Leben mit ihr? Eine Dienerin an der Schwelle der Tür, lautlos auf nackten Sohlen? Schweigende Blicke, Warten auf Wünsche. Heben und helfen, bewundern und bringen. In den Nächten ein Sichaufgeben und antworten auf den geringsten Wink. Verschwinden, um ihn ganz er selbst sein zu lassen und durch ihr Dasein dieses Selbstsein erst ermöglichend. Wie kompliziert, dachte er.

Zwei Welten. Wie würde es in zehn oder zwanzig Jahren sein, wenn der Blütenstaub fortgeweht ist? Was würde man miteinander zu reden haben?

Bei Gisela genügte ein Wort, ein Halbsatz, ein Tonfall zum Verstehen, zum Einigsein oder zum Streiten.

Bei Mumtaz? Immer der Umweg über das beiderseits mangelhaft beherrschte Englisch? Ihr Hindi erlernen? Unmöglich. Auch sie würde Schwingungen seiner Sprache nie begreifen können. Immer nur rohe Mitteilung, niemals ein Gespräch?

* * *

Er wünschte beide zum Teufel und schlief im Bewußtsein ein, daß er sich nicht zum Sklaven der verdammten, wundervollen

Weiber machen lassen würde. Er wollte ihnen schon zeigen, wer Herr im Hause ist.

Ich lasse mich nicht fangen, nicht knechten, nicht schurigeln. Alles wird aufgeschoben. Ich requeste eine neue Urlaubsvertretung. Drei Monate. Vielleicht ist Tokio frei, da möchte ich gern mal hin. Sollen sie doch sehen, die Weiber, wie sie ohne mich zurechtkommen. Es muß ja auch nicht gleich geheiratet sein. Mir eilt es nicht. Ich bin schließlich selber wer! Vielleicht gibt es irgendwo eine, die Giselas Aktivität und Mumtaz' Demut vereint?

Es war wohl nur die Wut und das schlechte Gewissen, die ihn so denken ließen. Der hilflose Versuch, einen Ausweg zu finden. Was die beiden Frauen von ihm dachten, überlegte er nicht.

17

Die Weichen waren gestellt, die Katastrophe mußte kommen. Zu Ende des Geburtstagsfestes, nach Mitternacht, war Mumtaz immer stiller und verschlossener geworden. Alle Lebendigkeit wich von ihr, sie sorgte mechanisch für die Gäste, sie antwortete kaum, wenn man mit ihr sprach. Als die Gäste fort waren räumte sie schweigend auf. Bongers versuchte mit ihr ein wenig über den Abend zu plaudern, aber sie legte nur die Handflächen grüßend zusammen, neigte den Kopf und verschwand im Gästezimmer.

✻ ✻ ✻

Am Morgen, als Bongers aus dem Bad kam, hatte sie schon aufgeräumt. Sie werkte leise und schweigend in der Küche. Bongers dachte an seine geschiedene Marika. Wenn ich sie nur einmal so als guten Hausgeist erlebt hätte, dachte er, vieles wäre anders gekommen. „Bin keine Dienstmädchen, Andikam, kannst du nicht värlangen –" Er hörte den Satz noch deutlich.

Mumtaz' hilfreiche Anwesenheit machte ihn glücklich. Ob sie so traurig und erloschen bleiben wird? Gewiß nicht. Sie ist jung. Vielleicht will sie arbeiten. Krankenschwestern sind rar, die Krankenhäuser suchen verzweifelt.

Niemand in diesem satten, faulen Land will eine Arbeit verrichten, die Überwindung und Identifikation erfordert. Krankheit verdrängt man, wie man den Tod verdrängt. Man schiebt sie ab, in anonyme Kasernen. Sollen die sich kümmern, die Kasse zahlt alles. Wir sind ja versichert, warum sollen wir auch noch helfen? Unser Leben stören, durch Fürsorge oder Aufopferung? Das sollen andere machen.

* * *

Aus solchen Überlegungen heraus begann er mit ihr zu sprechen, als sie ihm wortlos Kaffee und ein reiches Frühstück servierte.

„Du bleibst hier wohnen, Mumtaz. Ich bin sowieso oft wochenlang unterwegs und die Bude steht leer. Alles würde schöner, wenn du hier Ordnung hieltest. Haushälterinnen gibt es nicht mehr, eine Putzfrau kommt gnadenhalber einmal in der Woche drei Stunden. Für kein Geld kriegst du in Deutschland Hilfe. Nicht einmal Alte und Hilflose finden jemanden. Hausarbeit gilt als finstere Fron, trotz aller Maschinen und Fertiggerichte. Es wäre schön, wenn jemand da ist, wenn ich von der Reise komme, der diese Wohnung mit Leben erfüllt."

„Danke", sagte Mumtaz. „Danke sehr."

„Ich hätte dir zu danken, mein Kind, wenn es so sein könnte, wie ich es mir wünsche." Er fand diesen Satz selber zu lyrisch, aber seine Rührung über dies schöne, traurige Ding ließ ihn kindisch denken und reden. In seiner pastosen Stimmung griff er nach ihrem schmalen Arm und zog sie neben sich. Sie wehrte sich ein wenig und sagte: „Bitte, Sir – ich gehöre Flori –"

„Nein", sagte er innig, „du gehörst ihm nicht. Und er gehört nicht dir. Ich habe es dir nicht sagen wollen – aber er hat angerufen, heute Nacht, daß er nicht kommen kann. Er ist verlobt, in ein paar Wochen wird er heiraten. Seine Braut hats ihm verboten und er gehorcht ihr aufs Wort. Er tut, was sie will, damit mußt du dich abfinden."

Sie starrte ihn an, sah auf seinen Mund, wie um kein Wort zu verlieren. Ihre Augen füllten sich mit Tränen und dunklem Entsetzen.

„Ist das wahr?"

„Ja – das ist wahr. Du mußt Flori vergessen. Es gibt keinen Weg, der euch zueinander führt. Sei vernünftig. Du bist ein gescheites Mädchen, du weißt wie es zugeht im Leben. Du kennst von deinem Beruf her die Qual der Menschen. Such dir ein Krankenhaus, wenn du willst, und arbeite. Du kannst aber auch nichts weiter tun, als hier zu Hause zu sein, bei mir. Ich bin nicht lästig, ich bin selten da –"

Er war ihr näher gekommen, während er sprach. Sie starrte auf seinen Mund, die gelblichen Zähne, die Goldinlets, die beim Sprechen blitzten. Sie sah seine Augen und erblickte in ihnen den Gegensatz zu seinen Worten, die Begehrlichkeit. Hatte sie nicht der Athlet, vorgestern, ebenso angesehen? Hatte nicht auch er salbungsvoll zu ihr gesprochen?

* * *

Sie sprang auf, riß sich von seiner zugreifenden Hand los und rannte ins Badezimmer. Bongers hörte wie der Schlüssel innen umgedreht wurde. Er ging ihr langsam nach und sprach durch die Türe auf sie ein. „Mumtaz – ich weiß wie weh das tut. Man glaubt man könne ohne den geliebten Menschen nicht weiterleben. Aber, glaube mir, es geht. Alles geht, wenn man seinen Beruf hat und sonst keine Sorgen, wenn man gesund ist – – Mumtaz – –!"

Es blieb still im Badezimmer.

Bongers sprach weiter: „Schau, gestern, der Bekannte aus der Werbung, erinnerst du dich? Er will Fotos machen mit dir. Eine einfache Arbeit. Vielleicht kannst du in der Welt herumreisen und bald alles vergessen. Vielleicht wirst du ein Star – du bist schön und bist etwas Besonderes. Mumtaz – Mumtaz!"

Er klopfte an die Türe. Nichts rührte sich. Bongers war enttäuscht. Spürte sie nicht wie ihn die Einsamkeit bedrängte? Ihn, den Herren über ein Schiff der Lüfte, einen der großen alten Männer der Firma, dem man überall mit Respekt begegnete? Er stand da und bettelte helfen zu dürfen.

Der Türgong. Bongers öffnete. Draußen stand Flori.

18

Nach dem Erwachen hatten Gisela und Flori kein Wort miteinander gesprochen. Schweigend waren sie beim Frühstück gesessen – der Vater, dessen Bürodienst später begann, war noch im Bad, die Mutter in der Küche – schweigend stieg er in ihr Auto und ließ sich zur Werft fahren. Beim Aussteigen sagt er: „Danke". Sie antwortete nicht.

In ihrer ersten großen Pause tat es ihr leid. Sie rief vom Schulbüro aus in der Werft an. Ein Kollege sagte, Flori sei in die Stadt gefahren. Sie wußte Bescheid.

Im Telefonbuch fand sie Bongers Adresse. Sie schützte Übelkeit und Kopfschmerzen vor, bat eine Kollegin sich eine Stunde um die Klasse zu kümmern, sie müsse zum Arzt, sich eine Spritze geben lassen, eilte zu ihrem Wagen und fuhr zur Adresse in Sachsenhausen. Dort sah sie Bergers kleinen Wagen vor der Türe stehen. Flori hatte ihn sich ausgeborgt, um zu seinem Flittchen fahren zu können.

Sie stellte den Motor ab, griff zu einer Zigarette und sagte vor sich hin: „Aus! – Mit diesem Betrug ist es zu Ende. Wenn er hinter meinem Rücken zu seiner Hure fährt –" Sie überlegte, ob sie hinaufgehen und dort eine letzte Szene machen, oder hier auf ihn warten solle.

* * *

Zur gleichen Zeit öffnete oben Bongers die Türe. „Ach – sieh mal an –“

Flori war verlegen. „Entschuldigen Sie, es tut mir so leid, daß ich gestern nicht kommen konnte. Frauen sind manchmal so kindisch und unvernünftig.“

„Wer ist schon vernünftig“, murmelte Bongers und ließ ihn eintreten.

„Ist sie noch da?“

Bongers nickte. „Ich habe ihr gesagt, daß Sie bald heiraten. Da ist sie wortlos ins Bad und hat sich eingeschlossen. Wie Frauen eben so reagieren –“

„Hat sie irgendwas gesagt?“

„Nein. Was hätte sie sagen sollen?“

Flori zuckte die Achseln. Die beiden Männer schauten auf die verschlossene Türe, hinter der kein Laut zu vernehmen war. Flori fuchtelte mit den Händen ziellos in der Luft herum, als er zu erklären versuchte: „Ich weiß nicht mehr was ich machen soll. Ich will bestimmt nicht undankbar und gemein sein, aber soll ich mein ganzes Leben ändern und Gisela Pelletier nicht heiraten, mit der ich seit zwei Jahren verlobt bin, nur weil sie –“ Er deutete mit verquältem Gesichtsausdruck auf die verschlossene Türe.

„Sie stellt es sich anscheinend so vor“, sagte Bongers kühl. Die gefühlige Anbiederung des jungen Mannes war ihm unangenehm. Er sah in ihm plötzlich den Rivalen, obwohl er sich klar war, daß Mumtaz für ihn, den alten Mann, nie mehr empfinden würde als Dankbarkeit oder Freundschaft.

Flori setzte sein Lamento fort: „Gut, ich wäre nicht mehr am Leben, wenn sie nicht –“

„Lieben Sie sie denn? Das scheint mir bei allem das Wichtigste zu sein. Lieben Sie Mumtaz?“

Flori sah Bongers nicht an, als er halblaut und zaghaft antwortete: „Ich glaube schon. Ich weiß es wirklich nicht. Ich kann nicht sagen, ob meine Gefühle groß sind oder klein. Ich hab Anderes im Kopf. Ich mag mich nicht herumplagen damit.“

Auch nicht mit den Gefühlen der Frauen. Ich weiß nur, zu Hause macht mir die eine die Hölle heiß – und die hier –" Der Türgong.

✳ ✳ ✳

Bongers sah Flori fragend an, ehe er öffnete. Draußen stand eine junge blonde Frau.

„Entschuldigen Sie bitte, ich suche Herrn Hopf."

„Gisela", sagte Flori erstaunt. „Wie kommst du hierher? Hast du keinen Unterricht?"

„Ich störe Sie nicht lange, entschuldigen Sie", sagte Gisela höflich zu Bongers. „Es war mir natürlich klar, daß er hinter meinem Rücken versuchen würde, das Mädchen zu treffen. Es tut mir leid, ich möchte Sie nicht mit meinen Privatangelegenheiten belästigen, aber –" sie trat zu Flori, sah ihm fest in die Augen und sagte ruhig: „Ich möchte dir nur sagen – du bist frei. Du brauchst keine Rücksicht mehr auf mich zu nehmen. Ich werde widerspruchslos akzeptieren, wie du dich entscheidest."

Der kühl-sachliche Ton ihres heroischen Entschlusses steigerte Floris Verquältheit. „Ich will mich aber nicht entscheiden, Herrschaftseiten", stöhnte er. „Es gibt nichts zu entscheiden. Ich habe Mumtaz bisher weder gesehen noch gesprochen. Und selbst wenn ich sie gesehen hätte, für uns beide bedeutet das noch lange nichts. Warum setzt ihr mich alle unter Druck? Es gibt Interessanteres als eure sogenannte Liebe, von der ihr dauernd schwafelt –!"

Er verrannte sich, die Lage verkennend, immer mehr und hätte sicher noch mehr verteidigenden Unsinn geredet, wäre nicht in diesem Augenblick aus dem Badezimmer ein Geräusch zu hören gewesen. Dann war es wieder still.

✳ ✳ ✳

„Es ist etwas heruntergefallen."

„Darf ich –?" fragte Flori, lief zur Badezimmertüre, klopfte und rief: „Mumtaz – Mumtaz –!"

Bongers sagte spöttisch, ohne Rücksicht auf Gisela zu nehmen: „Glauben Sie im Ernst, daß sie Ihnen antwortet?"

„Ich weiß nicht", sagte Flori unsicher. „Sie war immer ein Muster an Höflichkeit und Folgsamkeit."

„Das ist den Orientalinnen angeboren", sagte Bongers und sah Gisela scharf an. Er mochte sie nicht. Ihre Härte und Kälte erinnerten ihn zu sehr an die Ausstrahlung der weiland Marika, als es um die Scheidung ging. „Mit Ihnen wird sie jetzt nicht reden. Wahrscheinlich hat sie gehört, daß wir Besuch bekommen haben. Lassen Sie ihr Zeit, sie wird schon herauskommen. Oder auch nicht. Ich habe mich mit Frauen und ihren Reaktionen nie ausgekannt. Einen Jumbo durch eine Gewitterfront kutschieren ist ein Kinderspiel gegen zehn Minuten Streit mit einer Frau." Er war wütend, daß diese fremden Leute in seiner Wohnung ihre Probleme austrugen, und war deshalb unhöflicher als es seine Art war. Wenn sie nur verschwinden wollten, die Beiden.

„Es ist mir unheimlich, daß sie nicht antwortet. Daß sich da drinnen nichts rührt?" Flori klopfte hart an die Türe und rief noch ein paarmal: „Mumtaz, bitte – mach auf, oder gib Antwort! – Mumtaz –!"

Es blieb still. Jeder dachte das nämliche: ob sie sich da drinnen etwas angetan hat?

„Man kann von der Terrasse aus ins Bad sehen", sagte Bongers.

„Danke!" Flori rannte durchs Wohnzimmer, öffnete die Schiebetüre und lief außen herum. Gisela schwieg. Die Szene war ihr peinlich. Bongers Unmut, Floris Angst um das eingesperrte Mädchen. Wenn sie sich die Pulsadern aufgeschnitten hat und dort drinnen verblutet, dachte sie, was tun wir dann?

Bongers rüttelte noch einmal an der Türe. Dann rief er laut: „Sehen Sie was?" Durch die Tür gedämpft war Floris Stimme zu hören: „Sie ist weg! Das Fenster ist offen! Sie ist davon –!" Ein Poltern, dann wurde der Schlüssel herumgedreht, Flori stand da. Er war durchs Fenster geklettert.

Bongers sah sich im Badezimmer um. Da lagen Sachen, die Mumtaz gehörten, ordentlich zusammengelegt auf dem Hokker. Darunter ihr zweites Paar Schuhe, sauber ausgerichtet. Dort hing ihr blauer Sari.

„Sie ist hinausgeklettert und durch den Hinterausgang davon", sagte Bongers halblaut vor sich hin. Flori war sehr aufgeregt. „Sollen wir die Terrasse absuchen? Vielleicht versteckt sie sich, irgendwo da draußen?" Ohne eine Antwort abzuwarten, fegte er abermals durchs Wohnzimmer, rannte nach der anderen Seite um das Penthouse herum und erschien, außer Atem, wieder im Badezimmerfenster.

„Nichts."

„Sie ist weggerannt, als Sie kamen. Sie ist vor Ihrer Stimme geflohen", sagte Bongers.

Oder vor meiner, wollte Gisela sagen. Sie wagte nicht zu gestehen, daß sie Mumtaz vor zwei Tagen begegnet war und sich zur Feindin gemacht hatte. Sie schwieg.

※ ※ ※

Bongers' Blick fiel auf das große Regal mit den Gläsern und Flaschen. Da fehlte etwas. Eine leere Stelle. Was stand sonst dort? Er konnte sich nicht besinnen. Das Badezimmer war Marikas Reich gewesen. Als müsse sie, wie Lady Macbeth, etwas von sich waschen, hatte sie Stunden und Stunden hier zugebracht. Wie alle Männer hatte auch Bongers nie begriffen, was man so lange in einem Badezimmer treiben konnte, ohne sich tödlich zu langweilen. Aber so war es nun mal.

„Da steht doch sonst –" sagte Bongers nachdenklich. Flori, der eben durchs Fenster kletterte, fragte: „Was?"

„Die Flasche mit dem Waschbenzin, wenn ich mich recht erinnere –"

„Um Gotteswillen!" sagte Flori in einem Ton, der Bongers und Gisela erschreckte.

Bongers begriff augenblicklich. Gisela dachte, was soll es mit Waschbenzin auf sich haben? Sie wird doch nicht –. Dann erschrak auch sie. Das Bild jenes Mönchs in Vietnam, der sich auf offener Straße mit Benzin übergossen und bei lebendigem Leibe verbrannt hatte, fiel ihr ein. Die ganze Welt hatte damals im Fernsehen gesehen, wie er still und ergeben hockte, während die feurigen Zungen ihn verkohlten. Diese Inderin –? Gisela wußte von den Verbrennungsriten.

„Sie kann noch nicht weit sein!" schrie Bongers. Flori rannte zur Türe, ins Treppenhaus und sprang abwärts, über viele Stufen auf einmal –

„Ich rufe die Funkstreife!"

„Vielleicht finde sich sie!", brüllte Flori, während sich das hallende Aufspringen seiner Schritte verlor.

Gisela stand wie gelähmt. Bongers wählte den Polizeiruf und erklärte hastig, ein indisches Mädchen sei mit Selbstmordabsichten unterwegs. Nannte Einzelheiten und einen möglichen Weg, den sie nehmen könnte –

„Aber ich wollte doch nicht – ich konnte doch nicht erwarten, daß sie so reagiert", sagte Gisela.

Bongers gab keine Antwort. Er rannte an ihr vorbei, die Treppen hinunter, in der Hoffnung, die Verzweifelte irgendwo auf den Straßen zu finden, ehe sie zur Tat schreiten konnte.

19

Flori wirft sich ins Auto und startet, daß die Reifen jaulen. In seinem Hirn tobt es. Er denkt an die Feuer, die Leichen am Fluß. Denkt, wie fasziniert Mumtaz in die Flammen starrte. Sie wird es tun! Sie wird das Benzin über sich schütten und anzünden. Wird starr und schweigend den Tod erwarten. Es ist so einfach. Es geht schnell. Ausgießen, das Feuer entfachen, es flammt auf. Es flammt ein paar Minuten lang sehr hoch. Da ist längst alles zu Ende. Jede Rettung kommt zu spät, wenn erst die Flamme zu fauchen beginnt. Ich muß sie finden!

Er biegt um Ecken und Kurven. Diese dreimal vermaledeiten Einbahnstraßen! Sie zwingen ihn zu grotesken Umwegen. Er kann nicht seinem Instinkt folgen, der Mutmaßung, wohin Mumtaz sich gewendet haben könnte. Er muß Richtungsweisern, Schildern, Geboten, Verboten folgen. Sie bestimmen das deutsche Leben.

Wo wird sie es tun? Sicher nicht auf einer belebten Straße. Sie will keine Demonstration. Sie wird sich verkriechen, wie ein Tier sich verkriecht in seiner letzten Stunde. Nein, sie ist kein Tier, will nicht den Tod eines Tieres. Für sie ist es ein Akt der Weihe. Sie wird den Fluß suchen, das Wasser ist heilig. Der Main fließt nahe dem Hause aus dem sie floh, vor ihm, dem Geliebten. Kennt sie den Weg? Sie kann ihn sich gemerkt haben. Sie registriert alles. Sie lebt nicht dumpf, sie reagiert schnell, sie lebt bewußt. Wo wird sie sich niederhocken, um es zu tun?

Da fährt ihm ein Blitz ein: die Kirche! Das Bild in jenem Buch. Sie haben es gemeinsam betrachtet, damals, im Krankenhaus. „Wir haben andere Tempel. Wenn du möchtest, werde ich dir diese Kirche einmal zeigen, wenn du zu Besuch kommst!" Dort muß sie sein. Sicherlich kennt sie diese Kirche. Sie ist nahe von hier.

* * *

Er drängt sich durch den dichten Verkehr. Schaut, ob er sie laufen sieht. Wie heißt sie nur, die Kirche neben dem eisernen Steg? Dieses scheußliche neugotische Ding. Ihr hat sie gefallen. Auf dem Platz davor sind Büsche und Bäume. Dort wird sie sich niederlassen wollen, dort soll es geschehen. Das entspräche ihrem angeborenen Sinn für Form und Bedeutung. Zum Teufel mit den Einbahnstraßen. Er fährt gegen den Strom. Entkommt zweimal ums Haar einer Karambolage. Leute fluchen und schreien hinter ihm. Einbahnstraßen sind heilig. Schlage eine Frau auf offener Straße, überfalle Passanten mit der Pistole, mitten unter tausend Leuten, keiner wird sich kümmern. Aber fahre nie verkehrt durch eine Einbahnstraße. Man wird dich lynchen wollen.

Eine Kurve. Da – der Turm! Noch zwei Biegungen, dann bin ich am Platz. Rechts und links schauen. Geht da irgendwo die kleine dunkle Gestalt? Es ist noch nicht lange her, seit sie davon ist. Oder ist es eine Ewigkeit? Kommt er zu spät? Ist es schon vorbei?

Der Main. Der eiserne Steg. Die Kirche. Der Platz ist zugeparkt. Vor der Kirche sind keine Bäume und Büsche. Eine Baugrube ist da. Schutt, Schmutz. Gräbt man einen Kanal? Telefonleitungen? Beides dauert Monate und läßt auch eine gepflegte Ecke der steinernen Stadt zum häßlichen Winkel werden.

Flori parkt auf dem Gehsteig, springt heraus. Hier ist Mumtaz nicht. Er rennt um die Kirche. Niemand. „Mumtaz!" schreit er. Die Stimme dringt nicht über den Lärm der Autos. „Mumtaz!" Sie muß hier sein. Ich schwöre, daß sie hier ist! Er verliert den Kopf. Er heult. Es sind die Nerven. „Mumtaz" wimmert er. Schuldbewußtsein erdrückt ihn. Leere Verzweiflung der Hilflosigkeit.

„Mumtaz!!"

Ein Streifenwagen fährt langsam vorbei. Ob die Mumtaz suchen? Ist sie am Ende schon gefunden? Flori schreit hinüber zu den Polizisten, die starr wie Puppen im Wagen hocken. Sie fahren den Fluß entlang. Flori hetzt ihnen keuchend nach und brüllt.

Da sieht er sie.

※ ※ ※

Im Main ist eine kahle, wüste Insel. Winterbäume, Unterholz, Gestrüpp. Schmal und langgestreckt liegt sie im Fluß und trägt einen Pfeiler der „Alten Brücke". Von diesem Pfeiler aus kann man auf die leere Insel gelangen. Dort ist nichts. Sie dient einem Ruderclub als Startplatz.

Dort ist Mumtaz.

Die kleine Gestalt hockt im winterkahlen Gebüsch mit gekreuzten Beinen auf der Erde. Zweihundert Meter von Flori entfernt. Das indische Tuch schimmert durch die Zweige. Sie hält die große Glasflasche in Händen.

„Mumtaz!" heult Flori so laut er kann und schwenkt die Arme. Rennt den Kai entlang, den Blick immer auf sie gerichtet. „Mumtaz!!"

Sie ist nur hundert Meter von ihm entfernt, aber zwischen ihnen ist der Fluß. Das Wasser des Main. Kein heiliger Strom. Sieht sie ihn? Flori rennt um ein Leben. Er muß den Kai entlang laufen, den großen Umweg, auf die Brücke gelangen, in deren Mitte eine Treppe zur Insel führt. Dort ist auch Mumtaz hinuntergestiegen. Ich muß noch dreihundert Meter rennen, dann kann ich sie packen, ehe sie das Entsetzliche tut. „Mumtaz!!"

Epilog

1

Der feierliche Klang der Hochzeitsglocken dringt nicht weit in den Lärm der viel zu großen Stadt. Die aber aus der Kirche treten, fühlen sich erhoben von den erzernen Zungen, wie man so sagt.

Die Braut trägt Weiß. Alle sagen sie sei schön und strahlend. Flori lacht und schüttelt Hände. Ein amerikanischer Freund schleudert Reis über das Paar. Das soll Fruchtbarkeit bringen. In diesem, wie in den meisten Fällen, ein überflüssiger Brauch. Die Braut ist bereits im dritten Monat.

Das Wetter meint es gut. Ein strahlender Frühlingstag. Die Blumen blühen. Haben die jungen Leute nicht Glück? So ein Wetter! Vor der Kirche schnattern alle durcheinander, als man sich um die blumengeschmückten, sauber gewaschenen Autos drängt. Wer fährt mit wem? Eine schöne Trauung. War Giselas „Ja" nicht rührend? Floris „Ja" klang ein wenig forsch. Nun ja. Einige weibliche Verwandte haben verweinte Augen. Man ist gerührt, ist aufgeregt, hat einen Fleck auf dem Kleid, hat schon schönere Hochzeiten erlebt, hat schrecklichen Hunger –

Zum Hochzeitsmahl fährt man aus der Stadt, in ein teures Lokal im Grüngürtel, in dem sonst vornehmlich humorlose Herren mit Sekretärinnen oder Gruppen von Geschäftsleuten durch Arbeitsessen Spesen verursachen. Das Haus hat Stil, der Chefkoch war früher im Waldorf-Astoria, das übrigens gar nicht mehr so gut sein soll, hab ich gehört, der Massentourismus hat auch dieses Haus auf dem Gewissen. Nur in den Waldorf-Towers, wo die Millionäre hausen, wo es noch Leibwächter gibt, da soll es noch –

* * *

Viele der Gäste kennt Flori nicht. Auch Gisela kennt viele nicht. Sie sagen „du" zum jungen Ehepaar, weil man doch jetzt verwandt ist, und die älteren Männer küssen die Braut. Gisela verschwindet nach der Suppe aufs Klo und wäscht sich die Wangen.

Das Hochzeitsmahl wird verschlungen und kritisiert. Vorzüglich, mäßig, typisch Gasthaus, liebevoll zubereitet, das teure Geld nicht wert, mir schmeckts ausgezeichnet, da hab ich schon besser –

Mutter Hopf ist mit den jungen Täubchen unzufrieden und berichtet ihrer Tischnachbarin ausführlich, wie sie Poularden macht. „Man muß darauf achten, daß die Oberhitze im Rohr nicht zu früh eingeschaltet wird, sie muß erst durch sein, dann schaltet man auf voll. Und vor allem, jede Minute übergießen! Ich sag Ihnen, dann wird sie knusprig und zart. Und die Fülle, – das ist ein Rezept aus alten Zeiten: man nehme alle Kräuter, die das Tier zu Lebzeiten gefressen hat –" So ist das.

* * *

Florians Vater, der Tankstellenbesitzer, spricht mit Giselas Vater, seinem Schwippschwager, oder wie man das nennt. Er kann seinen Beruf keinen Augenblick vergessen und läßt sich nicht vom Erzählen all seiner Sorgen abbringen.

„Früher", seufzt er, „haben wir noch Karosserien geschlossert, das war noch was. Aber heutzutage ist das „oha". Viel zu kostenintensiv, die Löhne, sag ich Ihnen, – entschuldige, Dir – du kriegst ja keine Leute mehr. Und wenn du einen jungen Burschen findest, der, gottbehüte, für ein Sündengeld bereit ist körperlich zu arbeiten, ja, der macht doch mit dir was er will. Mal kommt er, mal macht er blau, mal läuft er mitten unter der Arbeit weg. Und du darfst nichts sagen, du bist ja angewiesen auf den Kerle, auf Gnad und Ungnade. Nein, nein, ich habe so gehofft, daß mein Flori das Geschäft übernimmt. Wir haben ein gutes Geschäft, wunderbare Lage, in der Rießerseestraße, am Ortsausgang. Und in der Nähe ein paar gefährliche Kurven, da kracht es alle Augenblicke und wir könnten somit gut das Karosseriegeschäft betreiben, Kundschaft wäre genug da, aber nein, der Flori hat ja den verrückten Spleen gehabt, Flieger hat er werden müssen, von jung auf schon, wirklich, es ist erstaunlich was in so einem Kind schon drinsteckt, man möchts nicht glauben, und nichts war zu machen, ich hab predigen können mit Engelszungen, daß er sich in diese Goldgrube hineinsetzen soll, Begabung fürs Technische hat er ja von Jugend auf bewiesen, er hätte sich bloß entschließen müssen, ich mach das, ich laß die Träume von der Fliegerei, ich bau das Geschäft vom Vater aus, denn es ist ausbaufähig, wir haben ja auch genügend Grund zur Erweiterung, wenn wir wollen, es liegt nur daran, daß man will, und der Flori hat eben nicht wollen, er hat mich einfach sitzenlassen mit dem Geschäft, und jetzt mache ich halt Serviceleistungen und die Tankstelle, so gut ichs mit den zwei Gehilfen schaffen kann, mit diesen faulen Krüppeln, die nur aufs Geld schauen und nichts dafür leisten wollen. Gottlob ist noch mein jüngerer Sohn da, der Max. Schön, er ist nicht so vif wie der Flori, er hat auch nicht diese technische Begabung, ich hab ihn das Abitur machen lassen, aber er hat es nicht mit einem so hervorragenden Durchschnitt geschafft wie der Flori, er ist ein braver Kerl, ein bisserl desinteressiert und langsam, er kommt mehr dem Vater von meiner Frau nach, aber er wirds schon packen, irgendwie. Du wirst ihn kennenlernen, er ist nur heute nicht da, weil er gesagt hat, es sind die einzigen Ferien, die er in diesem Jahr mit gutem Gewissen machen kann, und er hat auch schon lange gebucht gehabt, und jetzt ist er halt in Caorle drunten, in Italien, an der Adria, da ist er jedes Jahr, da gefällts ihm scheinbar, was weiß ich, ich hab ja keine Zeit zum Urlaubmachen, wenn meine Frau und ich einmal ein oder zwei Tage wegkommen, so wie jetzt zu der Hochzeit, da ist es schon viel, aber die Jugend will halt in der Welt herumreisen, schön, das ist ihr gutes Recht, das hätten wir uns auch gewünscht, damals, aber die Zeiten waren halt nicht so, uns hat man was gehustet

mit dem Reisen, nach Österreich hat man fahren können, an einem Wochenende oder so was. Ich war ja schon fünfunddreißig wie ich zum erstenmal ein Meer gesehen habe, kannst nix machen, es ist eine andere Zeit, und seine Freundin hat er auch dabei, eine aus einer Hotelpension in Partenkirchen, ein ziemlich faules Luder, wir sind recht unglücklich, aber kannst nichts machen, wo die Liebe hinfällt, und wenn man was gegen sie sagen würde, wärs ganz aus, dann stellen sich die Jungen ja auf die Seite der Frau und lehnen sich auf gegen die Eltern, anscheinend ist die Natur so, denn wenn man sich überlegt, was man in so ein Kind an Liebe und Sorge investiert hat, und wenn sie erwachsen sind, hauen sie einem auf den Hut und kennen keine Dankbarkeit und nicht einmal eine Fairneß, kannst nichts machen, es ist halt so. Mit dem Flori wär ich recht glücklich, er ist ein liebevoller Sohn, nur, daß er den Dickkopf hat und das Geschäft nicht übernimmt, partout nicht, das ist und bleibt eine Belastung unserer Beziehungen. Na ja, jetzt beginnt ein neuer Lebensabschnitt, wer weiß, ob er sich nicht noch besinnt, die Gisela hat ja einen hervorragenden Einfluß auf ihn, überhaupt, das muß schon einmal gesagt werden, meine Frau und ich, wir sind wirklich glücklich, daß ers so gut erwischt hat. Nicht nur daß sie schön ist mit ihren blonden Haaren, nein, daß sie einen solchen Charakter hat, wirklich, wir sind sehr glücklich und gestern hab ich noch zu meiner Alten gesagt: siehst, hab ich gesagt, es kann auch gutgehen, man kann auch so eine Frau erwischen, und nicht so eine muffige aus einer Hotelpension, die sich den ganzen Tag die Fingernägel lackiert, aber sonst hat sies nicht ausgesprochen mit der Reinlichkeit, und schau dir nur an, wie zerzotzt sie herumläuft, und den ganzen Tag das Radio mit der Rockmusik oder was weiß ich, in voller Lautstärke, man kann kein Wort reden, wie die das nur aushalten, die jungen Leute – und dann dagegen die Gisela, wirklich, ein feiner Kerl, prost, jetzt trinken wir einmal auf sie. "
Also, und noch mehr, sprach Vater Hopf.

Gisela trinkt allen zu, die das Glas erheben und sie anlächeln. Sie sitzt nicht nur da, ist schön und glücklich und läßt sich feiern, nein, sie springt alle paar Minuten auf, sorgt, daß die Gäste zu trinken haben was sie wünschen und daß der Service reibungslos läuft. Sie entfaltet ihre Tüchtigkeit. Es ist ihr Tag, sie ist der Mittelpunkt, sie hat alle Schwierigkeiten gemeistert. Ein neues Leben beginnt, in sechs Monaten wird sie Mutter sein, sie hat schon präzise Vorstellungen, wie sie das Leben in geordnete Bahnen lenken wird, die Weichen werden schon gestellt.

„Die Hochzeitsreise geht nach Peru", erzählt sie dem Schuldirektor. „Heute Abend um zehn Uhr starten wir."

„Was?", wundert sich der, „Sie fliegen? Wo Sie das doch so hassen."

„Er wünscht sichs so", lächelt sie milde und streichelt ihrem Flori, der neben ihr sitzt und sich mit einem Gast unterhält, liebevoll übers Haar. „Er möchte nach Machu Picchu und Pachacamac, die Inka-Bauten sehen. Und dann bleiben wir zum Baden noch vierzehn Tage in Ancon. Das ist ein Traumstrand, bei Lima, kaum Touristen, ein Paradies. Wir müssen das billige Reisen noch ausnützen. Wahrscheinlich bleiben wir ja nicht bei der Fliegerei", sagt sie. „Wir wollen nie wieder so lange getrennt sein. Das ist nicht gut für eine Ehe, wenn man sie ernst nimmt. Ah –!"

Der letzte Ausruf galt der Eistorte, die eben hereingetragen wird, verziert und gekrönt von den verschlungenen Initialen G und F.

Mutter Pelletier erzählt unter Seufzen ob der überstandenen Leiden, von ihrer eigenen Hochzeit, damals, vor 32 Jahren, als sie noch in der Ostzone hausten und nur dank guter Beziehungen aus dem HO-Laden ein kärgliches Mahl „organisieren" konnten. Nicht einmal eine kirchliche Trauung war möglich. Die wurde erst Jahre später nachgeholt, als sie in den Westen geflüchtet waren, „gottlob vor der Mauer, das war unser Glück, sonst wären wir mit der Kleinen bestimmt nicht mehr rausgekommen. Ach, habens die jungen Leute heute gut. So eine Hochzeit hätte ich mir auch gewünscht." Sie weint ein paar Tränen.

* * *

Freunde und Kollegen des Bräutigams sind da. Berger und Karlheinz Schröter, der vor ein paar Tagen aus Delhi zurückkam, nachdem Bernd Müller, mit Frau und frischem Säugling, den Posten wieder übernommen hatte. Noch zwei Jahre soll Müller in Delhi bleiben, dann wird man ihn, im Turnus der Üblichkeit, auf einen anderen Flugplatz irgendwo in der Welt versetzen.

Schröter, der mehr von Mumtaz weiß als alle anderen, Flori ausgenommen, brennt darauf zu erfahren, wie die Geschichte damals vor sich ging. Im lauten, heiteren Schnattern der Gesellschaft findet sich lange keine Gelegenheit, Flori beiseite zu ziehen. Endlich sitzen sie in einer Ecke und stecken die Köpfe zusammen.

„. . . hatte sie denn schon –?", fragt Schröter.

„Nein." Flori schüttelt den Kopf. „Die Streichhölzer waren naß geworden als sie sich das Benzin überschüttete, und haben nicht gezündet. Ein paar aber waren trocken. Wär ich eine Minute später gekommen – wer weiß, wenn sie eines von denen erwischt hätte –"

Schröter nickt versonnen. „Glück im Unglück."

„In diesem namenlosen Unglück, ja."

„Und was hast du dann gemacht?"

„Sie in die Arme genommen und auf sie eingeredet. Mehr konnte ich nicht tun. Sie war ja halb ohnmächtig. Dann kam die Funkstreife, die Bongers verständigt hatte. Die hat sie ins Krankenhaus gebracht, in die „Psychiatrische". Und dort wurde sie erst einmal ‚ruhig gestellt', wie man das nennt."

„Hast du sie besucht?"

Flori schüttelt den Kopf. „Sie haben es mir verboten, die Ärzte und, ich glaube, sie selbst auch. Ich konnte ja auch nicht gut hingehen – wegen Gisela. Ich hab Mumtaz seit damals nicht mehr gesehen. Bongers hat sich sehr um sie gekümmert, aber da weiß ich auch nichts genaueres, Bongers ist ja auch böse auf mich. Ich hatte ihn eingeladen, heute – er hat nicht einmal abgesagt. Er ist ganz einfach nicht gekommen. Na ja, ich kanns verstehen."

„Wo ist sie jetzt?"

„Weiß nicht. Irgendeiner von der Werbung soll sich um sie kümmern, hat man mir erzählt. Sie soll Fotos machen, oder so was."

Schröter nickt, schweigt, denkt nach und sagt nach einer langen Pause: „Das sind so Sachen, wo im Grunde niemand was dafür kann. Ich glaube sie hat dich mehr geliebt, als sonst was auf der Welt."

Flori bekommt wieder diesen verquälten, hilflosen Ausdruck, der sein Gesicht stets entstellt, wenn von diesem Thema die Rede ist.

„Ich weiß – was soll ich machen?"

„Nichts", begütigt ihn der Freund. „Du hast alles so gemacht, wies hat sein müssen. Ich kenne deine Gisela, ich kenne dich – und Mumtaz. So wies jetzt ist, ist es schon richtig. Und letzten Endes – Mumtaz und du, ihr seid quitt. Jeder hat jedem einmal das Leben gerettet. Nicht wahr?"

Flori nickt, aber man sieht ihm an, daß er anders denkt.

* * *

Noch vor dem Abflug nach Peru packte das junge Paar die Hochzeitsgeschenke aus. Ein kleines schmales Päckchen war darunter. Gisela hatte es achtlos liegenlassen. Sie kümmerte sich nur um die großen Pakete. Flori öffnete das Kuvert und fühlte einen Stich ins Herz.

Es war der kleine Bildband über Frankfurt. Kein Brief war dabei.

2

Als Florian und Gisela Hopf braungebrannt und erholungsbedürftig von der Hochzeitsreise zurückkehrten, sahen sie Mumtaz' Gesicht an allen Kiosken und auf vielen Plakatwänden der Stadt.

Willenlos hatte sie sich Bongers' Ratschlägen gefügt und den Vertrag mit dem Werbemenschen unterschrieben. Dann unterwarf sie sich gehorsam den tagelangen Foto-Prozeduren. Auch Charly Dörr durfte einige Bilderserien machen, seine Arbeiten wurden aber nicht verwendet. Ein homosexueller Starfotograf machte das Rennen und damit das große Geschäft.

Der Kunde war zufrieden. Das Gesicht schien werbewirksam. Es machte auf das Produkt aufmerksam. Bald war eine Umsatzsteigerung von 4 Prozent zu verzeichnen, was alle als großen Erfolg werteten.

Der Werbemann war glücklich wie der Gockel auf dem Mist. Seine Provision war erfreulich, neue Angebote kamen ins Haus. Er verliebte sich natürlich in Mumtaz. Sie setzte seinen Avancen wenig Widerstand entgegen und wurde seine Geliebte. Das machte ihn stolz. Ihr schien es nichts zu bedeuten. Die Nächte mit ihm waren ihr offenbar ebenso gleichgültig wie die ganze neue, elegante Welt, in der sie nunmehr lebte. Sie tat mit schweigendem Gehorsam was von ihr verlangt wurde, gleichgültig ob es Foto-Posen, Reisen, oder Hingabe war.

* * *

Ihre Indifferenz zerstörte die Freundschaft mit Andreas Bongers. Die ersten Wochen nach ihrer Entlassung aus der Psychiatrischen Klinik wohnte sie bei ihm. Er mühte sich um sie, ohne ihr je zu nahezutreten. Er war aufmerksam und hilfreich wie zu einer geliebten Tochter.

Was immer er tat, es gelang ihm nicht, ihr andere Reaktionen zu entlocken, als konventionelle Begrüßungen und belanglose

Gespräche über ihre neue Arbeit, die Einteilung des Tages, oder den Küchenzettel. Er wurde mit jedem Tage ärgerlicher, daß er das kluge Mädchen nicht zu gemeinsamen Unternehmungen, Ausflügen, Konzerten oder Gesellschaften überreden konnte. Ein wirklicher Kontakt, eine vertraute Gemeinsamkeit waren nicht zu erreichen. Sie tat nur was man ihr anschaffte, nichts kam von ihr, kein Wunsch, kein Vorschlag, keine Frage. Sie verkroch sich, wenn er sie zu Zerstreuungen ausführen wollte in ihr Gästezimmer, und gab meist keine Antwort, wenn er versuchte, ernsthaft mit ihr zu sprechen. Bongers' Nervenkrise hatte noch einen anderen, gewichtigen Grund. Bei der Routineuntersuchung, der sich Piloten alle sechs Monate unterziehen müssen, stellte der Firmenarzt Blutzucker- und Transaminasenwerte fest, die deutlich über der Norm lagen. Das hatte zur Folge, daß ihm augenblicklich die Piloten-Lizenz entzogen werden mußte. Er durfte von diesem Tage an nicht mehr fliegen. Die Lizenz bekäme er zurück wenn sich die Werte über einen längeren Zeitraum hinweg wieder stabilisierten, doch deutete der Arzt dem schweigenden alten Mann behutsam an, daß damit nicht zu rechnen sei. Diese Form von Alterszucker sei zwar harmlos und leicht unter Kontrolle zu halten, eine Genesung aber komme äußerst selten vor.

Bongers' Flieger-Leben war zu Ende. Die Altersgrenze für Piloten, 55 Jahre, war ohnedies überschritten. Nachwuchs war in der Firma verfügbar, Jüngere wollten nachrücken. Die Firma überlegte, ob sie Bongers PR-Aufgaben, oder irgend eine andere Beschäftigung geben könne. Einstweilen solle er sich erholen und seine Altersdiabetes stabilisieren. Er habe genug geleistet – eine Pause würde ihm sicher gut tun.

Zu dieser Belastung und neuen Querelen mit Marikas Anwälten kam nun noch die Reaktionslosigkeit der schönen Inderin, in die er sich verliebt hatte. Mehr, als es ihm als Gesundem, der von seinem geliebten Beruf ausgefüllt wurde, geschehen wäre. So gingen ihm eines Tages die Nerven durch, er schrie Mumtaz an und warf sie hinaus. Sie packte schweigend ihre Habe, bedankte sich artig und zog in die Wohnung ihres Werbemenschen.

* * *

Nach der Geburt ihrer Tochter – sie erhielt die Vornamen Patricia, Gisela und Jennifer und gedieh prächtig – gönnte sich Gisela Hopf drei Monate Mutterglück. Eine Vermittlung für Au-pair-Mädchen besorgte ihr eine Irin aus kleinen Verhältnissen, die vom Lebenskomfort in Deutschland entzückt war. Gisela wies sie in die häuslichen Pflichten und in die Kinderpflege ein, und übernahm zum neuen Jahr termingerecht die Leitung der Schule in Neulengenbach. Flori kündigte bei der Lufthansa und wurde Ingenieur in der Maschinenfabrik. Dort war man froh ihn zu haben. Seine Welterfahrenheit und die Tatsache, daß er sich in mehreren Sprachen passabel verständigen konnte, war für die Firma ein Gewinn, weil sie viele Exportgeschäfte tätigte. Seine Wendigkeit und sein freundliches Wesen ließen ihn bald auf einen leitenden Posten avancieren. Man munkelte sogar, er werde bald in die Direktions-Etage aufrücken. Der Inhaber hatte einen Narren an ihm gefressen und trug sich mit dem Gedanken, ihm die Leitung des Werkes ganz zu überlassen. Er hatte keinen Sohn, sondern nur vier Töchter, und bedauerte täglich, daß Flori schon verheiratet war.
Seiner Leidenschaft, zu reisen, mußte Flori nicht entsagen. Bei Exportaufträgen war er oft an den Bestimmungsorten nötig, um die Aufstellung und Inbetriebnahme der Maschinen zu überwachen. Seine Vorbehalte gegen Giselas Lebensplan schmolzen dahin. Er hatte es wirklich gut getroffen. Eine solche Karriere hätte er als Flugzeugwart II nicht machen können.

* * *

Flori versuchte mehrmals Kontakt mit Mumtaz zu bekommen, ohne daß Gisela etwas merkte. Ihn bedrückte es, mit dem

Menschen, der ihn offenbar am meisten geliebt hatte, in Unfrieden zu leben. Er wollte noch einmal mit ihr reden und versuchen, ein normales, freundschaftliches Verhältnis herzustellen oder wenigstens in würdiger Weise Abschied zu nehmen. Mumtaz ließ sich aber nicht erreichen.

Er dachte oft an sie. Ob sie den Schock, so nahe am Tode gewesen zu sein, hatte überwinden können? Hatte sie durch ihre Erfolge als Top-Modell ein wenig Glück gefunden? War sie wieder das harmonische Wesen, das er gekannt und geliebt hatte? Konnte sie in Europa zu sich zurückfinden? Wäre es nicht besser, wenn sie heimkehrte in ihre Welt?

* * *

Flori überlegte: In jeder Minute des Tages und der Nacht startet oder landet irgendwo auf dem Globus ein Flugzeug und bringt Menschen über Meere und Kontinente hinweg in eine andere Welt. Sind sie der gewachsen? Sie steigen aus, atmen fremde Luft und beginnen augenblicklich das Neue, das sie umgibt, mit zuhause zu vergleichen. Was ist hier anders? Was ist wie bei uns? Wie sind die Menschen? Sie betrachten sie voller Mißtrauen und fühlen sich überlegen. Suchen sie nicht am anderen Ende der Welt ihre hotdogs, ihr Sauerkraut, ihre Bouillabaisse, ihr Schaschlik, ihr Kebab, ihr Dum Yang Dong, ihr gewohntes Essen? Suchen sie nicht überall nur das, was sie gewöhnt sind? Fragen nicht – was ist hier anders und neu, sondern: wo gibt es das gleiche wie bei uns?

Menschen sind so eingerichtet. Wäre es also nicht das Vernünftigste, Mumtaz würde heimreisen?

Das Säugetier Mensch, der nackte Affe mit dem überentwickelten Bastlerhirn, hat Maschinen geschaffen, die über Länder und Meere ziehen. Er hat aber längst vergessen, daß diese Flugmaschinen Wunder sind. Er bedient sich ihrer nur, um überall nach dem Gewohnten zu suchen. Er macht alles Wunderbare gewöhnlich und vulgär. Er hat ja auch längst vergessen, daß für die Ewigkeit Fußspuren von Menschen im Staub des Mondes bleiben.

* * *

Die meisten Säugetiere leben in Herden und eine ist der anderen feind. Die feindliche Herde besuchen, heißt längst nicht sie kennen- und liebenlernen. Herden verachten und bekämpfen einander. Man will die Fremden unterjochen, will sich behaupten.

Und die Liebe? Selten genug führt sie einen Einzelnen aus der einen Herde zum Einzelnen einer anderen. Dann begegnet man einander mit Respekt. Das ist schon viel. Sind es aber ein Mann und eine fremde Frau, die einander in Liebe verbunden sind, ist das schon alles. Einer von ihnen muß sich der fremden Herde unterwerfen und duldend anpassen. Mehr kann auch die Liebe nicht erreichen. Sie ist kein Weg, der Menschen zueinander führt. Sie kann nur gelegentlich Schlimmes verhüten.

Flori dachte intensiv: wenn Mumtaz vernünftig wäre, führe sie heim. Sie paßt nicht in unsere Herde.

3

Eines Tages war Mumtaz, wie es ihre Art war, verschwunden und hatte niemandem gesagt, wohin. Der Werbemensch war wütend und verzweifelt, daß seine Gold-Eselin ihm dies antat, daß Verträge platzten und ihm Provisionen entgingen. Er jaulte auch ein wenig hinter der Gespielin seiner Nächte her. Über Bongers erfuhr er schließlich von der LH-Station in Delhi, daß Mumtaz nach Hause gereist war. Sie hatte ihrer Familie Geld und Geschenke gebracht und versucht, wieder in ihren Kreis aufgenommen zu werden. Sie habe heimreisen müssen, sagte sie, es sei wie ein Befehl von irgendwoher gewesen. „Wir haben dich aber nicht gerufen", sagte ihr Vater.

Nach zwei Monaten kehrte sie zurück, ohne ein Wort der Erklärung oder Entschuldigung. Fragen und Vorwürfe nahm sie stumm entgegen. Ihre Augen waren trauriger geworden, ihr Lächeln verlor seine Leuchtkraft. Es wurde ein Lächeln, wie das anderer Mannequins auch.

Die Kunden störte das nicht. Das Modell Mumtaz war nach wie vor gefragt und wurde angemessen honoriert. Sie posierte an Traumstränden, in Luxusvillen, Sandwüsten oder schwülen Salons, ganz wie es verlangt wurde, ohne Freude, ohne inneren Glanz.

* * *

Sie war auch nicht mehr die Geliebte des Werbechefs. Er selbst hatte die Verbindung gelöst. Er könne keine Halbtote im Bett brauchen, sagte er breitmäulig und nahm sich ein junges, quiekendes Girl. Geschäftlich blieb Mumtaz weiterhin sein Zugpferd.

Ihr Bild war überall zu finden, auf Illustrierten und Plakaten. Sie lachte und tanzte graziös auf den Bildschirmen in allerlei Werbedummheiten. Ihr Gesicht war bekannt, Leute sprachen sie auf der Straße an, Zöllner auf Flughäfen ließen sie grinsend passieren. Manche baten sie um ein Autogramm. Dann schrieb sie auf ihr Bild mit klaren, steilen Lettern: Mumtaz.

* * *

Stets waren Männer um sie. Bald hieß es, ein Jeder könne sie haben. Wer sie begehrte, dem sei sie zu Willen. Aber, hieß es, sie sei so langweilig, keiner wolle sie eine zweite Nacht. Auch Versuche der Schickeria, des internationalen Jet-set, sie zu einer der ihren zu machen, endeten so. Man lud sie nicht wieder ein, weil sie nicht einmal an harmlosen Späßen teilnahm. Niemand wollte die Erloschene um sich haben.

* * *

Nach einem halben Jahr, kurz nach der Geburt von Floris Tochter, verschwand sie abermals. Sie arbeitete als Schwester in einem Krankenhaus. Sie konnte Ausbildung und Praxis nachweisen, also schob man alle Bedenken, das populäre Fotomodell an Krankenbetten zu lassen, beiseite. Man gab ihr unangenehme, verantwortungsvolle Aufgaben. Sie erfüllte sie mit der gleichen teilnahmslosen Akkuratesse wie ihren Fotojob, wortkarg und still.

Zahlreiche Patienten beschwerten sich, weil sie nur englisch sprechen konnte. Dann gab es einen Aufstand einiger Schwestern: „Die glaubt, sie kann mit ihrer Visage und ihrer Popularität so zwischendurch mal die Rolle einer Krankenschwester spielen und sich bei den Kranken und den Ärzten interessant machen. Das ist gegen unser Berufsethos. Wir dulden keine publicitiy-geile Ziege im Hause!"

Mumtaz räumte widerspruchslos ihren Platz, kehrte in ihren Exclusivvertrag beim Werbechef zurück und tat, immer stiller und wortloser, jede ihr aufgetragene Arbeit.

* * *

Ihr Bild erschien immer häufiger in Gazetten und Werbespots. Frau Gisela Hopf kaufte keine Illustrierten mehr und legte die Mahlzeiten so, daß ihre Familie keine Werbesendungen sehen konnte. Das war umso leichter zu bewerkstelligen, als Flori jeden Tag später aus der Fabrik nach Hause kam. Er hatte viel zu arbeiten, die Tage wurden ihm zu kurz. Er schien aber mit den wachsenden Aufgaben glücklicher zu werden. Was er verlor, war seine jungenhafte Unentschlossenheit, die entscheidungslose Unbekümmertheit früherer Jahre. Das große Spiel des Produzierens, Verkaufens und Verdienens mitzuspielen, machte ihm offensichtlich immer mehr Spaß.

* * *

Mumtaz ging mehrere Wochen auf eine Fotoreise nach Amerika. Dort sprach sie einen Abend lang mit einer Kollegin über ihr Leben. Sie sagte, sie leide darunter, daß es ihr mit jedem Tage weniger möglich sei, wahre Gefühle zu empfinden, oder wenigstens die schwachen Regungen, die ihr geblieben waren, zu zeigen. Sie äußerte, es liege nicht an ihr. Sie würde gern einen braven Mann finden und heiraten, sie hätte auch gern Kinder, aber – so drückte sie sich aus – im Garten ihrer Empfindungen wolle nichts mehr blühen. Diese Schwäche werde mit jedem Tag drückender. Es täte ihr selber am meisten leid.

„Geht es dir auch so?", fragte sie die Kollegin. „Du bist doch auch ein sogenanntes schönes Mädchen. Jeder, der uns begegnet, möchte uns haben. Und dann ist es ganz gleich, ob du dich verweigerst, oder dich gibst – am nächsten Tage verachten sie dich, wenn sie meinen, du seist ihnen nicht rettungslos verfallen und betest sie an. Sie können nicht verstehen, daß man an ihnen keinen Halt findet."

„Das kenn ich", antwortete die Kollegin. „Wahrscheinlich geht es allen sogenannten schönen Mädchen so. Gottlob sind die meisten zu dämlich um den Schwindel zu merken. Sie rennen blindlings kichernd in jede Eselei. Ist es nicht so? Jede Lüge, die man ihnen erzählt, glauben sie."

„Sag' nicht ‚glauben‘," sagte Mumtaz leise. „Glauben – das ist etwas ganz anderes."

* * *

In jüngster Zeit ging eine Meldung über die internationalen Presseagenturen: „Mysteriöser Brand in Luxushotel in Las Vegas". Das war nichts Außergewöhnliches. Ungeklärte Brände gab es dort immer wieder.

Alle Hotelgäste der betroffenen Etagen in „Caesars Palace" konnten sich in Sicherheit bringen, weil das Feuer frühzeitig entdeckt wurde. Nur eine junge Frau kam ums Leben. Es blieb ungeklärt, wieso sich die junge Inderin, ein bekanntes Fotomodell, nicht retten konnte. Sie hätte Gelegenheit zur Flucht gehabt. Möglicherweise hatte sie geschlafen und nichts bemerkt.

Ein Etagenkellner behauptete, sie habe seiner Ansicht nach mit der Brandstiftung zu tun, er habe sie viele Kerzen anzünden sehen und eine Flasche Waschbenzin sei in ihrem Badezimmer gestanden.

Diese Aussage fand keinen Glauben. Sie war zu unwahrscheinlich. Das Feuer hatte sich langsam ausgebreitet, – unverständlich, daß es sie eingeholt haben sollte.

Es war aber die Wahrheit. Das Feuer hatte Mumtaz eingeholt.

* * *

Ende